add *editore* # 10

ISBN 978-88-96873-18-2
www.addeditore.it

Lorenzo «Jovanotti» Cherubini

VIVA TUTTO!

Franco Bolelli

add *editore*

21 febbraio 2010

SuperFranco!!!

L ho fatto la canzone per Muccino che non mi aspettavo avesse un successone così grande e un po' mi ha disorientato come può disorientarti una ragazza che tu le chiedi che ore sono e lei ti mette la lingua in bocca. Hai presente quel tipo di sensazione? A me non è mai successo con una ragazza ma con questa canzone è una cosa simile. Questo per dirti che ora non so bene cosa fare.

Non avrei mai pensato, nella mia vita, di essere un cantante romantico, una specie di crooner per coppiette. Adesso sono qui che devo sbrogliare questa confortevole matassa di fili d'oro, che è pur sempre una matassa.

Non ho idee per il mio prossimo disco che vorrei consegnare finito all'inizio del prossimo anno, e nel presepio della mia testa ci sono un sacco di statuine che devo disporre, non ultima quella del Jovanotti di 43 anni, e a 43 anni uno che suda e salta sul palco comincia a frequentare la zona tra il «come eravamo» e «guarda com'è arzillo».

Ti propongo un questionario.

– Il rock (inteso come pop culture) è una cosa da ragazzi?

– Mi fai qualche esempio di ragguardevole invecchiamento pop?

– Come si fa a restare attuali?

– Come si fa a non diventare un riferimento generazionale punto e basta?
– Come si fa a rimanere un riferimento generazionale coinvolgendo però nuovi invitati alla propria festa?
– Come si fa a buttarsi alle spalle il peso seducente di un successo? (chiaramente con l'intenzione di andare verso il successo dei progetti futuri)
– Chi è oggi l'artista pop?
– Che disco vorresti sentire da me l'anno prossimo?
– Sto sbagliando tutto?
– Mi vuoi bene?
Mi rendo conto che il mio questionario fa ridere i polli ma è domenica mattina e ieri sera ho visto il festival di Sanremo e sono come uscito da un trip.
Tu l'hai visto? Sai che antropologicamente è stato interessante? Da studiare, veramente.
Mi rendo conto che è da quando sono piccolissimo che mi capita di guardare Sanremo alla tv, credo di aver saltato due o tre edizioni solo perché ero in viaggio o c'era l'invasione delle cavallette.
Sono arrivato al punto di guardare Sanremo con l'audio bassino e contemporaneamente un auricolare della cuffia in un orecchio collegato con Youtube e con performances di Bruce Springsteen, Chemical Brothers, Miles Davis elettrico, Tom Waits anni 80, Enzo Jannacci, Run DMC e ovunque il flusso mi portasse.
Mi vergogno a dirlo ma tra le due cose si riusciva a stabilire un contatto assurdo ma pur sempre un contatto.
Ho bisogno di un periodo sabbatico.

E il tuo romanzo?
Io sto leggendo il libro più bello degli ultimi anni, un libro anti pop ma forse bellissimo, un capolavoro forse.
Si chiama *2666*, un migliaio di pagine di Roberto Bolaño, un cileno trapiantato in Messico poi in Spagna poi in America poi all'altro mondo per via di una giovinezza abbastanza scellerata, ma comunque un genio.
Io sono pazzo per una certa letteratura sudamericana, che mi piace di più di quella dell'emisfero nord per via delle mie radici affondate in piena controriforma (non riesco a rinunciare alla Madonna, intesa proprio come Maria Vergine, meglio se di Guadalupe, invece i protestanti la Madonna la mettono al margine della scena o ne fanno direttamente senza). Certo escludendo *Moby Dick* e Withman e qualche beat (rari direi) e tutta la letteratura che si trova nei testi delle canzoni e quella del cinema... Però insomma io negli scrittori latinos mi ci perdo proprio... casa!!! (da Borges a Cortázar a Guimarães Rosa al vecchio Gabriel García Márquez ad Álvaro Mutis a Octavio Paz a Mario Benedetti ecc.). Comunque questo Bolaño è un gigante, uno enorme, grande forse come Tolstoj (boom!!!!).
Se hai qualche mese da buttare via leggilo, e se hai qualche minuto da buttare via dimmi cosa devo leggere, cosa devo fare, dove andare a cercare il mio nuovo disco, che poi per me non è così distante dalla vita.

Lorenzo:

F

1 – Credo che tu debba semplicemente (si fa per dire...) essere chi sei: un cantante romantico, il messaggero evolutivo, il diffusore e amplificatore di energia contagiosa, la sorgente di aforismi folgoranti. Una cosa senza l'altra sarebbe incompleta, non saresti tu.
2 – Nei tuoi 43 anni ci sono i 16 e i 70. Gli umani migliori non sono mai un'età anagrafica, e tu poi hai una sostanza così energetica che è impossibile guardarti pensando al passato.
3 – Il rock e il pop coraggioso non sono culture da ragazzi. È che troppo spesso i non ragazzi si chiudono. Ma soltanto i prodotti più limitati sono generazionali. Prendi invece Facebook: è partito come l'estensione del libro del liceo e ora sta sollecitando una voglia di essere protagonisti, produttori di contenuti, che abbraccia generazioni diverse.
4 – Chi è invecchiato alla grande? Non quelli che sono diventati più rispettabili: per dire, non sopporto la celebrazione di Lou Reed o Patti Smith o simili, che hanno perso la loro carica vitale, sono soltanto diventati perbene. Partiamo dai grandi vecchi piuttosto: Dylan, Johnny Cash, gente che è rimasta se stessa proprio attraverso sfide. Nella mia visione tu sei più Dylan di chiunque altro. Ma mi viene in mente anche Miles Davis, che nel passaggio dal jazz alla jungla elettrica restava se stesso. Io ti vedo un po' così.
Oppure potrei dirti Bowie, lui però ha spesso cambiato stile e io non credo che passare da uno stile all'altro sia così interessante (e in ogni caso non sa-

rebbe tuo). Tieni conto che Eddie Vedder, Pearl Jam, Radiohead hanno la tua stessa età, e non cambiano ma evolvono.
5 – Come si fa a restare attuali? Continua a essere come sei. Hai antenne in tutte le direzioni, hai una bussola interiore che ti fa catturare segnali dovunque.
6 – Un po' di tempo fa mentre venivo via da un incontro con te ho trovato in corso Genova un bambino di un paio d'anni che cantava *Tanto*. Oggi qui sotto ci sarà una bimba che canta *Baciami ancora*. Tu non appartieni a una generazione, credimi, è un falso problema. Per come la vedo io, tu hai rischiato solo una volta di limitarti da te: nel periodo più esplicitamente sociale e latinoamericano.
7 – La tua carica atletica è secondo me fondamentale. Tu sei come il giocatore che ha vinto sei o sette campionati (cosa che ti dà confidenza) ma nello stesso tempo sai che la partita di oggi e quella di domani cominciano da zero a zero, devi giocartele comunque. È un'attitudine performativa, dinamica, credo che ti appartenga totalmente. Qui viene in soccorso Steve Jobs: *stay hungry, stay foolish*.
8 – Credo ci siano diversi modelli di artista pop: quelli alla Madonna che sono come stilisti, cambiano collezione di anno in anno. Quelli alla U2, che passano dalla carica esplosiva alla sua rappresentazione (tutt'altro che illegittima o spiacevole, però non esaltante). A me interessano di più quelli che evolvono.
9 – Che disco vorrei sentire? Una cosa o due come *Fango* o *Mi fido di te*. Una ballad romantica, certamente. Qualcosa come *Temporale*, che è ipnotico

perché mescola ritmo e ricerca sonora. Ecco, a me farebbe impazzire un lavoro dove tu sei tu, con qualche arrangiamento più ricercato (ovviamente mi vengono in mente certi suoni Radiohead).
10 – Sbagli se ti fai troppe domande. Un'altra cosa, mi convincono poco certi avvicinamenti ai cantautori italiani, mi sembrano poco tuoi, rischiano di perimetrarti. Tu sei molto più largo di quei modelli lì.
11 – Come si fa a non volerti bene?! Non si fa neanche fatica...
12 – Questa cosa che dici, dell'assurda connessione fra Miles e Bruce e le cose che c'erano sul palco con i fiori, questo sei proprio tu. Credo che nessun altro sarebbe mai in grado di stabilire, vedere, praticare questa connessione. Tu non c'entri niente di niente con Sanremo, però nel tuo frullatore puoi buttarci anche quello. Anzi, tu sei proprio quel frullatore: sei quello che sceglie gli ingredienti da metterci, sei quello che schiaccia il bottone e però sei anche dentro il frullatore. Un vero casino, però splendido.

Infine, credo tu conosca Jonathan Harris, in ogni caso guardatelo bene (www.number27.org). Lui secondo me è l'artista visivo contemporaneo che ha capito tutto, forse perché è molto più un antropologo che un artista visivo. La sua mappatura in diretta dello stato d'animo del pianeta è davvero un modo più evoluto di creare.

Tanto per non essere minimalista, ho scritto gli undici comandamenti dell'evoluzione, vedi un po' tu.

1 – Il mutamento è quanto di più naturale, l'innovazione non è avanguardia né creativa stravaganza: l'innovazione è un'inevitabilità, l'espansiva espressione di ogni organismo sano.
2 – Le soluzioni per i nuovi scenari vanno cercate nei nuovi scenari, non nel passato. Nessuna cultura è davvero viva se non sa innovare e reinventare.
3 – In ogni momento dell'evoluzione umana e ora ancora di più, al centro non ci sono le identità ideologiche, religiose, politiche, sociali, e non c'è nemmeno la realizzazione nella storia. Al centro c'è sempre stata, c'è e ci sarà sempre la spinta innovativa, c'è tutto ciò che esplora, crea, espande.
4 – Nessuna evoluzione senza riflessi rapidi. Il senso dell'innovazione è tanto fisico quanto mentale: è fatto di capacità di scelta istantanea, di sensi accesi, di veloce colpo d'occhio e di sguardo quanto più ampio possibile.
5 – L'innovazione è connettiva, a tutto campo, coevolutiva. Non c'è un luogo, né uno stile né un'identità così grande da abbracciarla tutta.
6 – L'innovazione non è soltanto tecnologica e scientifica, né tantomeno estetica: l'innovazione è antropologica, riguarda innanzitutto il nostro set cognitivo e percettivo, le nostre relazioni, le forme di vita.
7 – L'innovazione non può che essere paradossale, dinamica, instabile, non certo logica né lineare.
8 – Il senso dell'impresa e una certa dose di rischio sono per l'evoluzione come l'acqua per l'oceano.
9 – A essere buono è tutto quello che allarga le nostre possibilità di scelta. L'evoluzione si compie at-

traverso l'abbondanza, la molteplicità delle opzioni, l'incondizionata generosità.
10 – Gli esseri umani – sempre più esseri umani – più autori, più produttori di contenuti, più in confidenza con se stessi e più in relazione con gli altri: è questo il principale prodotto dell'innovazione.
11 – Alla fine, l'innovazione e l'evoluzione servono a rafforzare, a estendere, a valorizzare la nostra esistenza in tutta la sua pienezza. Più vita, è così che si fa.

25 febbraio

L

Jonathan Harris è fantastico e poi il 27 è anche il mio numero. Un giorno tanti anni fa entrai nel casinò di Montecarlo, non ero mai stato in un casinò. Avevo tra le mani una signorina da far rosolare e una sera mi comprai una giacca, presi la macchina e la portai a Montecarlo a cena (a ripensarci mi fa ridere), entrammo nel casinò quello più famoso, comprai 500.000 lire di fiches e raggiungemmo il tavolo della roulette, puntai tutto sul 27 e... giuro, uscì il 27. Non è una frottola, è andata proprio così. Una barca di soldi in un solo colpo.
Tu cosa avresti fatto? Io lo presi come un segno e me la svignai in fretta senza lasciare nemmeno la mancia al croupier solo perché non avevo idea che si dovesse o si potesse fare.

Ti chiederai come andò la storia con la ragazza. Meno fortunata ma meglio così.
Sono nato il 27 (3x3x3) e vivo al numero 27. Il 27 era giorno di stipendio e il babbo mi dava diecimila lire e andavo a comprare due dischi e mi restava anche qualcosa in tasca. Il 27 settembre in Brasile è la festa di Cosma e Damiao, i santi bambini e quel giorno ai bimbi si regalano i giocattoli.
Quello che del Sudamerica mi affascina è esattamente quello che non mi affascina, quello che mi attrae è esattamente ciò che mi respinge. Sulla mia amicizia con il Sudamerica spesso sono in dialettica con la Fra che invece è assolutamente pro Usa e a favore di tutto quello che «funziona». Ma lei è una donna e io la capisco e mi piace per questo. In Sudamerica non funziona niente. Tranne la natura.
La mia passione per il Sudamerica è strana perché non è condivisibile, non è romantica, non è erotica, non è antropologica, non è ideologica, è proprio qualcosa che ha a che fare con la conquista, con l'espansionismo, il disordine, la natura, gli indios, l'esportazione forzata di valori economico-religiosi, la disfatta, il tentativo di cogliere «gli elementi del disastro» (una poesia di Mutis bellissima) e di farne qualcosa di vivo, tutto il contrario di quello che non è calvinismo, protestantesimo, puritanesimo, che sono i valori che hanno trionfato e fatto trionfare l'America del nord.
Le dinamiche del trionfo sono lì che risplendono per tutti mentre quelle della gloriosa disfatta sono macerie da ricomporre, carne viva, rapide di fiume che

poi si riposano in pozze stagnanti (le stesse acque) e questo esercita su di me qualcosa di simile al respiro di mia madre di notte mentre dormiva. Di notte da ragazzino mi svegliavo per andare a controllare che respirasse, che fosse viva, chissà perché. Gli Usa lo so che sono lì e sono vivi e tutto funziona e tutto si rigenera. Il Sudamerica a volte mi sveglio e penso che non ci sia più, che sia stato inghiottito dalla foresta amazzonica.
Una volta mi attraevano i ritmi di quelle terre e tu hai ragione a dire che era didascalico e misero il tentativo di starci dentro. Adesso ascolto ancora musica sudamericana ma con un altro orecchio, come se fossero tubi dell'impalcatura di qualcosa. Una volta ero molto attratto dalle impalcature, e a volte il loro fascino lo sento ancora, ma è una debolezza, bisogna costruire edifici dove poi la gente abiti senza accorgersi del percorso fatto per tirarli su. Che siano belli e pratici senza mostrare dolore.
Per i cantautori vale lo stesso discorso. Mi interessa come fenomeno passato, e in quanto tale di una certa importanza storica ma senza nessunissima nostalgia o volontà di resuscitare codici morti e sepolti. Mi interessa come a Tarantino interessa il soul degli anni 70 o il cinema porno asiatico, perdonami il paragone irriverente verso il maestro.

Belli i comandamenti, ora me li stampo e li incollo al muro dello studio. Sto rifacendo lo studio sotto casa, sta venendo una figata.

Mandare un «quote» di Nietzsche a te è come offrire un bicchiere d'acqua a un pesce nel fiume, però ieri sera prima di dormire ho letto questa: «Una scrittura incapace di stimolare l'attività è inutile».
Sono sicuro che il vecchio Zarathustra non intendeva «l'utile» come lo si intende oggi, ovvero quella cosa che resta al netto delle spese, perché per me il gusto sta proprio nelle spese più che nell'utile, che se c'è si finisce sempre per investire di nuovo in altre spese gustose. «Una scrittura incapace di stimolare la spesa è inutile», io la tradurrei così, e per spesa intendo il darsi, lo spendersi, appunto.

Ieri abbiamo pranzato con Roberto Saviano. È stato un bell'incontro. Ammiro quello che fa. Lui è una figura complessa, lo è dall'inizio, cioè proprio dalla nascita essendo figlio di un casalese e di una ragazza ebrea sefardita, cresciuto sulla frontiera emotiva tra due culture.
È uno scrittore, su questo non ci piove, è uno che usa le parole come fa un architetto con le forme e le misure. Poi ci vogliono i muratori e anche nel caso della scrittura poi le parole possono diventare vita oppure restare un progetto su un foglio, magari anche bello. Le sue parole fanno clamore perché quell'edificio in tanti non ce lo vorrebbero in Italia. Ma in tanti invece sì, e allora è battaglia.
La sua è la causa della letteratura, della scrittura che sia «capace di stimolare l'attività», e qui torniamo al tuo vecchio amico N. in quanto se qualcuno lo vuole addirittura far secco è solo perché in qualche modo

questo ragazzo di tredici anni più giovane di me (un adolescente di mezzo tra me e lui) ha scritto qualcosa che è uscito dall'informazione e ha sconfinato nell'emozione, e questo manda all'aria tutti gli ordini.
Saviano di persona è un giovane uomo, un ragazzo come in Italia se ne possono incontrare tantissimi, con quei vestiti, con quello sguardo, e per questo ha fatto tremare i «cattivi». È stato un privilegio conoscerlo, mi porterò questo pranzo nel cuore.

In questi giorni riflettevo sopra a una parola del nostro tempo: COMUNICAZIONE. Hanno addirittura inventato una laurea in scienza della comunicazione (ci può essere una disciplina più ridicola?).
Ecco io penso che bisognerebbe superare la «comunicazione».
Io credo, penso, sospetto, che l'ESSERE comunichi già di suo per cui se una cosa ha bisogno di essere comunicata è solo perché non è. La comunicazione è uno splendido gioco da fare in quanto tale. Non si può studiare come si comunica l'essere, bisogna essere, questo è il punto. Se non si è, non c'è niente da comunicare. Se poi si vuole aprire un'università per insegnare a comunicare il non essere è un'altra storia ma qui cominciano i guai perché una ragazzetta che si iscrive impara che essere non è necessario. Guai. Essere è l'unica cosa necessaria. «Vivere non è necessario, navigare è necessario», diceva un grande capitano dell'epoca delle esplorazioni.
Allora ieri mattina a colazione non si è trattato di comunicazione ma di comunione giusta?

Una bella idea per una laurea all'università: «scienza della comunione». Che te ne pare?

Lorenzo,

Fla comunicazione non è un trucco brillante, la comunicazione è un'energia. La comunicazione non arriva dopo il progetto, la comunicazione appartiene al progetto fin dal momento della nascita. Quando ho incontrato Michael Jordan lui diceva proprio questa cosa: ho detto al marketing Nike che il mio marketing sono io. Amo la comunicazione come calore, come condivisione.

Saviano per come la vedo da fuori sta correndo il rischio di rimanere prigioniero del suo ruolo e della sua causa: è inevitabile, è una fatica immane... ma mi piacerebbe che scrivesse – che gli sia concesso di scrivere e che lui lo conceda a se stesso – una storia d'amore...

Saviano mi è sembrato una mente vivissima e penso

L che non voglia «fare l'eroe» ma che abbia davvero a cuore una forma di letteratura che gli è congeniale e che può portarlo dove nemmeno lui si aspetta di andare che è poi sempre il posto migliore dove ti può portare una forma d'arte.

È appena finita una lungaaaaa riunione con la mia squadra nella sua parte più «pragmatica», quella che si occupa di conti e pianificazioni delle uscite e dei tour (tanto per intenderci il Forum non ha una settimana libera da qui a giugno prossimo quindi programmare una serie di possibili concerti diventa un lavoro vero e proprio da pianificare con almeno un anno e mezzo di anticipo). Loro mi dicono che il disco nuovo sarebbe perfetto se uscisse a gennaio. A gennaio?! Gennaio è domani. Io ho detto primavera ma loro dicono che primavera è tardi e poi il tour slitterebbe all'autunno ecc. ecc.

Alla fine la mia posizione è che tutto nasce dalle canzoni. In un disco c'è bisogno dei pezzi, e tutto il resto scaturisce dai pezzi che sono la sorgente del disco. Il Rio delle Amazzoni nasce da un fiumiciattolo. Qualche anno fa ero in un momento dove si erano intrecciati i fili e ho caricato una tenda sul portapacchi della mia bici e sono andato alle sorgenti del Tevere, sul monte Fumaiolo e ci ho dormito una notte di autunno. Proprio lì accanto allo spisciolino dell'acqua che poi taglia in due Roma come un fiume importante. Ogni volta che passo da Roma a casa dei miei, che è lì a due passi dal Tevere, ripenso a quella piccola sorgente in montagna e avviene il «contatto».

Una canzone è un oggetto magico e molto potente. Ancora prima di una canzone riesco ad arrivare fino a un riff, a un suono singolo, a una parola detta in un certo modo. Tutto scaturisce da un singolo suono, da una singola intuizione messa in forma sonora.

Non è una questione di contenuti, il contenuto è un falso problema, è la forma la vera sostanza, non esiste nessuna dialettica tra forma e contenuto. La for-

ma è il contenuto e noi che facciamo canzoni dobbiamo occuparci solo della forma. Le canzoni devono essere forti, devono essere affilate, devono «funzionare». Devono essere grimaldelli che aprono dei passaggi, qualunque tipo di passaggio.
Insomma Franco, devo fare un disco nuovo e alzare l'asticella di un paio di tacche ancora. È una cosa atletica, una macchina biologica e tecnologica che si mette in moto, che inizia a girare, a coordinarsi, a fare tentativi e a me questa cosa piace parecchio e mi piace sempre di più. Mi piace molto più ora di quando ero un pischello, ogni volta mi piace di più e soffro di più e godo di più.
In questo momento non ho nulla tra le mani, nemmeno un embrione di pezzo.
Però sto lavorando.
Mi piacerebbe fare un disco di «musica per le feste», ovvero un disco che serva per celebrare dei passaggi, un disco che abbia dentro una o due canzoni che la gente usi per ballare alle feste o in macchina nel traffico, qualcosa che stimoli la produzione di dopamina. Un disco molto agile e per niente pretenzioso ma pieno di sperimentazione, che stimoli (prima di tutto in me perché sono io quello che ascolta per primo) la visione, che faccia venire voglia di stare al mondo, che faccia «sentire» il mondo, che vada a esplorare quelle zone prima del linguaggio e le porti in superficie nel linguaggio. Zone temporanee di estasi pop.
Recentemente ho letto cose e ascoltato la musica di Rossini perché ho scritto un libretto per un'operina per ragazzini che suonano e cantano.

La roba di Rossini è gioia pura, è gioco continuo elaborato con molta sapienza e molto senso dello spazio. La musica di Rossini è una musica che occupa lo spazio e lo elettrifica, è melodia e contrappunto e in questo senso è molto italiana e infatti diventò famosissima in tutto l'occidente nel suo tempo. La melodia si può dire che l'ha inventata Rossini, nel modo in cui la intendiamo noi, fischiettabile ma non rotonda, con sorprese continue e imprevedibilità. Passaggi irriverenti eppure mai piacioni, sempre onesti nel dichiarare il trucco. Il trucco c'è e questo è il bello. Rossini divenne una specie di mega rockstar osannato ovunque proprio per via di questo suo sorpassare a destra tutta la musica in voga nel suo tempo. Fece diventare vecchi Beethoven e Mozart in un colpo solo, per via della sua modernità assoluta unita a una estrema facilità di ascolto. Nessuno si sentiva ignorante di fronte alla musica di Rossini ma allo stesso tempo l'anima prendeva il volo diventando leggerissima.
A volte penso che la risata, per esempio, o il brivido di emozione, siano proprio dei passaggi che si aprono per un attimo e mostrano una condizione che ha a che fare con il paradiso di cui parlano i santi. Hai mai visto L'estasi di santa Teresa di Bernini? È una statua che sta a Roma in una chiesa. Io l'ho vista tante volte da piccolo e per qualche motivo che allora già sapevo ma non sapevo di sapere mi colpiva e mi restava impressa con molta forza. Sto parlando dell'estasi, di quella condizione che ha a che fare con l'amore, con lo sport, con la musica, con lo spirito, con la realtà che si illumina di colpo. Ecco. Dimmi se santa Teresa

qui non ti sembra una che sta facendo l'amore. Guarda l'angelo e la freccia e lei come si dispone rispetto alla freccia e guarda la sua mano che cade giù quasi priva di sensi. Insomma non c'è bisogno di saperne di arte per vedere chiaramente quello che Bernini intendeva quando dal marmo ha tirato fuori questa roba. E non è potente questa roba? E non è pura energia pop? Pensa cosa poteva provare un uomo del seicento o una signorina entrando in quella chiesa trovandosi di fronte questa cosa. Micidiale.
Ti passo la palla. Viva tutto!

Lorenzo,

F

l'estasi pop! L'estasi è sempre stata fraintesa come uscita da sé, mentre è semplicemente l'uscita dalla stasi di sé. Nelle esperienze di estasi – il sesso, i lampi di creatività, i colpi di fulmine, l'effetto che può fare la musica – non ci si allontana da sé, anzi si conquista la propria essenza, il proprio senso, il proprio posto nel progetto biologico. Molto più che la rivendicazione di un piacere (perché accontentarsi di così poco?), si tratta di un fondamentale principio evolutivo e vitale: le cose che ti rafforzano e ti espandono non possono mai e poi mai essere sublimate in una gabbia dorata. I momenti alti, gli slanci, le situazioni dove ti senti pienamente te stesso, i progetti e le conquiste e le passioni, le feste dei sensi, gli incontri che illuminano e riscaldano, le tempeste chimiche che ti scatenano e i languori che ti sciolgono, le persone e le esperienze e i gesti che ogni giorno rallegrano e arricchiscono e vivificano, tutte queste cose non sono affatto *once in a lifetime*, quindici minuti di celebrità, per un giorno possiamo essere eroi, niente che assegni i nostri momenti alti a un tempo transitorio, a una condizione irripetibile. Queste cose dobbiamo considerarle priorità e unità di misura, tutte queste cose vanno messe al centro e alla guida della nostra esistenza.

«Musica per le feste» mi sembra una direzione fantastica, tanto più che ci sono diversi tipi di festa: le feste rituali, i concerti, le feste private e personali con le persone che ti piacciono, le feste a due: la mia fidanzata quando le dico che ho voglia di fare una festa mi risponde immancabilmente «sì, fantastico, facciamo una festa tu e io». Terence McKenna – ne parlavamo l'altro giorno – alla domanda come sarà l'evoluzione rispondeva «oh, un grande party». Io ho fatto ai tempi di Frontiere un paio di «party evolutivi», che non sapevo bene cosa voleva dire, ma funzionava: c'era un'atmosfera forte – musiche, luci, parole d'ordine – dove le persone si sentivano a proprio agio, dentro una zona di comfort e/o di eccitazione. Ho sempre pensato e scritto che il punto quotidiano dove l'evoluzione prende corpo sono le feste dei nostri centri vitali: le sostanze chimiche che si attivano nei momenti più alti e più intensi, quello stato che gli americani definiscono «in the zone».

«Tutto scaturisce da un singolo suono», dici: perfetto, lì c'è l'essenza... quello che di Miles mi ha sempre folgorato sono gli attacchi, il primo soffio, la prima frase della tromba, lì c'è già dentro tutto... è davvero «al principio Dio era un suono». A me capita la stessa cosa quando scrivo: dopo che mi è arrivata la prima frase mi sembra che tutto il resto venga da sé.

26 febbraio

L

Sto rimettendo in sesto lo studio, buttando via una barca di roba che si è accumulata in questi anni. Provo un piacere sottile nel buttare via cose, un piacere speculare ma non meno gustoso di quello che provo ad accumularle. E allora oggi ho fatto un bel pezzo di lavoro. Mi serve a creare la «condizione». Quando sto preparando la condizione tutto diventa rituale, anche buttare una vecchia scatola o qualche cd che sta lì a prendere polvere e a prendere spazio utile magari per altri cd che meritano di più. È rituale svegliarsi, fare colazione, andare a correre, andare a prendere la Teresa a scuola, in qualche modo ogni gesto è prospettico verso un punto di fuga sconosciuto. Una prospettiva senza punto di punto di fuga. È possibile? Nella mia matematica non solo è possibile ma è necessaria.
Oggi mi è capitato di vedere il video che «Rolling Stone» Italia ha messo su Youtube. Dacci un occhio. Che ne pensi? La «provocazione» è un'arte che va

saputa maneggiare, la provocazione non può mai essere «intelligente» ma deve mettere in scena qualcosa di infantile. Quando si «provoca» si deve fare per vedere cosa succede, per il gusto di sorprenderci a correre per i campi con il contadino che ti spara a pallini di sale, è una cosa che ha a che fare con lo scompiglio. Viva lo scompiglio. Una provocazione senza gioia e senza eros è triste e ottiene l'effetto contrario. A me piace il sarcasmo, ma è un'arte raffinata che in mani inesperte si trasforma nel suo contrario esatto, ovvero il complimento fatto a se stessi attraverso la freccia scagliata verso gli altri, vanità di vanità.
E comunque le tristezze lasciamole ai tristi. «La tristezza è un ricatto», dice un cantante brasiliano. Sottoscrivo. Si confonde la tristezza con il dolore, niente di più lontano. È come confondere l'euforia con la gioia.
Una volta mi hanno invitato a parlare di musica a una platea di persone e mi ero preparato qualche frase a effetto, poi una volta col microfono in mano ho cambiato programma perché in testa è balenata una parola: «dono».
E allora ho chiesto a loro cosa ne pensassero del concetto del dono.
Non so come la filosofia abbia trattato questo argomento nel tempo, tu lo sai di sicuro e anzi dammi qualche dritta se ne hai.
Ho chiesto loro di riflettere sull'ultima volta in cui avevano avuto la sensazione di ricevere un dono o ancora di più la sensazione di «essere» il dono per qualcuno.

Quello che ho detto loro è che da sempre ho la sensazione che sul senso del dono si giochi una bella fetta della nostra esistenza. Anche il mercato si basa sul senso del dono perché io sono disposto a pagare una cosa anche moltissimo solo se ne ricevo un dono e allo stesso tempo è il dono. Si dice delle persone di talento che «hanno un dono», ovvero che hanno ricevuto un dono e per questo sono in grado di offrirlo. Il dono è quella sostanza che resta sempre in abbondanza, è quella parte di frutta che trabocca dalla cornucopia.

Quando vado a un concerto o vedo un film o leggo un libro o sento un disco, la discriminante che me lo fa apprezzare o no è legata al dono. Ci sono un sacco di artisti bravi che non donano nulla in quanto non traboccano, offrono solo quello che la loro tecnica è in grado di contenere ma resta un lavoro misero il nostro se non siamo traboccanti.

Il dono è disordine, il dono mette in moto processi, il dono non ha spazio dove poter essere conservato, è materia che scotta tra le mani.

Mi vengono in mente certi concerti dove si paga un biglietto anche salato ma si esce con la sensazione di aver ricevuto un dono e magari altri concerti o film dove si entra gratis e si esce con la sensazione che ci abbiano rubato qualcosa.

Gli artisti veri sono quelli che donano se stessi, che si fanno mangiare.

Generosità e senso del dono.

Parliamo di generosità. L'altruismo può accadere

F anche in assenza di ogni senso di sé – anzi spesso è proprio così, come dimostra la dedizione alle cause sociali di chi non sa risolvere nulla di nulla nella propria esistenza –, mentre la generosità è il prodotto di una non esigua confidenza in se stessi. Essere generosi è il risultato di un'abbondanza, se non di una sovrabbondanza. È un'affermazione di se stessi, non certo egoista ma non necessariamente altruista. È più un'attitudine caratteriale che una scelta consapevole: sei così e basta, fa parte di te.

Non sto parlando soltanto di sentimenti e di personalità: l'evoluzione stessa, ogni evoluzione, nasce da un atto di generosità. Qualcosa che spinge e prolifera, qualcosa che riverbera, abbraccia, si irradia. Ogni volta che la vita si estende – dal progetto biologico alle sperimentazioni e alle imprese, fino alle nostre stesse relazioni – è perché prevale uno slancio, un impulso espansivo. Hai mai visto una qualunque evoluzione prendere corpo da un calcolo, da una moderata prudenza? La grettezza è assolutamente anti-evolutiva. Per il grande progetto dell'evoluzione e per tutte le nostre esperienze più appassionanti vale un principio di abbondanza: dove e quando e con chi scegli di essere, lì mai e poi mai esserci meno del cento per cento. Tanto più che la generosità, come l'energia, non è qualcosa che se la trasmetti poi ne hai di meno: generosità ed energia si rigenerano, anzi spesso ti ritornano indietro amplificate. Chiaro che generosità e intelligenza, cuore e mente, non si elidono affatto, anzi insieme formano una combinazione infallibile: ma alla fine un errore che nasce dalla generosità e dal coraggio è meglio, infinitamente meglio, di una cosa giusta fatta con calcolo. Dal punto di vista economico quella del calcolo e del controllo è un'unità di misura redditizia sul breve periodo e nulla più, e in una prospettiva di più ampio respiro la generosità può rivelarsi in ogni senso più ricca. La generosità come principio economico è d'altra parte una delle grandi, paradossali rivelazioni del mondo connesso e globale. L'universo tecnocomunicativo ha affermato il valore di quelle cose che hanno valore proprio perché le hanno in tanti, e che anzi accrescono il loro valore quanto più allargano la rete delle loro relazioni. È il principio dell'abbondanza.

Il video di «Rolling Stone» è raccapricciante… tetro, depressivo, ogni immagine più spiacevole di quella precedente. Credo che voglia riprendere il filo estetizzante di una certa arte che se la tira, quella che «siamo tutti disfunzionali»: che parlino per loro! Poche cose sono così sgradevoli quanto questa intelligenza tutta di testa e tutta rancorosa, devitalizzata. Credo sempre più, con convinzione intrattabile, che si debba puntare tutto sulla sollecitazione, la condivisione, l'espansione della forza vitale. Tutto quello che nutre la vita è buono, tutto il resto no.

Non c'è vera intelligenza fuori dal corpo. A essere essenziale è il metabolismo del nostro organismo, è il progetto che sta nei nostri centri vitali. Il corpo, così come la vita, è potenzialità, non limite: o meglio, ci

sono tutti e due, ma la vitalità di un corpo – e di una mente, e di un qualunque progetto – sta proprio nel sospingere la potenzialità al di là del limite.
Non riesco davvero a capire – se non come un esorcismo o una superstizione – come si possa negare che il nostro generale stato psicofisico, la circolazione fra le diverse parti del nostro cervello, l'attività abbondante o parziale delle sinapsi e dei neuroni, l'uso più o meno abbondante e più o meno rapido che facciamo del nostro sistema nervoso, la sollecitazione degli agenti chimici che agiscono dentro di noi, la stessa salute e forza fisica, non riesco davvero a capire come tutto questo potrebbe non influenzare i pensieri e le scelte.
Il corpo non ha una morale, per questo il pensiero ideologico e quello spirituale lo detestano. Eppure ci sono poche cose tanto immorali quanto possedere qualcosa di così inestimabilmente prezioso e usarlo male o non usarlo proprio. Anche se uno è – nota autobiografica – troppo scostante e discontinuo per una vera disciplina di allenamento, alla fine c'è sempre una motivazione irresistibile per esercitare respiro, muscoli, tendini, cuore: non è tanto l'appagamento che si prova correndo o saltando, è il fastidio che si prova non facendolo. Ti ritrovi più facilmente, troppo facilmente, a cercare spiegazioni, a razionalizzare e concettualizzare, e scendi a patti con questo stato patologico, e intanto il tuo corpo si immalinconisce mentre scivola progressivamente fuori scena.

28 febbraio

Sono andato a fare un giro in MTB nei miei boschi.

L

Tempo quasi da pioggia con vento forte da sud. Un tipo di clima ideale per il bosco. La natura mi rigenera immediatamente, a volte mi basta una sudata per quei tagliafuoco e torno a casa riossigenato. Sto sbattendo sul vetro come una mosca in questi giorni, tra un po' arriveranno i miei moschettieri per passare un paio di settimane di session in studio e non ho nemmeno un pezzo. Non cerco compassione e non mi sto lamentando, sai che non sopporto le lamentele dagli altri figuriamoci da me.
La mattina mi metto a scrivere, uso la tecnica del «flusso di rime» ovvero metto in sottofondo una musica, la prima cosa che pesco dal mio computer e inizio a scrivere tutto quello che esce, in rima, non in rima, come viene, senza giudicare nulla. Poi dopo un po' rileggo e vedo se resta qualcosa, qualche immagine, qualche rima ecc. ma per ora sono lontano.
Vedo che escono cose che hanno a che fare col tempo che passa e questa è una cosa alla quale devo resistere. La famigerata crisi dei fucking forty dove la tendenza è proiettare tutto nei genitori che invecchiano e nei figli che crescono senza riuscire a trovarsi. Io dove sono? Esisto in quanto padre di una bimba che sta diventando adolescente con tutto quello che comporta? In quanto figlio di una mamma che perde colpi e non ne vuol più sapere, pare, di trovare un motivo per stare al mondo (io la vado a

trovare tutti i giorni, guardiamo un po' la tv insieme, ma non si riesce a parlare di nulla che non siano dettagli frivoli, Sanremo, il telefilm di ieri, la caldaia da riparare)? In quanto maschio al fianco di una femmina che desidero ogni giorno di più ma che significa anche quel senso del dovere che l'essere femmina è in grado di iniettare come fosse una sostanza liquida nelle vene? Amo il senso del dovere, è roba mia, quando scappo è per ritrovarlo. Non sono fatto per mollare lì le persone e darmi alla macchia (a parte le due ore nel bosco in compagnia del vento e delle tracce dei cinghiali). Dove sono io, Franco? In che punto mi trovo? Qual è il mio sguardo? Un artista, un cantastorie, un clown, chiamalo come vuoi, non è altro che uno sguardo, per quanto assurdo.
A proposito di sguardo. Ti è mai capitato di incrociare un animale selvatico? A me a volte capita, anche in bici, quando pedalo contro vento e capita che un daino o un cinghiale non ti sente arrivare e ti ritrovi lì davanti uno all'altro e per un secondo gli sguardi si incrociano. È una sensazione forte che mi resta attaccata a lungo. Avviene uno scambio, c'è qualcosa che ci lega, un brivido mi dice che qualcosa scorre tra me e l'animale, qualcosa di condiviso. Una comunione.

Lorenzo,

F quando Daniele finito il liceo è andato a Los Angeles avevo quarantadue anni. Avevo scritto libri e fatto conferenze e riviste, però il centro di tutto era sempre stato lui, era lui a darmi il ritmo. Fin lì se avessi dovuto definirmi in qualche modo, avrei detto che il mio mestiere era il babbo. Lo direi anche oggi, però da allora mi sono davvero reinventato. In questo periodo mi capita spesso di ripetere – è una consapevolezza fortissima – che mi sento davvero me stesso soltanto da una dozzina di anni. Pensavo anche di essere stato estremamente fortunato nelle mie relazioni sentimentali, che i miei incontri erano stati davvero folgoranti, e invece mi sono reso conto che erano un bellissimo prologo, e che perfino con Manuela tutti gli anni precedenti sono stati un prologo di quello che siamo diventati nell'ultimo paio di anni. Io credo che per altri il loro ruolo con figlia, moglie, genitori, rischi di ridursi a un ruolo restrittivo, mentre tu con loro e attraverso di loro stai forse mettendo a fuoco e alimentando il tuo sguardo che abbraccia il mondo. Io credo che tu sia proprio in questo sguardo capace di abbracciare e combinare, in un'età che – per te più che per chiunque altro – non coinciderà mai solo con quella anagrafica. Tu sei la tua relazione forte, calda, con la vita, e una cosa così passa attraverso fasi ed età, ma non si esaurisce mai in esse.

Tempo fa ho scritto questa cosa sull'età.
Forse non siamo così cambiati geneticamente, non in maniera eclatante: ma se vogliamo la prova indiscutibile che il mutamento è molto più che una moda dopo l'altra, basta raffrontare gli esseri umani di adesso con quelli di nemmeno tanti anni fa. Al di là dei sostanziosi mutamenti sociali e comportamentali, a essere vertiginosamente cambiato, o meglio espanso, è

innanzitutto l'uso che facciamo delle facoltà connettive della nostra mente e del nostro sistema nervoso. Ma c'è una cosa che a me sembra mutata ancora più: pochi decenni fa, prima eri bambino, poi giovane, poi adulto, poi vecchio, fine. Tutto molto definito, molto normativo, molto dissuasivo, con l'ulteriore aggravante che il cartello dell'ultimo round si alzava inesorabile al gong dei cinquant'anni. Tanto più che il processo di apprendimento degli umani finiva molto presto e nel lavoro non si faceva che applicare quello che avevi imparato (chi continuava a studiare, lo faceva in campi specializzati e puramente intellettuali). Adesso invece il flusso continuo e travolgente dell'informazione ci richiede di imparare di continuo, di spaziare, di connettere le nostre conoscenze, così che sempre più umani non smettono mai in un modo o nell'altro di apprendere, e l'età della nostra crescita non è più localizzata e breve ma praticamente ininterrotta (con evidenti effetti espansivi sulla percezione di noi stessi). Ora la nostra età vitale è diventata molto ma molto più ampia della nostra età anagrafica. Anche qui i riflettori sono puntati non più sui confini ma su quello che c'è oltre, e la possibilità di espandere e di connettere sta sempre più scompigliando e sgretolando le identità uniformi (tanto più che la ricerca biotecnologica sulle frontiere dell'invecchiamento è appena ai primi passi): prima era la tua età a giocare te, ora sei tu a giocarti la tua età in una pluralità di opzioni. Ci sono naturalmente alcune leggi genetiche che non ammettono discussioni: però intorno all'età che hai c'è ormai un'area sempre più

ampia, e nei tuoi quarantacinque anni ci sono anche i ventinove e tutti gli altri prima e dopo.
Questione di migliore alimentazione, di molta più cura e protezione dell'organismo, di allenamento ed esercizio fisico. Ma anche e non meno questione di attitudine mentale, come se all'improvviso la percezione – se non la consapevolezza – di decine di milioni di umani avesse aperto braccia, porte e finestre e si fosse lasciata conquistare da un senso di vitalità non più resistibile. In questo modo – abitando la nostra età senza appiattirci su di essa – abbiamo spinto, slanciato, espanso il nostro linguaggio del corpo e il nostro orizzonte mentale. Se la nostra aspettativa di esistenza è tanto aumentata, se stiamo flirtando con l'impensabile, non è perché un alchimista ha trovato l'elisir di lunga vita o un esploratore ha scoperto la fonte dell'eterna giovinezza: siamo noi che stiamo imparando a mettere al centro noi stessi e non la nostra età. Siamo noi che – qualunque sia la nostra età – siamo il mutamento, che siamo l'evoluzione.

1 marzo

Mi capita di rimanere a guardare i miei cani, ne abbiamo tre.

L

Li guardo che lottano o mangiano o dormono. Lo fanno con l'intero corpo. Non hanno rigidità

e sono totalmente coinvolti nella loro azione. Corpi che sono mente. Gli umani invece sono quasi sempre frazionati. Se uno spinge l'interruttore, lo fa con il dito e la mente è da un'altra parte ma anche il piede è da un'altra parte. Se uno guarda la tv o morde una mela, lo fa impiegando solo una funzione specifica. La musica ha la possibilità di risvegliare l'unità di corpo e spirito e per questo mi è sempre piaciuta la musica e ne ho fatto una via per stare al mondo.
Da qualche parte ho letto che in base a certe ricerche i direttori di orchestra hanno fisici molto sani e una longevità diffusa. In fondo quello che fanno sembra un'arte marziale e la coordinazione corpo mente in quel caso deve essere molto affilata. Sul canale di musica classica di Sky danno spesso vecchi filmati di grandi direttori d'orchestra in bianco e nero che provano o dirigono, e se li guardi con l'audio abbassato sembra un'arte marziale la loro.
Un giorno ho fatto un seminario sull'uso della voce, non una cosa da cantanti veri e propri ma un percorso di indagine sulla propria voce.
Per i primi due giorni abbiamo solo fatto movimenti di tai-chi per prendere dimestichezza con la questione dei pesi. La voce come un fenomeno legato al peso non l'avevo pensata ma in realtà è proprio così. La voce, come ogni suono prodotto dall'uomo attraverso gli strumenti che possiede, deve vedersela con una questione di pesi e misure, di equilibrio e gravità, di distribuzione del peso. Interessante.
La voce è l'unica cosa che esce da noi e si separa da noi. Tutto quello che è venuto dopo, la scrittura, le

armi, gli strumenti, la tecnologia in generale, sono una conseguenza della voce, un surrogato.
Il suono della voce si chiama TIMBRO proprio come un timbro, una firma, una certificazione di autenticità.
Voce e movimento, voce ed evoluzione. Mi piacerebbe molto sentire la voce dei nostri antenati. Mi manca non poter sentire il timbro vocale di Gesù o Leonardo da Vinci o di Shakespeare. Chissà che voce aveva l'uomo dell'età della pietra.

Stamattina sono all'ascolto del nuovo album dei Gorillaz, che sta uscendo in questi giorni ma in rete c'è già tutto. Mi sono piaciuti fin dall'inizio, il loro è uno dei progetti più belli del pop degli ultimi anni. Mi piace questo rimandare continuo a qualcos'altro. Le cose nei dischi dei Gorillaz sono sempre anche qualcos'altro.
È quello che io ho sempre tentato di fare e continuo a fare: dare alle cose identità multiple, muovermi attraverso le stringhe, essere insieme cartone animato ed essere umano. Il prossimo passo in questa avventura vorrei proprio che includesse la faccenda dell'età, cioè farmi chiamare Jovanotti e avere i peli della barba bianchi, essere un bambino e un vecchietto insieme, uno senza età perché in qualche modo ha diverse età contemporaneamente. Oggi questo sta diventando possibile e la cosa mi mette una certa allegria.
La «dittatura» della giovinezza è una bufala bella e buona, lo è sempre stata, perché in realtà si tratta della solita vecchia storia del conformismo che tenta

di imporsi come modello unico. Non c'è niente di più vecchio della parola «giovane».
Ecco, le cose senza nome sono sempre le più forti.

Lorenzo,

Foggi sempre di più le categorie sono ridicole e assurde. «I giovani», poi!: ci sono miliardi di giovani uno diverso dall'altro, e anche a volerli in qualche modo definire per appartenenze, ci sono diversissimi modelli di giovani. Tutti gli umani migliori che conosco non ce la fanno proprio – non è nella loro attitudine – a stare dentro una categoria, un'età, un'identità, un qualcosa di statico. È perché hanno introiettato il metabolismo della vita, quella capacità di abbracciare spinte diverse.
Oggi l'evoluzione consiste nella rapidissima, folgorante estensione del metabolismo della vita alle tecnologie, e da queste alle nostre forme di conoscenza e di percezione. Il progetto biologico e naturale si sta espandendo con una potenza senza precedenti, si sta allargando in tutte le direzioni, creando centinaia di organismi di ogni tipo – da quelli cellulari a quelli culturali e comportamentali – alcuni dei quali poi ne conquistano altri, mentre altri scompaiono rapidamente e altri ancora continuano a esistere mutando forma, perché a sopravvivere e anzi ad affermarsi sono quegli organismi, quelle forme, quelle stesse idee, che possiedono tanto grande forza quanto flessibilità e capacità di adattarsi. È vero che la forma del mondo può apparire sempre più modellata sulla com-

plessità e sul disordine: ma non dimentichiamoci mai che a spingere la corrente c'è un principio assoluto e incondizionato, quello della proliferazione attraverso la relazione.

In questo senso la vita – fragilissima nelle sue manifestazioni singolari – è nel suo complesso irresistibile, sfrenata, addirittura imperialista nel conquistare ogni frammento e ogni spazio e piegarlo alla propria proliferante natura. Le infinite vite singolari e particolari possono durare poco (e questo ci disturba tremendamente), ma attraverso la dinamica dei contatti e delle relazioni – che nel mondo globale si moltiplicano vertiginosamente in ogni direzione – aumenta e si potenzia la vitalità, il principio della vita.

Alla fine la vita non fa che riprodursi. L'evoluzione è il risultato spontaneo di tutte quelle forze che spingono per espandere, e delle loro miriadi di combinazioni (è proprio perché è spontanea, molteplice e incontrollata, che l'evoluzione è infinitamente più ampia, più potente e più viva del progresso storico e sociale). Ecco perché chi vede gli umani sottomessi alle macchine e alla tecnica capisce degli umani ancora meno del nulla che capisce delle macchine e della tecnica: perché il metabolismo che alla fine continua a imporsi e anzi a espandersi è quello della vita biologica, che oggi più che mai nutre la tecnica e si nutre di essa.

Te lo dicevo qualche mail fa: a me affascinano le voci «sbagliate». Dylan, il tono monocorde di Johnny Cash, o certe cantanti femminili – da Astrud Gilberto a Hope Sandoval – che hanno poco più di un sussurro. Hendrix cantava male, però era perfetto. Non ho mai sopportato i virtuosi della voce.

3 marzo

Bolelli!

L

Ieri notte abbiamo finito di rimettere in sesto lo studio. Ora non ho più scuse per temporeggiare, è pronto ad accoglierci.

Ho anche fatto costruire due trabiccoli per appoggiare le casse grandi. Sono una lamiera smaltata di rosso Ferrari. Veramente audaci.

Di solito gli studi di registrazione li fanno assomigliare a sale operatorie, io mi sono ispirato a un certo underground berlinese anni 80 con qualcosa del centro di Lagos Fela Kuti style e un po' di Beastie Boys. I Beastie Boys hanno uno studio a New York che rappresenta il mio ideale di studio di registrazione ma loro hanno venduto una trentina di milioni di dischi e in questo senso le dimensioni contano, come dice il vecchio Godzilla. Ho anche realizzato una parete/pantheon dove ho attaccato con colla da attacchini un flusso di immagini scaricate e stampate su fogli A4 da Internet con la tecnica del flusso. Da Sammy Davis Junior al Dio di Michelangelo passando per Burt Simpson e Domenico Modugno, la mia mamma, la Teresa, Valentino Rossi, foto del mio ma-

trimonio, Lee Scratch Perry, Joseph Conrad, Carlos Gardel, i Run DMC, James Brown, l'acceleratore di particelle di Ginevra ecc. ecc.
Il flusso di immagini da Google è uno dei miei passatempi prediletti la sera davanti alla tv. Con il computer sulle ginocchia e la ricerca immagini di Google parto da una cosa qualsiasi e arrivo in luoghi inaspettati e riempio una cartella di jpeg. Ne ho un po' di queste cartelle e rivedendole dopo qualche giorno è praticamente impossibile risalire al motivo delle associazioni che mi hanno portato a scaricare l'Onda di Hokusai e un'immaginetta di sant'Antonio da Padova, il ballerino Nijinskij, il barone di Munchausen, il cantante africano Oliver de Coque, il profeta Mosè, la piantina di una città dove probabilmente non andrò mai, Stanlio e Ollio.
Ho una naturale tendenza verso le liste, e questo quando non è un vantaggio è un problema perché se fosse per me scriverei solo canzoni che sono un elenco di immagini, e non si può. È un tipo di arte che mi affascina da sempre. Ho fatto il deejay per questo. Sono attratto dalle sequenze di senso. Chiaramente le sequenze che mi attraggono sono quelle che non hanno senso apparente, ovvero che realizzano una narrazione che non segue parametri tradizionali.
Una cosa che mi colpisce è andare su Youtube a guardare i video che gli utenti si fanno da soli, magari con le mie canzoni. Nella quasi totalità dei casi quando io dico fiore il videomaker casalingo mette la foto di un fiore poi io dico cammello e in dissolvenza cosa appare? Un cammello. Questa corrispon-

denza suono immagine è un tipo di dinamica sulla quale si basa l'intero sistema delle relazioni standard. È una dialettica tra la vera natura dell'uomo, che non si sognerebbe mai di associare la parola cammello alla foto di un cammello, e la standardizzazione culturale che impone a ognuno di incarnare la didascalia della propria foto in modo il più possibile ortodosso. Quella che molti vedono come malattia, ovvero la rottura della relazione statica tra immagine e didascalia, in realtà è l'inizio della salute. L'estasi, ovvero l'uscita dalla stasi, inizia proprio dal liberare il proprio immaginario, ma per liberare il proprio immaginario non in modo freakettone ma in modo poetico e scientifico.
Il concetto di salute è uno di quei nodi del nostro tempo sui quali bisognerebbe ragionare. Ultimamente fanno le pubblicità di alcuni yogurt come se fossero dei medicinali, a tutto o quasi a tutto è associata un'idea commerciale di salute.
Dimmi qualcosa del concetto di salute. Che si dice dalle tue parti su questa questione? Chi è sano? Cosa si intende per buona salute?

Il poeta Dino Campana scriveva:
«Fabbricare, fabbricare, fabbricare
preferisco il rumore del mare».
Oggi io farei un remix di questo verso di Campana che suonerebbe così:
«Fabbricare, fabbricare, fabbricare,
preferisco fabbricare il rumore del mare».

Lorenzo, ma perché non si possono scrivere sempre canzoni che sono liste, elenchi?! Lampi e poi altri lampi, flussi vitali, combinazioni chimiche – sono i più bei testi di tutta la musica contemporanea, davvero. Credo sia il modo più avanzato, più «connesso e globale e liquido», di scrivere canzoni. C'è dentro il metabolismo del mondo. Scrivi liste, te ne prego! Mi ha sempre preso la metafora del frullato: tutti gli ingredienti che ci sono dentro sono naturalmente essenziali, ma poi a fare la differenza è – come per le liste – la scelta e la combinazione degli ingredienti, e l'intensità con cui li frulli.

Fra il benessere e il malessere preferisco l'essere. Se sai chi sei, se valorizzi il tuo carattere e lo espandi, allora sei in buona salute. La salute coincide con una relazione forte con la vita. Puoi farti male, puoi anche perdere, ma è quando hai fuochi, slanci, decine di gesti quotidiani che esprimono abbondanza, che sei sano. Quella che le pubblicità, la new age, i centri benessere, ci raccontano è un'idea sterilizzata di salute, non abbraccia l'energia, lo spreco, la possibilità di perdere... riduce la vita invece di prendersela tutta. La salute è performativa, non difensiva. È la stessa cosa con l'ecologismo: l'ambiente lo proteggi davvero quando lo espandi, non quando lo conservi. Quando hai una relazione forte con la vita, allora sei sano sempre. Michael Jordan che vince una partita di finale – il famoso nausea game – con quaranta di febbre e vomitando a bordo campo è così, è una potenza così potente che può superare anche le fasi e i momenti di debolezza. O Kobe Bryant che continua a giocare e a vincere con l'indice fratturato della mano con cui tira. C'è una fantastica cosa di Nietzsche, un'intuizione che poi non ha mai sviluppato, su quanto certe idee che hanno contagiato milioni di umani siano nate dalla cattiva salute dei loro autori, da un rapporto devitalizzato con le cose. La storia della filosofia come malattia, come pensiero inquinato da un cattivo rapporto con il proprio corpo. Vorrei scrivere una storia dei pensieri e dei progetti generati da una relazione sovrabbondante con la vita.

4 marzo

La Francesca è andata un paio di giorni a Roma per un impegno che aveva e sono rimasto solo a casa con la Teresa. Ormai ha undici anni e fa la donnina di casa che si prepara la colazione e mi rimprovera per il disordine, in pratica fa l'imitazione della sua mamma, una cosa magica.

Ieri sera messa a letto la Teresa ho messo il dvd di *Planet Terror* di Rodriguez e stamattina dopo averla accompagnata scuola ho guardato *Once upon a time in Mexico*, in pratica una piccola maratona Rodriguez che mi ha rimesso al mondo. Ti piace Robert Rodriguez? A me da matti, lo trovo sgangherato e vitale. La cosa che più mi piace del suo cinema è che

vedo il suo godimento nel farlo. Mi accorgo che questo è uno dei motivi per cui una cosa mi piace. Quando ci leggo il godimento, l'energia spesa. Un braccio tranciato in un film di Rodriguez è una gioia, è come uno stappo di champagne. Questo brindare alla vita che c'è nei suoi film o in quelli di Tarantino lo ritrovo anche nel cinema di Fellini, nella guida di Valentino, nella musica di Rossini, nella camminata di John Travolta all'inizio di *Saturday night fever*. Mi accorgo che le mie canzoni arrivano forti e decise quando hanno un po' di questa aria dentro.
Ho sempre guardato con sospetto il mito dell'autodistruzione e dell'artista che esibisce il proprio tormento interiore come un valore aggiunto. Non si misura il valore di un'opera d'arte in base e quanto male si è fatto l'autore per produrla, non so se mi spiego. Si può anche lavorare a qualcosa con molta gioia e magari viene benissimo oppure sputare sangue e ammalarsi per fare una cosa di poco conto. Oppure può succedere il contrario o un misto delle due cose. Lavorare seriamente può anche voler dire lavorare divertendosi da pazzi. Serio non è uno che non ride. Serio è uno che si dedica con tutto se stesso a quello che fa. Il mito dell'artista che autodistruggendosi automaticamente fa cose considerevoli trova poco spazio nel mio cuore.

Robert Rodriguez, te lo ricordi *El mariachi*?, il suo primo film, quello fatto con due lire? Andai a vederlo al cinema attratto dal marketing sul film povero e mi piacque un sacco.

Nel libro di Bolaño che sto leggendo uno dei personaggi parla di un film porno girato da Rodriguez prima di *El mariachi* e che esiste da qualche parte.
Ti avverto che ieri mi è arrivato un manuale su come si scrivono i testi delle canzoni che avevo ordinato su Amazon. Uno di quei manuali che in America esistono per qualsiasi cosa. Aspetto *Come si scrive un capolavoro*, intanto ho dato un'occhiata a questo e purtroppo non mi ha dato nessuna dritta illuminante.
L'unica cosa che viene fuori è che tutti gli intervistati dicono che il più bravo di tutti coi testi è Dylan. Bella scoperta, mi ci voleva il manuale per scoprirlo.
Buona giornata Franco.
Boom!!! (sparo da un film qualsiasi di Rodriguez)

F

Lorenzo, tu che prendi un manuale su come si scrivono i testi delle canzoni è come se Steve Jobs ne prendesse uno su come si fanno i computer… meraviglioso!
Ho rivisto proprio nei giorni scorsi per ispirarmi la scena delle ragazze armate di *Sin City*, quella con Rosario Dawson e con la testa esplosiva, e il ballo di Salma Hayek vampira in *Dal tramonto all'alba*. Rodriguez è texano, non c'è niente da fare, definitivamente *bigger than life*. Adoro la sua sfrontatezza, la sua sovrabbondanza. Lui è un altro che non si risparmia, che non sa neanche come si fa lo spelling di autodistruzione. Vai a parlare dell'estetica dell'autodistruzione a Rodriguez e ti ribalta.
Credo ci sia un'arroganza odiosa e un'arroganza sa-

na. La prima è quella che a sua volta se ne fa vanto, che mira a ostentare la sua diversità. L'arroganza sana è semplicemente il guizzo vitale impertinente di chi non ha paura di giocarsela, di chi si prende la responsabilità delle proprie scelte e ne accetta i rischi e non perde tempo né a compiacersi né ad arrovellarsi. Perché è soltanto ai caratteri forti che ti puoi affidare ogni volta che le cose cominciano a farsi complicate. Quando parliamo di sfrontatezza, non è affatto di sparate verbali che si tratta, né di plateali provocazioni. Perché ogni carattere forte e sfrontato ha la stessa doppia natura di un diamante, splendente e tagliente. Puoi chiamarla allo stesso modo confidenza oppure arroganza, perché è chiaro che nei grandi caratteri la soluzione va mano nella mano con il problema, che ogni forza contiene inestricabilmente in sé il proprio punto debole. Ma chi pensa che tenendo a freno quell'arroganza la forza rimarrebbe la stessa, è decisamente fuori strada: perché non è di capricciose esibizioni di autoindulgenza che si tratta, ma di qualcosa di organico, di inseparabile dalla sostanza del carattere. È il coraggio di metterci sempre la faccia e di affrontare a testa alta – senza alibi, senza ipocrisie – le conseguenze delle tue scelte e anche dei tuoi errori. Mai allontanarsi dal proprio carattere, anzi valorizzarlo in tutta la sua pienezza, nelle parti più creative e luminose quanto in quelle scomode e non negoziabili. Senza compiacimenti, senza autoreferenzialità, senza atteggiarsi facendo la faccia dura. Alleggerisci il carattere da questa sfrontata durezza e ti rimane giusto la virtù, che è bella e buona e modesta e tollerante e moralmente giusta e socialmente presentabile, e perfettamente inutile se c'è da giocarsi un'impresa. Se vuoi conquistare qualcosa e più di tutto te stesso, se vuoi – o devi – vivere dove c'è da rischiare qualcosa, se vuoi fare l'evoluzione e non soltanto guardarla, allora è la forza, la confidenza e anche la sfrontatezza del carattere che fa la differenza, tutta la differenza del mondo.

Sono curiosissimo – tu di più, naturalmente – di vedere come verrà su Teresa, come mescolerà, equilibrerà o squilibrerà te e Francesca...

L

Si parlava poco fa degli scandali di questi mesi legati al «potere». Non riesco a rimanere serio però c'è un pensiero che bussa costante e che mi dice che non c'è nessuno scandalo e che la questione è puramente tecnologica. Credo anzi che sia un buon momento questo per renderci conto che il potere inteso come occupazione degli spazi ha sempre la stessa natura, ed è una natura triste. Il potere ha senso se è «potere» ovvero «avere la possibilità di...», ma se poi questa possibilità è espressa al ribasso non c'è da scandalizzarsi se poi la benedetta tecnologia delle comunicazioni (telefonini, videocamere ecc.) rivela le dinamiche umane che scorrono sottobanco.
Ho un problema da affrontare, Franco, e quando si tratta di fare un disco per me è il momento in cui i nodi vengono al pettine. Il mio problema è che non me ne frega niente delle dinamiche politiche e mi

trovo in difficoltà perché per abitudine sono uno che ha opinioni. Invece adesso io non ho opinioni e anche quelle poche che ho non mi scaldano il cuore. Berlusconi mi fa tristezza, ma con la tristezza non si fanno rivoluzioni. Hanno vinto loro? Sono diventato un cinico distaccato che non partecipa più alle questioni della società in cui vivo? Potrei pensarlo ma non mi sento così. Come mi sento allora? Non lo so come mi sento. Le opinioni sono spiccioli nel flusso delle idee, riempiono le tasche e danno una sensazione di ricchezza, ma poi se le rovesci su un tavolo ti accorgi che non ci compri neanche un litro di benzina. Dove sta il vero valore allora? Il valore sta in ciò che non è possibile fermare, nei processi di trasformazione forse? Ho qui alle mie spalle una libreria dove tengo i miei top 40 e prima ho passato l'occhio sulla costa de *Le metamorfosi* di Ovidio, che ho letto qualche anno fa. Ogni cosa è in trasformazione, ogni cosa è instabile e tende a un assoluto irraggiungibile posto da qualche parte nel tempo infinito. Ma in quale stadio della mia metamorfosi sono io adesso? È una domanda che già porsela è un lusso e me ne rendo conto. E mi rendo conto che il mio pensiero è tra i più sconclusionati dell'occidente.

F

Lorenzo, sanguini davanti a squalo… pensa che con tutti i miei slanci, con tutta la mia attitudine passionale, con la mia scarsa propensione per il dubbio, ho sempre considerato la politica come un luogo dove invece apprezzo il compromesso, la ricerca di un equilibrio, il vuoto delle ideologie. Non credo che la politica si meriti le nostre passioni, ma non perché è sporca o piena di scandali. Pensa anzi che non mi indigno nemmeno tanto per quello che succede: quello che mi scandalizza davvero, molto di più, è l'incapacità di elaborare qualunque soluzione. È una cosa che ripeto sempre ai permanentemente indignati, ai rancorosi resistenti disobbedienti: sono agli antipodi antropologici di Berlusconi, ma non è che se lui cade allora spunta magicamente da sé un piano economico, un modello di sviluppo, un progetto per l'innovazione. Che sono le uniche cose che servono davvero, perché con l'indignazione e il risentimento non ci costruisci un accidente di niente. Ecco, la politica non si merita le nostre passioni perché la politica è necessariamente un luogo di mediazione e di rappresentazione mentre le nostre passioni hanno bisogno fisico, diretto, personale, inesauribile di slanci, metamorfosi, invenzioni, e perché noi sappiamo inequivocabilmente che le soluzioni per l'esistenza degli umani stanno dove ci sono slanci, metamorfosi, invenzioni. L'umanità è sempre evoluta non grazie alla politica o al sociale (che semmai hanno avuto altri meriti storici) ma grazie a chi ha sperimentato soluzioni che poi sono state portate nel sociale e nell'esistenza quotidiana. Sto scrivendo una cosa sulla necessità di una storia «nostra», una storia delle imprese e degli slanci. Più che la storia sociale e politica, più che la storia dei regni e delle guerre e delle ideologie, a me appare ben più importante il modo in cui la storia si è depositata e stratificata nel

nostro codice comportamentale e neuronale. È lì che possiamo leggere una storia della forza e una storia della debolezza, una storia della generosità e una storia del risentimento, una storia dell'avventura e una storia dell'arroccamento e della rinuncia, e così via. Ecco, a me oggi appassionano quegli esseri umani che portano dentro di sé la storia – una lunga e ricca storia – più innovativa e più coraggiosa.
La storia che ho sentito scorrere nel mio dna è la storia delle imprese, degli slanci, delle conquiste, delle invenzioni. È la calda, piena, sovrabbondante, per nulla trasgressiva, per nulla utopistica, storia dei pionieri, degli sperimentatori, di quanti hanno aperto frontiere, allargato opzioni, dato forma e sostanza a luoghi e città, scoperte, parole e suoni e immagini e linguaggi, relazioni e progetti di vita.
Il tuo pensiero è indubbiamente fra i più sconclusionati dell'occidente: per questo funziona, perché è vivo e la vita non ha conclusioni se non la vita stessa.

5 marzo

Bolelli!!!
L Lo studio funziona, tutto è cablato e pronto ad accogliere ciò che passerà da quei cavi.
Solo un nome risuoni nel tuo cuore: LUDOVICO ARIOSTO.

Ho fatto una specie di rap che a un certo punto diventa la parte del canto dell'*Orlando furioso* quando Astolfo sale sulla luna a recuperare il senno del paladino. Comunque. Ogni tanto lo sai che prendo in mano il poema di Ariosto così come si mette un disco o si mangia una mela. E ogni volta lo ripongo migliorato, vivificato da quella lettura. Non c'è nulla al mondo di più potente dal punto di vista letterario. Non c'è, ora sono quasi sicuro.
Leggendo davanti a un microfono con la mia voce alta in cuffia quelle ottave ho toccato il cielo.
L'*Orlando* non si legge ormai più, è troppo difficile e richiede uno sforzo, e a scuola se non si salta del tutto ci si passa di striscio (e meno male).
È incredibile come lì dentro ci sia un universo intero. È puro Tarantino con 500 anni di anticipo. La bellezza, la leggerezza, la goduria, la sorpresa, il riso, la passione, l'amore, la gioia, la sfida, il sangue, la violenza, la dolcezza, la fantasia sfrenata in una costruzione pazzesca.
Una cosa interessante è che venne alla luce in contemporanea con la scoperta dell'America. Era un tempo in cui si cominciava a parlare di nuovo mondo, e non solo, iniziavano a diffondersi le armi con la polvere da sparo, gli archibugi e quelle cose lì. Immagino Ariosto, che era un signore che lavorava a corte e poi per un po' di anni venne mandato a governare la provincia della Garfagnana, un posto isolato popolato di molti cinghiali e pochi umani. Immagino che tipo di immaginario poteva scaturire in una testa con le antenne alzate in quella situazione.

Insomma il vecchio Ludovico è pura adrenalina e volevo dirtelo, ribadirtelo.
Bisogna provare a fare oggi cose che siano oggi quello che quel poema era allora. Il poema cavalleresco era una cosa fritta e rifritta e Ariosto ci si aggancia e ne fa una cosa di una modernità sconcertante, da leggere alle donzelle nelle notti di corte al posto del cinema e della tv. Me la immagino la scena con una voce che racconta quelle storie di pura fantasia e tutti lì a bocca aperta, divertiti, incantati, stimolati, e tutto questo senza mai un'indagine sui personaggi, una psicologia, un «messaggio» di nessun tipo. Una precisione assoluta unita a una assoluta fantasia.

Lorenzo,

F ho la sensazione che tu abbia già un fortissimo concept per il nuovo disco.

Pensaci: l'estasi pop, la musica per feste, e ora il poema gioioso e adrenalinico. C'è dentro tutto, tu sei tutte queste cose, chissà che questo non sia il momento giusto per evidenziarle ancora più esplicitamente. Chissà che questo disco non possa essere il tuo *Orlando furioso*: senza una trama – credo sempre più che la trama sia secondaria anche nei film – ma con un'unità progettuale e poetica. Come per Ariosto ci sarebbero dentro le donne i cavalier le armi gli amori le cortesie e le audaci imprese, e tutte quelle altre cose che tu puoi giocarti. Un disco per le donzelle di notte e per gli euforici guerrieri di giorno.
Già una volta parlando di te ho detto che il tuo pen-

siero biologico e vitale è più positivo del pensiero positivo perché è più ampio, abbraccia tutto. *Optimistic*, dei Radiohead, dice «try the best you can, the best you can is good enough»: ovvero, l'ottimismo come azione, come fai quello che devi fare. Alla fine se ci pensi è tutto lì: just do it, we can. Funzionano e portano a vincere non perché sono ottimisti ma perché ti spingono a non risparmiare, a muovere il culo e tutto quello che puoi muovere.

Sai, ho provato a racchiudere in un solo sguardo tutte le persone che amo di più e che ammiro di più, e tutte hanno una qualità fondamentale in comune: una relazione forte con la vita. Avere una relazione forte con la vita significa che la contieni tutta, che ti slanci dove vedi che la vita sta vibrando e pulsando, che produci vita attraverso i grandi progetti e attraverso infiniti gesti quotidiani.
La vita si compie da sempre attraverso milioni di sostanze, forme, informazioni, organismi, e attraverso i loro incontri, sintesi sempre nuove, combinazioni chimiche, coevoluzioni. L'infinita, vorace, insaziabile vitalità di cellule, molecole, neuroni, particelle, enzimi, fili di dna, corpi, sessi, linguaggi, azioni, oggetti, progetti, tecnologie a loro volta sempre più integrate (computer, cellulare, web, email, scrittura, foto, video, tutto insieme), sempre alla ricerca di un modo per proliferare e moltiplicarsi. Le relazioni sempre più elettive fra natura e prodotti, fra genetica e cultura, fra materia e informazione, fra organismi essenziali e invenzioni avanzate, fra progettazione intelli-

gente e azione spontanea, lussureggiante e senza controllo. Come si fa a non provare attrazione se non amore per tutto questo? Tutto questo avviene tanto in natura quanto nelle nuove tecnologie di comunicazione, tanto nel nostro sistema nervoso quanto nelle nostre relazioni, tanto nelle strutture primitive quanto nelle parti in evoluzione tanto del nostro cervello quanto delle nostre dinamiche sociali. Tutto questo cambia ogni giorno forma e direzione, avanza attraverso slanci ed errori senza alcun imperativo morale, scompare in un posto per ricomparire in un altro, si connette con qualcosa che fino a ieri non conosceva e genera qualcosa di inaspettato, perde qualcosa per conquistare qualcosa. L'unica cosa che sappiamo con certezza – una certezza al di là del tempo e dello spazio – è che in maniera tutt'altro che lineare tutto questo si espande, si riproduce, si evolve. Tutte le cose viventi che generano ancora più cose viventi: questo è il principio, il fine, il senso, il valore assoluto.
Ecco, tutta questa cosa qui è nello sguardo, nel metabolismo, delle persone che amo – nel tuo sguardo e nel tuo metabolismo – ed è quella che alla fine fa tutta la differenza del mondo.

L

Hai letto oggi Rifkin su «Repubblica»? Rifkin è uno di cui si dice sempre un gran bene ma non mi convince fino in fondo. Tutta la questione dell'ecologia in questo momento mi pare che venga affrontata con strumenti antichi.
Bisogna essere militanti contro l'effetto serra? È che

qui erano anni che non avevamo un inverno così freddo. Io faccio tutto quello che va fatto, la differenziata, i pannelli, ho la macchina ibrida ecc. ma come diceva Ferretti «comodo ma come dire, poca soddisfazione». Che ne pensi tu?
Per essere ottimisti c'è davvero bisogno di elementi a sostegno dell'ottimismo? Non ne sono sicuro, non credo che l'ottimismo o il pessimismo nascano da ragioni a sostegno di una o dell'altra visione delle cose.

F

Lorenzo, ti mando una cosa che ho scritto a proposito di ecologia (e di telepatia con i tuoi dubbi su Rifkin...)

Ma è così difficile accidenti riconoscere che la questione ambientale, gli sbalzi climatici, l'inquinamento, l'effetto serra e tutte quelle cose lì sono responsabilità degli umani e della civilizzazione ma esistevano anche prima che l'uomo facesse i primi passi sul pianeta? Perché non si può serenamente, non conflittualmente, al di là della miserevole logica binaria e delle ideologie contrapposte, dire che entrambe queste cose sono vere, che i grandi mutamenti del clima e dell'ambiente ci sono da sempre senza che per questo gli umani se ne possano lavare le mani?
Che un gruppo di eminenti scienziati si sia fatto prendere con le dita nel vasetto della marmellata falsificando dati per aggravarli, e che Al Gore si sia portato a casa un premio Nobel con un documentario tanto necessario e importante quanto pieno di

forzature, è al tempo stesso gravissimo e irrilevante. È irrilevante perché sarebbe rovinoso sminuire la gravità dell'emergenza ambientale solo per via degli errori del fondamentalismo ecologista. È grave perché evidenzia che un certo ambientalismo, quello più ideologico, non riesce a uscire da un fastidiosissimo, controproducente tono catastrofista.
Ecco, se anni di predicazione apocalittica ci hanno insegnato qualcosa, è che questa strategia fondata sulla minaccia e sul senso di colpa non funziona, non oltre un certo limite. O meglio, serve a ottenere titoli sui giornali e finanziamenti, ma non un vero, grande mutamento di sensibilità al di là della cerchia dei già convertiti. Con molto meno clamore e con un'attitudine più propositiva, c'è un ambientalismo evolutivo – un nome su tutti Stewart Brand – che si tiene alla larga da ogni drammatizzazione perché interpreta l'attenzione e l'azione per l'ambiente come una posizione non morale ma vitale.

È una visione che propone l'ambientalismo come forza propulsiva, non conservativa. Non come prescrizione e divieto – come fa l'ambientalismo ideologico e fondamentalista – ma come alleato della ricerca scientifica e tecnologica, come motore di sviluppo per l'economia, come paradigma per l'evoluzione. Senza alcun bisogno di manipolare dati, senza alcuna ansiogena invettiva sulla fine del mondo. Perché il modo migliore per proteggere l'ambiente e in generale il mondo in cui viviamo non è difenderlo, è espanderlo.

6 marzo

Stewart Brand!

L Conoscevo *The long now* per via di Brian Eno che seguo perché grosse bufale non le dà quasi mai. Non sapevo la storia della foto della Nasa di cui lui si è occupato. In breve la Nasa nel 1966 (mio anno di nascita, non a caso, ho fatto in tempo per sentire *Sergent Pepper*) scattò una foto del pianeta terra visto dallo spazio ma non voleva renderla pubblica per paura che fosse un simbolo troppo potente e con poco appeal nazionalista. Allora il giovane Stewart iniziò una campagna perché la Nasa pubblicasse quella foto e nel 1970 ottenne soddisfazione e con lui tutti noi. In effetti come sempre ogni cosa conquistata è subito acquisita ma prima del 1970 non c'era una foto del nostro pianeta visto tutto intero azzurro verde e bianco e silenzioso.
Grande Stewart e grande Franco.

7 marzo

Franco!!!

L Allora ti racconto due cose tra loro collegate successe in questo finesettimana.
Ieri, sabato, c'è stata una recita di bambini al-

l'oratorio. Tutti questi figli hanno messo in scena una cosa scritta con le educatrici dell'oratorio, ragazze piene di meriti e di volontà di rendersi utili alla città. Bambini in scena a divertirsi, in modo bello e confuso senza capo né coda, dai 5 ai 13 anni, puoi immaginare. Loro che se la spassano e portano su quel palchetto sgangherato di parrocchia il loro immaginario più o meno sbocciato o pronto per sbocciare. Ma non è questo il punto. È venuta fuori una cosa la cui trama racconta i personaggi classici per bambini (Pinocchio, Cenerentola, Biancaneve, Robin Hood, Alice ecc.) che si lamentano perché i bambini di oggi non li vogliono più vedere tutti presi dalla Playstation e dalle feste di Halloween e dai computer. In pratica dal punto di vista didattico una cosa tipica giocata sul concetto che «prima era meglio di adesso» (un prima che i bambini ignorano in quanto questa generazione è cresciuta dentro alla tecnologia, buon per loro).

Pinocchio che piange e si dispera perché viene sostituito da un videogame è una di quelle cose che non avrei voluto vedere. Non in bocca a un bimbo dell'età di Pinocchio. Pinocchio andrebbe pazzo per i videogame, è chiaro. Per fortuna sono ragazzini e avranno recitato quelle parole e quelle scene pensando più alla goduria del corpo per essere lì insieme agli amici con l'applauso dei genitori che al significato delle parole stesse.

Penso che non bisognerebbe insegnare ai bambini a lamentarsi, nemmeno per gioco. Si deve insegnare a protestare, certo, a individuare le ingiustizie, ma non

a rimpiangere il passato perché il passato per un bambino non esiste.
Poi ecco la seconda parte del raccontino. Oggi, domenica pomeriggio, siamo andati al cinema a Perugia io la Fra e la Teresa a vedere *Alice in wonderland* di Tim Burton in 3D. E grazie al cielo il vecchio Tim ci ha mostrato come Alice può essere il più moderno dei personaggi senza risparmiare neanche una delle possibilità offerte oggi dalla computer grafica e dalla tecnologia. Immagini digitali per raccontare una storia classica di formazione come Alice.
Mi piace quando le cose calde hanno qualcosa di freddo dentro e viceversa quelle fredde devono avere un cuore che bolle.
Di tutte le abitudini di chi si occupa di cultura a qualsiasi livello, dal grande intellettuale che scrive libri alle maestre elementari, quella che mi piace meno è la nostalgia. Quell'attaccamento a un passato ideale che invece è una grande bugia. L'idealizzazione del passato è un brutto vizio italiano che andrebbe sradicato, proprio perché il passato idealizzato non può aiutare il presente, ma anzi può farlo apparire sempre più problematico di quello che è davvero. Ora è meglio di prima, e anche se non è vero è una bugia migliore di quell'altra che dice il contrario.

F Lorenzo, questa cosa della combinazione fluida, dinamica, paradossale fra caldo e freddo è vera ed essenziale. È come nel tao, la goccia fredda nel campo caldo, e la goccia calda nel campo freddo.

Per me è un principio vitale essenziale, e forse è cominciato proprio con la musica. La spasmodica lucidità di Miles Davis mentre intorno a lui la sua musica infuriava e ribolliva. In generale mi hanno sempre attratto – proprio fisicamente – le canzoni pop cantabili che nuotano in mezzo a un oceano di dissonanze, di sonorità inquiete. Mi appassionano le persone che sono così, capaci di essere insieme piene di slanci e lucidissime, fuori dall'ordinario ma in modo essenziale. Mi vengono in mente le arti marziali: in ogni gesto c'è il fuoco, la forza assoluta, e insieme c'è una assoluta lucidità.
Ieri ho visto Isabella, la bimba di Daniele, che indossava una tutina con la scritta *happy to be me.* Ecco, ai bambini bisognerebbe prima di tutto trasmettere questa sensazione di orgoglio per se stessi, e nostro per loro. Subito dopo, secondo in classifica, si dovrebbe magari in forma di canzone insegnare il motto evolutivo-pragmatico «invece di maledire il buio, accendi la luce».

9 marzo

Nevica.

La neve il 9 marzo è una bella sorpresa.

Clima adatto a stare chiusi in studio al caldo delle macchine per la musica tutte accese.

Sono un palombaro in questo periodo, non so quanto durerà ma per ora nuoto in un magma informe di informazioni.
Stamattina ascoltiamo musica, da Elliot Smith ai Blondie all'elettronica più spinta a Silvio Rodriguez.
Ho 56.000 canzoni nel mio hard disc e l'effetto random fa girare la testa.
La parola random che terrorizza molti è in realtà una falsa condizione. Non esiste il random in natura e non esiste nemmeno nell'ascolto di un iPod. Le sequenze di senso sono infinite. Quando al catechismo ci dicevano «le vie del signore sono infinite» si riferivano a quello che c'era e che si profila sempre più nettamente nel nostro panorama.
La sequenza random è una delle infinite possibili ma è anche la unica e sola in quel preciso momento.
Penso alle monete dell'i-ching.
Accettare la randomizzazione estrema della realtà significa porsi in modo creativo rispetto a essa (anche la parola creativo non mi convince, preferisco «inventivo», noi non creiamo casomai inventiamo usando il creato).
Il disco non c'è ancora ma io per ora continuo a giocare a nascondino con lui finché ne ha voglia, comunque è un modo per relazionarmi con lui.

Lorenzo, è chiaro che la casualità – anche apparente – la può accettare come condizione naturale soltanto chi ha una forte confidenza in se stesso. Controllare, definire, è una vera e propria pato-

logia. Quando possiedi vera forza allora – succede con i bambini, con i progetti, con tutto quanto – puoi stabilire un clima, una lunghezza d'onda, un concept, e poi lasciare che le cose vadano da sé, e semmai intervenire se e quando scartano.
Non so se hai letto Nassim Taleb, *Il cigno nero* (è splendida l'idea di fondo, il libro in sé è ripetitivo). Lui parla soprattutto di economia e dimostra che tutti i fenomeni davvero rilevanti sono inaspettati, imprevedibili, perché le cose hanno un senso ma non una logica. *Black swan* è anche una fantastica canzone di Thom Yorke, immagino ci sia un nesso.
Io credo che proprio questo – quando sotto forma di consapevolezza oppure di disagio si sta facendo strada la sensazione che la vera vita non la puoi fissare né controllare – sia il momento per mettere in luce l'assoluta naturalezza di questa instabilità e irregolarità e mutevolezza, per svelare quanto a essere strana, innaturale, malata, è la staticità, è la pretesa assurda di escludere l'imprevisto. Perché in una situazione dove tantissime cose si somigliavano e poche facevano eccezione, lì la stabilità poteva anche avere un senso, ma adesso è il dinamismo a essere la regola.
Creativo è una parola sulla carta splendida ma ormai svuotata dall'abuso e dalle cattive interpretazioni. A me indispone quell'aura di bizzarria, di stravaganza, che una certa «creatività» si porta addosso. È quella che gli americani chiamano *artsy*, l'artistico artificioso. Alla fine mi appassionano sempre e soltanto quei libri, quelle musiche, quei progetti, che davvero mettono al mondo qualcosa, qualcosa che contiene toc-

ca accende la vita delle persone. Non l'arte e la cultura come sublimazione, o come consolazione, quelle che fanno leva sul senso di inadeguatezza delle persone e sul ricatto dell'intelligenza.
Mi piacerebbe un sacco la neve senza il freddo.

10 marzo

L

È un viaggio interessante quello di un disco perché nel mio caso non essendo io un artista di genere ogni disco è un organismo che deve prendere vita dentro di me e fuori di me come atto di volontà suo e non mio. Naturalmente io devo essere fecondo, ma più che fare un disco devo lasciare che sia e seguirlo. Difficile da spiegare. Il disco è più importante di me, è un gioco, certamente, ma quel gioco deve diventare più importante della mia stessa vita, è il gioco che deve giocare me tanto io quanto sono tenuto a giocare il gioco. È un po' come in certe esperienze di meditazione profonda, quando realizzi che non sei tu che respiri ma è il respiro che respira te.
Stamattina quasi all'alba ho messo un dvd mentre tutti dormivano. *Dal tramonto all'alba* del mio compagno di merende Rodriguez. Ci credi che non l'avevo mai visto? Ma che figata di film! Una vera manna dal cielo. Mi è piaciuto da matti e mi sono piaciuti tutti i livelli di lettura legati da un'energia narrativa

tra il grande saggio sul rapporto nelle famiglie, tra le persone, tra i membri di una società e il fumetto di paura. Un filmone.

E ancora una volta il cinema dei nostri tempi ci mette davanti a una questione centrale. Sono le ragazze quelle al centro della scena, forse da sempre, ma mai così chiaramente come adesso. I migliori personaggi dell'epica contemporanea, va detto, sono fanciulle. *Kill Bill* in questo senso è la punta massima e forse irraggiungibile.

Riflettevo l'altro giorno sul fatto che i maschi non si vedono più in giro. Inoltre credo che il presunto o reale conflitto del mondo occidentale con il mondo pseudomusulmano sollevi questo punto ancora più pesantemente. I maschi nel mondo arabo sono le vere «femmine» (inteso nell'accezione maschilista). Se ti fai un giro in quelle terre la cosa salta all'occhio. Le femmine sono più forti, più belle, più sagge, più femmine e anche più virili, pensa un po'. Noi in qualche modo che non so definire bene, ci specchiamo in loro, i nostri «neuroni specchio» si esaltano in questo scontro. Vacci a capire qualcosa.

Ma bisognerebbe approfondire e ora devo spalare la neve davanti a casa, me lo sta urlando da sotto la femmina di casa, quella grande. Che si è svegliata.

Lorenzo!!!!

F So che sembra uno stereotipo (forse perché gli stereotipi hanno la tendenza a essere veri), ma noi siamo più forti, più duri, più combattivi e compe-

titivi, però in generale le donne tengono il dolore molto meglio di noi. A me fa impazzire la forza femminile, che è così forte da poter apparire fragile, e che anche quando è fragile è straordinariamente forte.
Sono a un punto del romanzo – della storia d'amore fra lei e lui – dove lei gli dice che vuole un uomo del quale può sentire la grande forza, e lui le risponde che lei vuole un uomo che la domini facendole fare quello che lei vuole. Lei non si scomoda a dirgli cosa vuole, ma lui lo deve sapere.

Tornando sulla faccenda «maschietti e femminucce», siamo andati avanti per diverse centinaia di anni con una situazione più o meno stabile, che non starei ad analizzare perché non ne ho gli strumenti. Poi è successo qualcosa che non ha ribaltato la situazione, credo, ma che ha semplicemente ristabilito la verità, che era già scritta nelle storie del Vecchio Testamento.
Le femmine della Bibbia sono tutte, nessuna esclusa, figure immense e centrali che hanno un ruolo di assolute protagoniste nella realizzazione dei piani divini (guarda anche il mitologico, se ti va). Poi arriva il cristianesimo, non tanto il Cristo storico narrato dai quattro vangeli e dagli apocrifi, quanto il cristianesimo da san Paolo in poi. E lì la faccenda più intricata. San Paolo ce l'ha su con le ragazze, ma per problemi suoi. Lui è un genio, uno dei più grandi talenti della storia, ma ce l'ha su con le ragazze, non c'è dubbio. Le conseguenze sono state duemila anni di strana

clandestinità del femminile nella società sotto l'influenza della dottrina della chiesa. Ho detto clandestinità, che non significa non rilevanza all'interno dei rapporti, ma rilevanza non riconosciuta. In questo senso i cattolici romani (figli dei greci beati loro) se la sono sfangata alla meglio con un monoteismo di facciata che ha nascosto per duemila anni un sano politeismo reale. Il tuo amico Friedrich, se posso dire la mia, giuro che lo direi anche a lui se lo avessi a pranzo, non ha capito l'essenza del cristianesimo e ha sbagliato obiettivo quando se la prende tanto a cuore. Il cristianesimo cattolico romano in realtà è molto più dionisiaco che apollineo, nonostante Cristo sia la sintesi delle due nature noi abbiamo scelto di dotarlo di caratteristiche quasi solo dionisiache. È stato un modo per difenderci dai preti, in sostanza.
Tanto che un cattolicesimo romano senza Maria non sarebbe possibile. Sarebbe una filosofia come le altre, un metodo, e invece così è un ambaradan fantastico e terribile che ora, solo ora, sta generando il suo miglior frutto, che è la scomparsa del genere maschile.
Io, che invece mi metto tra i maschietti, sono molto stimolato da questa situazione. E ne traggo deliri e farneticazioni che ti passo senza pudore alcuno.
E ti passo la palla. Segna tu.

F

Lorenzo, il problema che ho con la chiesa – con le chiese, con gli islamici – è fondamentalmente questo: non credo, mi rifiuto di credere, a qualunque cosa nasca a distanza dal femminile. Cre-

do che un pensiero, un progetto, che nasce lontano dal femminile sia malato, patologico, quantomeno parziale. Come se gli mancasse l'acqua (vorrà dire qualcosa che le religioni monoteiste sono tutte nate nel deserto?). Parlo proprio di distanza fisica. Parlo di sesso, ma anche di contatti, di toccamenti, di gesti. Credo che le grandi imprese, i grandi progetti si nutrano di infiniti gesti quotidiani.
Il sesso non è banalmente piacere o tantomeno trasgressione, ed è ovviamente infinitamente di più di una necessità fisica. Il sesso è il rito per eccellenza, la celebrazione dell'energia vitale. È – come ci dicevamo già parlando del processo inventivo – perdersi per espandersi, è smarrire nell'azione i propri confini. Penso che il sesso sia una forma di relazione con la vita. È quando tu fai sesso con la vita.
Chiaro che nelle religioni la presenza femminile è molto forte anche quando è tenuta sullo sfondo, però ho sempre trovato tremenda la tendenza spirituale e anche intellettuale a considerare tutte le esperienze biologiche come il gradino più basso. Io credo che sia il contrario, che dovremmo imparare dal metabolismo biologico il nostro metabolismo, i nostri modelli mentali. Le nuove tecnologie di comunicazione sono così importanti perché riprendono il modello organico. Ecco perché mi convincono poco quei libri antireligiosi – anche i migliori, Sam Harris, Dawkins, Hitchens – che alla fine al posto della religione vorrebbero la ragione. Primo, non funziona, non è sufficiente, lascia fuori troppe cose irrinunciabili. Secondo, la soluzione non sta nella mente, la soluzione sta

nella totalità della vita, la soluzione è biologica. (Il sommo Friedrich – che aveva un forte rapporto con l'azione fisica – tendeva però a dire un certo numero di sciocchezze quando parlava del femminile.)
Alla fine la questione credo sia proprio questa: che gli uomini hanno sempre avuto bisogno di inventare costruzioni artificiali (anche importantissime, ma sempre artificiose): lo spirito, l'anima, la ragione, l'intelletto, e così via. Mentre il femminile ha sempre avuto una relazione diretta, non mediata, con la vita. Oggi che la ricerca scientifica e le nuove tecnologie e le nuove forme di comunicazione stanno proprio mandando in crisi ogni figura mediatrice, ogni cosa che sta in mezzo fra il macrocosmo globale e i microcosmi individuali, oggi non a caso il femminile sembra molto più sano, perché il femminile si è sempre messo in questa condizione di guardare direttamente negli occhi la vita, l'energia che scorre.
Altre due cose buttate lì.
La prima: credo nessuno lo abbia mai detto, ma a me sembra proprio che l'immigrazione sia un valore quando è femminile almeno quanto è maschile, e presenti invece problemi e guai quando è fondamentalmente maschile.
La seconda: con tutto questo non voglio affatto dire che noi uomini dobbiamo diventare meno maschili. Sarebbe una catastrofe. Al contrario, credo che semmai dobbiamo essere ancora più maschili ma in senso biologico. Un maschile la cui forza si esprima nella capacità di prendersi responsabilità, di fare scelte, di spingersi verso tutto quello dove c'è più vita.

L Pensa che io avrei una proposta di legge che si rifà a una vecchia regola di quando facevo il dj nei locali. Le coppie non pagano. Se maschio e femmina entrano insieme non pagano l'ingresso. Si faceva per evitare un sovraffollamento di maschi che voleva dire risse per accaparrarsi gli sguardi delle malcapitate. In questo modo già fuori dai locali iniziava un gioco di maschi e femmine che costituivano coppie di comodo per varcare la soglia e poi magari dentro si separavano e finivano a pomiciare, questo non era compreso nella regola. Però la regola funzionava benissimo. Ho sempre pensato che quello sia il grande nodo dell'immigrazione. Io credo nell'immigrazione, per me è la cosa più bella che succede in Italia, non c'è nulla di meglio tra tutte le cose che stanno succedendo al nostro paese. Però la regola della discoteca anni 80 non sarebbe male.
Ora mi metto al lavoro in studio.

Rispetto al femminile nella religione oltre a riproporti L'estasi di santa Teresa di Bernini ti segnalo la figura di Maria nella Pietà di Michelangelo, alcune Madonne di Caravaggio, e potrei farti un catalogo di statue e immagini di sante che stracciano in un solo colpo qualsiasi calendario di mensile patinato.

F Sai, Lorenzo, a me fa rabbia che l'immigrazione – come ahimè qualunque altra cosa qui – venga vista nell'ottica deformante degli schieramenti ideologici. Ma perché non si può dire che è al tempo

stesso una straordinaria opportunità e un grosso problema? È una straordinaria opportunità perché tutta quanta l'evoluzione si è compiuta e si compie sempre più – geneticamente, culturalmente, antropologicamente – attraverso scambi, intrecci, coevoluzioni. Le comunità che si riproducono all'interno di se stesse sono le più stupide. È un grosso problema quando chi arriva qui – e chi qui c'è per nascita – si arrocca dentro le proprie identità tradizionali e rifiuta ogni espansione. Ecco perché il multiculturalismo non funziona: perché si limita a predicare tolleranza fra identità che rimangono ben distinte, ognuna attaccata alle sue radici. Mentre le proprie identità di appartenenza non dico di gettarle via, ma di viverle non come fissa dimora ma come punto di partenza. A me lo scontro di civiltà sembra soprattutto questo, quello fra chi nel mondo connesso e globale si mette in gioco e pensa che il mutamento sia un'opportunità, e chi invece ancora di più la prospettiva di una espansione condivisa la percepisce come una minaccia e reagisce aggressivamente.
Ogni anno faccio lezioni a cento studenti che vengono da trenta o quaranta posti diversi del pianeta – Corea, Portorico, Israele, Argentina, Russia – che per un anno sbarcano a Milano e progettano insieme, abitano insieme, vanno alle stesse feste, si scambiano linguaggi, esperienze, materiali, idee. Chiaro che sono giovani progettisti, e sono mediamente ricchi, dunque dell'immigrazione non hanno i disagi più pesanti. In ogni caso nessuno di loro si sente il rappresentante di una etnia, di una religione o di una

cultura: tutti se la giocano, tutti vogliono connessione, condivisione. È un modello che funziona, un modello che andrebbe evidenziato.
Quanto a femminile e religione, chiaro che c'è uno straordinario album di estasi, più forte come dici tu di tutto il patinato e/o televisivo. Trovo ridicolo paragonare il burqa e le veline: le donne vessate dal fondamentalismo non possono scegliere, per loro è un obbligo, mentre qui da noi per quanto tristi e volgari possano essere certi modelli, si può scegliere. Però a me del berlusconismo fa tristezza proprio il modello femminile, lo trovo assolutamente diserotizzante. Non mi hanno mai attratto le donne vistose, plateali. Però non mi funziona neanche la sublimazione del femminile, c'è qualcosa che non mi ha mai convinto negli amori beatificati e platonici.
Questa cosa di femminile e maschile è un nodo antropologico incantevole e decisivo.

11 marzo

Franco!

L Adoro questa neve che ci ricopre e ancora ci impedisce di seguire il ritmo solito delle giornate. La Teresa è a casa da scuola e se la spassa tra costruzione di pupazzi di neve e visioni di episodi dei *Simpson* (ho scoperto che sul satellite in pratica è possibile vedere un episodio a ogni ora ininterrottamente). Questo tempo ci costringe a stare chiusi qui dentro questa casa che negli anni sta diventando un prolungamento delle nostre anime. Il sottoscala e la mansarda (che io chiamo la torre) sono zona mia indipendente ma non ci vuole molto per capirlo e invece il resto della casa è gestito dalla Fra con la mia consulenza passiva (nel senso che decide tutto lei e io faccio di sì con la testa), e anche quello si vede. Fosse per me una casa sarebbe sempre e comunque il prolungamento di una cameretta di ragazzi delle medie. Fosse per la Francesca pure, ma si sa che le camerette delle ragazze hanno altre ambizioni. Quelle che sono state adolescenti negli anni 80 avevano le bacheche, una delle cose più brutte mai apparse nella storia del genere umano, con i micropupazzetti dentro. Comunque la bacheca non ce l'abbiamo, anzi sta diventando una casa vissuta con un certo tocco tra il Liberty e il nonsocché e piace molto anche a me che avrei fatto tranquillamente una gettata di cemento per terra. Però c'è una cosa nell'arredamento in genere che mi piace: amo i tappeti. Un bel tappeto per me fa la differenza. Non so i miei antenati che gente fossero e non credo guardandomi in faccia di avere ascendenze nei deserti, ma un tappeto per me è subito casa, un bel tappeto come Dio comanda. È una cosa che rispetto e ammiro molto del mondo arabo e della cultura nomade. Un tappeto steso per terra in qualsiasi punto del mondo costituisce una dimora e una dimora impegna all'ospitalità e alla reciprocità.

Rispetto a quello che mi hai scritto ieri è proprio vero. Oggi l'argomento «maschile femminile» è tra i più avvincenti. Affrontarlo senza i riduzionismi odiosi sarebbe una gioia vera. Quando sento tirare in ballo la questione burqa-veline mi cadono le palle perché è chiaro come il sole che quello che dici rispetto alla libertà delle nostre ragazze rispetto alle «loro» è giusto e non è neanche in discussione, ma temo che la propaganda non possa ottenere altro che il peggio. In Iran le ragazze non ne possono più, specialmente quelle di Teheran che hanno più accesso alle informazioni e sono meno vessate nei rapporti familiari, però la risposta deve arrivare da loro, e la loro risposta interessa anche noi non perché la sappiamo già ma perché la loro risposta chiarirà anche la nostra posizione. Quello che noi possiamo fare è essere quello che siamo senza che mai questo assuma il tono di un insegnamento. Se i ragazzi e le ragazze di Teheran hanno voglia di cambiare non è grazie a Calderoli ma grazie al rock'n'roll. È grazie all'energia, e solo all'energia, che passa tutti i muri e si propaga attraverso ogni mezzo di diffusione dalla rete al canto dei passeri. È grazie alle invenzioni tecnologiche, ai visionari, ai progettisti di mondi, a chi propone modelli non tanto di sviluppo ma di slancio delle potenzialità umane che si esprimono attraverso l'AMORE, l'eros, la danza, il movimento, la conoscenza, il viaggio, l'incontro, il mercato, la spiritualità.

Lorenzo,

F credo che le ragazze iraniane siano la vera sintesi di quello che potrebbe e dovrebbe essere il mondo globale. Trovo fantastico che alla testa di un movimento di rinnovamento nei paesi islamici ci sia il femminile, ha un incredibile valore simbolico. Trovo entusiasmante che siano la prima «rivoluzione» mondiale fondata sulla rete, sui social network.
Al Santa Monica College Daniele ha sempre tante studentesse iraniane ebree da Beverly Hills. Sono in genere molto simpatiche, con una fortissima vitalità, però è come se volessero a ogni costo dimostrare di essere totalmente americane, più americane delle americane. Nel loro caso il modello americano funziona ma si divora le differenze. Mentre credo che le ragazze di Teheran – questo è il loro inestimabile valore – non assimilino i nostri modelli passivamente ma siano capaci di reinventarli, di parlarli con il loro accento. È il contrario del pensiero unico: le nostre libertà, possibilità di scelta, scoperte tecnocomunicative, servono a moltiplicare non a uniformare, a trasmettere quella sensibilità, quell'energia, che poi ciascuno declina e usa a suo modo. Nel mondo che stiamo vivendo c'è sia omologazione sia molteplicità senza precedenti: la differenza è che l'omologazione c'era anche prima (anzi di più), mentre una così strabordante molteplicità di scelta è appunto senza precedenti. Un'altra differenza essenziale è che prima a non stare dentro il pensiero dominante – qualunque esso fosse – e dentro le categorie stabili della «normalità» erano piccole avanguardie, mente oggi a servirsi

a diversi livelli di questa abbondanza di opzioni sono ogni giorno decine di milioni di esseri umani. Oggi è meglio di prima, non c'è niente da fare.

Non ti stupirà sapere che ho la tua stessa attitudine verso la casa: pulita, ma confusa. Ogni tanto vengo preso da sacri furori e rimetto a posto tutto, e poi per venti giorni lascio andare. Anni fa pensavo che fossero soltanto mia madre, le casalinghe, le donne di una volta, ad avere questo bisogno che ogni singolo aspetto e angolo della casa debba corrispondere a un'armonia, che sia inappuntabile. Ora mi sto sempre più rendendo conto che anche questa cosa qui va molto al di là dell'educazione e delle regole con cui una ragazza è stata cresciuta, credo ci sia qualcosa di genetico. Manuela è tutt'altro che tradizionale, tutt'altro che «normale», però ha questa cura incredibile per l'armonia della casa, per i colori, per i fiori, per tutto quanto. La guardo con ammirazione, però mi rendo conto che io non potrei mai farcela. Io posso lavare i piatti e fare la spesa, e con Daniele ero felice di occuparmi di cacca e pappe e tutte quelle cose lì. Ma Manuela ama che in ogni dettaglio ci sia l'universo, mentre io in ogni dettaglio ci vedo solo il dettaglio e non me ne curo. Hanno ragione loro, naturalmente. Parlo di essenza, non di ruoli. Parlo del rapporto che femminile e maschile hanno – farebbero bene ad avere – con la propria disposizione biologica, genetica e di conseguenza caratteriale.
Sei la prima persona a cui lo dico: credo che ci sposeremo…

12 marzo

Rock on Franco.

L

Ma che mi dici? Matrimonio? Io adoro i matrimoni specialmente quelli di gente che si vuole bene!!!

La nostra festa di matrimonio è stata così bella che io da quel giorno sono diventato un forte difensore della festa del matrimonio. Il matrimonio dovrebbe avvenire, vediamo... dopo almeno una decina d'anni di convivenza e quando tutti gli amici o una buona parte di essi siano ormai amici della coppia. In questo modo non si creano i gruppetti e la festa diventa un matrimonio espanso, un ipermatrimonio.

Io poi sono molto old school in questo senso e mi commuovo ai riti di passaggio. Sono scemi quelli che non credo ai riti, io credo SOLO ai riti. Io sono per ritualizzare ogni cosa, come il mio nonno che buttava a terra una goccia di vino prima del pasto per nutrire la terra o come i mercanti dei bazaar che baciano la banconota prima di metterla in cassa. Mi commuovono i riti, per questo amo i concerti proprio per l'aspetto rituale di tutto quello che accade, l'aspetto liturgico vero e proprio.

Ne parlavo l'altro giorno con la Fra. Si diceva del concetto di «coppia», della forza della coppia rispetto al mondo, di cosa è una coppia e di quanto difficile sia mantenere l'energia di coppia ma anche quanto gratificante può essere quel lavoro fatto, quel punto tenuto, quella prospettiva in movimento.

F Lorenzo, quella del matrimonio è un'altra ennesima questione sulla quale lei aveva ragione e io no. Io sono sempre stato per il «stiamo così splendidamente insieme, che non abbiamo motivo di cambiare» (stare in due case, vederci in grandi boom, insomma tutta la mia visione «mitologica» della coppia). Lei invece era «stiamo così splendidamente insieme, che possiamo cambiare e ampliare». Insomma, io – l'innovatore a oltranza – in questa storia ero l'elemento conservativo.
Grazie a Manuela è cambiata la mia idea della coppia. Sono sempre stato per la pienezza di un uomo che si incontra con la pienezza di una donna, e la coppia mi è sempre apparsa come la versione mediocre del grande rito sessuale e sentimentale. Ora invece mi rendo conto che è possibile e spettacolare costruire una coppia espansiva, mi sento che così la mia personalità è ampliata non ristretta.

L La prima settimana di lavoro in studio si chiude oggi. Weekend, ognuno ai suoi affetti umani animali e tecnologici.
È stata una settimana benedetta. Il tempo brutto ci ha costretto a non mettere il becco fuori di casa e la Fra ci ha cucinato così da non dovere nemmeno andare fuori per i pasti. Questo ci ha gettato in uno stato di coscienza diverso, una specie di «trance» durante la quale abbiamo buttato giù una barca di appunti su hard disc (quello che una volta era il nastro). Non ho ancora risentito nulla e non lo farò

ancora per un po', però forse ci sono delle cose forti. Diverse. Siamo riusciti a sospendere il giudizio e a lavorare senza autocritica. Un flusso. Quello che conta per me è che si crei un canale di comunicazione aperto tra me e i musicisti, dentro al quale potersi dire di tutto, dove le parole le melodie e le note viaggino a doppio senso senza giudizio, senza che nessuno interrompa quel flusso. È il corpo che sa, il corpo che reagisce e segue una strada e guai a interferire con le sue direttive. Ci stiamo divertendo a mischiare tutti i colori possibili in quanto a sound e anche a rime. Batterie elettroniche anni 80 analogiche, percussioni vere, chitarre di plastica giapponesi e vecchie Fender con l'aria vissuta, scatole magiche che emettono suoni modificati, pedali di ogni sorta, microfoni da diecimila euro e venti euro, analogico e digitale in convivenza amorosa e in gara tra loro a chi offre il meglio. È un vero divertimento e una vera sofferenza insieme, esattamente incastrate e non si sa più chi è di scena in quel momento, spesso sono insieme. Mi piace molto di più fare i dischi oggi di quando ero agli inizi, è come se sentissi tutto di più, come se avessi più cellule nel corpo e più accese e più connesse tra loro e con il resto.

Musicalmente ancora non c'è una direzione precisa ma non serve, non potrà essere questo il disco compatto che non sono mai riuscito a fare, quello con tre suoni e nove pezzi secchi nello stomaco, uno due e al tappeto. È anche vero che io sono cresciuto tra il concetto di album e qualcos'altro che ancora è in via di definizione. La Teresa non sa nemmeno cosa sia un

album, esistono solo canzoni. E io non lo so nemmeno, per me un album è bello quando ha pezzi forti e riesce a farmi sentire più vivo, ad amare di più la vita, a farmi guarire se ho il mal di schiena. Se un disco non ti migliora la vita, è un disco non riuscito. Per me ogni canzone in un disco deve essere lì per un motivo ma allo stesso tempo deve poter vivere da sola.
Sto ascoltando *Slumdog millionaire*, i Los Lobos, pop di plastica anni 80, Gorillaz, Mgmt, Beastie Boys, Elvis Presley, musica ranchera, Kraftwerk, glo-fi (un nuovo genere che sta spaccando l'underground), Inti Illimani (dài ridi… ok ti vedo, ma con *Alturas* entro in contatto con my brother Umberto), funk minimale, dub, Tom Waits, calypso, liscio, hip hop random e Bach che in quanto a progressioni armoniche ha ancora da insegnarci tutto.
La Teresa ora sta scoprendo Michael Jackson e io sono così contento. Michael è pazzesco. *Thriller* è bello come la Gioconda, anzi parecchio più bello. Che talento il vecchio MJ.

Lorenzo,

F ho guardato le mie playlist predilette: ce n'è una che si chiama strange songs con le cose che ti dicevo, la canzone cantabile piena di dissonanze, di riverberi. C'è la playlist sentimentale, c'è quella intitolata something stupid, c'è quella che si chiama energetica e che mi serve a correre sul treadmill o a caricarmi. Queste sono playlist che servono a stabilire un'atmosfera.

Tu sei una canzone sentimentale, una motivazionale, una festosa, una tenera, una filosofica evolutiva, tutte energetiche con dentro diverse forme di energia. Questi sono i tuoi dischi perché questo sei tu, è il tuo metabolismo, è il tuo rapporto con il mondo. Perché mai nel fare il disco dovresti rinunciare a una sola delle cose, dei suoni, delle atmosfere, delle spinte che vivi? Tu in questo sei davvero tarantiniano: prendi quello che ti nutre, lo metabolizzi, lo tramuti in qualcosa di tuo. Da quello che mi dici – e che non stento a vedere – stabilisci un grande sentimento di fondo, un grande tema vitale, e poi lo declini in dieci quindici canzoni ognuna delle quali è espressione di un diverso modo di cantare, suonare, danzare il tema e il sentimento di fondo.

13 marzo

L

Mi ero riproposto di stare alla larga dalle romanticherie e l'altra sera è uscita, dopo la mezzanotte cazzeggiando con un batteria elettronica e un giro di chitarra, una delle canzoni più romantiche della storia della musica. Ma è stato un incidente!!! Scherzo Franco, ma in realtà è andata un po' così. Ogni volta che cerco di spingere il disco da una parte lui mi tira da un'altra, è davvero un gioco interessante. È che io devo stare lontano da *Safari*, perché

Safari è un disco che in qualche modo scotta, è chiaro che il suo calore brucia tutto quello che gli si avvicina quindi bisogna usare gli stratagemmi. È chiaro che una parte di me, quella che cerca conferma e sicurezza, vorrebbe un *Safari due la vendetta* ma un'altra parte di me non meno forte vuole segnare un altro tiro da tre ma da tutta un'altra angolazione. Tu mi dirai «sei impazzito, fai del rock'n'roll e non pensare nulla» ma questi sono pensieri che hanno molto a che fare con il rock'n'roll che è fatto di due ore di concerto e 22 ore di altro e nell'altro può succedere di tutto, ma sempre in direzione del concerto migliore. A volte uno si prepara tutto il giorno, fa stretching, si scalda la voce, si concentra sul respiro poi sale sul palco e fa un concerto da professionista, altre volte uno è lì che cazzeggia con gli amici in camerino fino a un minuto prima poi va su e li sfonda tutti. Non c'è una regola. Mettersi delle regole è un modo per delimitare un campo di gioco, può servire.
A volte guardo Valentino nella preparazione di un gran premio, lui segue tutta una serie di gesti e di piccoli riti che lo allineano alla condizione. Probabilmente se non li eseguisse vincerebbe lo stesso, ma il fatto di eseguirli lo mette in contatto con un sé più grande, in un certo modo lo trasforma in un «cavaliere» al servizio di un qualche tipo di regno di cui lui è servitore e difensore e questo può aiutare.
A volte ascolto i grandi «campioni», parlo di quelli che hanno fatto e fanno il mio lavoro ai massimi livelli, e mi sento davvero una specie di principiante che balbetta e mi rendo conto che io a differenza di

tutti devo sempre stare sul crinale di qualcosa. Sempre sulla porta di qualcosa.
Mai dentro, mai fuori.

Lorenzo!!!
Hai scritto «una delle canzoni più romantiche della storia della musica»! Vuol dire che il disco l'hai sbloccato alla grande, che l'hit che fa felici tutti c'è già. Vuol dire che adesso puoi dedicarti al disco intero, con la consapevolezza di aver già trovato la leva che solleverà il mondo.
Tu sei fra coloro che Nietzsche chiamava «i creatori di se stessi». I creatori di se stessi per forza sono sempre sul crinale. Quando i Radiohead cantano «we are standing on the edge» non stanno celebrando l'estremo o tantomeno il baratro, stanno semplicemente dicendo che non possono vivere se non sul bordo di qualcosa, su una linea di confine che si sposta in continuazione. Tom Robbins ha detto che «la linea di confine – la lettera che c'è fra la a e la b, il numero intero che sta fra uno e due, la crepa fra lo yin e lo yang – è il luogo più significativo dove artisti filosofi e cercatori di verità possono ritrovarsi».
I creatori di se stessi non possono essere diversi da se stessi nemmeno quando essere diversi da se stessi sarebbe utile e vantaggioso. Non significa affatto che uno si deve beare compiaciuto della propria diversità: non si tratta mai di essere diversi dagli altri esattamente come non si tratta mai di essere uguali agli altri. Si è se stessi, punto. Mourinho può darsi che sia

egotico, però lo trovo ineccepibile quando dice «non sono il migliore però nessuno è meglio di me»: non è questione di essere meglio o peggio, è questione del tuo carattere, della tua relazione con il mondo, della tua unicità. Chi è davvero unico, chi non ha bisogno di ostentare quanto è unico, è più disposto degli altri a riconoscere le unicità degli altri.
Mi è venuto in mente lo stereotipo che paragona la vita a un film. È un paragone discretamente banale: favoleggiare, sublimarsi in un mondo ideale, non è mai la soluzione. Tanto più che la vita è potenzialmente molto più ricca di un film: è meno lineare, e poi è più lunga e più larga. Il limite di un film è proprio il percorso sequenziale e a senso unico della trama. Però scrivere la sceneggiatura della propria esistenza, scegliere la colonna sonora e le luci e i costumi e gli ambienti e anche le inquadrature, questo è uno splendido modello esistenziale. Lavori sulla tua vita arricchendola di scene memorabili, e così ne evidenzi e ne solleciti la potenza e le potenzialità. Il vantaggio è che mentre un film sta più o meno sempre dentro un genere, la vita può abbracciarli tutti quanti: la vita può essere – simultaneamente o di volta in volta – mitologica, sentimentale, adrenalinica, eroica, comica, porno, melodrammatica, e tutto il resto. Puoi essere tanto *Colazione da Tiffany* quanto *Animal house*, *Un mercoledì da leoni* e *Peter Pan* e *Kill Bill*, e tutto quello che ti serve per essere te stesso e per espandere te stesso. Un disco è meglio di un film proprio in questo senso, che può contenere film diversi. Perché non sia un pasticcio, ci vuole qualcu-

no capace di essere se stesso in tutti i film, ci vuole qualcuno capace di essere se stesso su tutti i crinali, su tutti i dentro e fuori di tutte le porte.

14 marzo

Domani rientriamo in studio e arrivano anche Saturnino e Frank il mio tastierista oltre a Riccardo e a Fresh che sono stati con me tutta la settimana scorsa. Sono curioso di vedere la reazione di Saturnino al nuovo studio perché lui ama le cose lussuose e gli ambienti formali nonostante predichi il rock'n'roll e ami i Clash e i Joy Division. Invece il mio studio è quanto di più cavernicolo in ambito di recording si possa trovare in giro. Ma è proprio questo che voglio da Saturnino: un po' di elettricità, e per tirarla fuori devo metterlo in un ambiente dove lui senta di doversi adattare in modo da riempire quel percorso di adattamento con un'energia che si traduce in musica.
Mi piacciono da matti le storie di esplorazioni, in pratica quello che tu trovi nei serial americani alla *Lost* io lo trovo nei documentari di gente che si arrampica su qualche ghiacciaio e anche solo entrando in Google earth e navigando seguendo flussi di nomi che mi vengono in mente. Certe sere mi metto al computer e vado in giro con Google earth e non ci

crederai ma a volte mi emoziono, arrivo nei posti più sperduti con il satellite della rete e mi sembra di essere lì, magari entro in un locale e immagino di bere una birra e di sentire gli odori, di guardarmi intorno per capire la situazione e valutare eventuale pericolo. Poi faccio una strada a piedi in una città del Sudest asiatico o della Nuova Scozia e prendo una camera in un albergo e magari scrivo qualche rima di una canzone.

Le esplorazioni. Chi sono oggi gli esploratori? Dove si è spostata la frontiera? Ne abbiamo già parlato una volta. Ritengo che il fatto di avere conosciuto tutta la superficie terrestre ci abbia liberato di un problema per trovarci di fronte a un livello nuovo nel concetto di esplorazione. È interessante seguire i racconti delle epoche delle esplorazioni «classiche» (da Colombo al Kon-Tiki più o meno) perché il motore è sempre lo stesso.

A volte mi capita di pensare allo stato d'animo di Colombo quando per la prima volta non aveva più il profilo della terra alle sue spalle e non l'aveva più nemmeno di fronte a sé. Su queste barchette con poche decine di brutti ceffi che si affidavano a lui (mi è capitato di vedere una replica a grandezza reale delle caravelle e fa impressione la dimensione, sono barchette). Colombo si rivelò un politico ingenuo e impreparato ma come navigatore era eccezionale e questo dai suoi diari di bordo salta all'occhio, lo si legge proprio tra le righe. Dentro di sé un turbinio di venti intorno a un centro dove regnava la calma e la consapevolezza di aver fatto quello che andava fatto.

L'epoca moderna nasce da un errore. Colombo voleva arrivare in Asia.
Splendido.

F

Lorenzo, la questione è – al di là delle epoche, al di là dei metodi e dei territori – sempre e comunque esplorare. Esplorare, sperimentare, avventurarsi, slanciarsi, cercare orizzonti pieghe punti di vista. Alla fine è tutto qui: se vuoi ampliare il tuo punto di vista, il tuo orizzonte mentale sentimentale comportamentale, allora sei vivo, altrimenti no.
Quando il mondo era stabile e lineare e sequenziale tutti andavano con le mappe e soltanto pochissimi le facevano, mentre adesso che il mutamento è così impetuoso che le vecchie mappe non servono più, tutti siamo in qualche modo diventati pionieri, tutti dobbiamo esplorare qualcosa, dobbiamo farci le nostre mappe.
Nella fantascienza degli anni settanta andava di moda dire che ora che lo spazio esterno – allora sembrava che l'allunaggio fosse soltanto il primo passo – era stato tutto esplorato, era il momento di esplorare lo spazio interiore. A me sembrava già allora una prospettiva molto limitativa: per me esplorare è sempre stata una spinta vitale, che va al di là di quello che esplori. Per me è sempre stata fondamentale l'attitudine, lo slancio, sia che ti butti nella foresta amazzonica sia che ti ritrovi un bambino fra le braccia, o scrivi un libro o leggi un libro o indaghi la struttura del dna o vai al primo appuntamento con una fan-

ciulla o vai al milionesimo appuntamento con una fanciulla. A essere fondamentale è il senso dell'impresa, prima ancora che l'impresa.
L'impresa non è per forza un gesto memorabile (se poi lo è, meglio): così come una volta il senso estetico rimaneva disoccupato se non si esercitava nell'arte mentre poi è dilagato dentro ogni aspetto della nostra esistenza, allo stesso modo la forza, il senso dell'impresa, non sono soltanto sportive o guerriere ma possono essere innanzitutto un'attitudine complessiva che si compie in tutte le nostre scelte vitali. Così ci sono progetti straordinari che non si riassumono in una singola azione eclatante ma sono altrettanto epici. C'è soprattutto un senso dell'impresa – il più potente – che si dispiega nelle scelte quotidiane, nell'attitudine verso il mondo e la vita. Crescere un bambino fiero e responsabile e forte e allegro, questa è una vera grande impresa. Creare una relazione capace di reinventarsi sempre, viverla come un'impresa. O anche semplicemente fare al meglio la vita che vuoi fare, anche questa è una sostanziosa impresa, anzi forse questa è l'impresa definitiva.

Ho una frase di un pezzo super funk elettronico un po' jappo che dice:

L

MEGAMIX
tra X e la Y la Y la X

(e poi vorrei divertirmi a riscrivere alcune formule)
IL QUADRATO COSTRUITO SULL'IPOTENUSA
È IL QUADRATO COSTRUITO SULL'IPOTENUSA

IL QUADRATO COSTRUITO SUI CATETI
È IL QUADRATO COSTRUITO SUI CATETI

Ti sto scrivendo dopo tre ore in bici con un gran freddo e siccome il mio canino Tuono detto Tonino mi ha mangiato i copriscarpe da corsa per l'inverno sono uscito senza e ho i piedi ghiacciati.
Dopo mi leggo tutto con calma.
Buona domenica.
Per me il libro deve essere un flusso senza nessun capitolo, che ci puoi entrare da ogni punto e uscirne quando vuoi.
Una bella copertina che acchiappa e dentro un flusso di botta e risposta magari con due colori di stampa per le mie e le tue parole.

Lorenzo,

F sì, questo libro lo stiamo facendo come un flusso e credo debba alla fine essere così. Strutturarlo gli farebbe perdere il suo carattere vitale, la meravigliosa inestricabile combinazione di grandi temi e note personali, la crescita passo per passo del tuo disco. Al massimo alla fine faremo un po' di pulizie, ma il tono è questo, è tutto connesso con tutto.
Vedo che dopo la canzone più romantica della storia della musica siamo già al super funk elettronico.

15 marzo

Sono a ruota di musica persiana pre-rivoluzione.

L

In rete ci sono un sacco di blog e di siti dove si trovano cose favolose e copertine di dischi da impazzire. Credo che il regime di Reza Pahlavi fosse allucinante, anche solo visitando i suoi palazzi a Teheran il corpo ne acquisisce una sensazione brutta, ma come sempre anche all'inferno capita di fare incontri interessanti (c'è chi dice che capita specialmente all'inferno, ma io credo un po' ovunque). Però la Persia pre-Khomeini viveva questo slancio modernista identificando il concetto di modernità con l'occidente e questo ha lasciato segni nella musica pop di allora che risentita adesso ha qualcosa di magico.

È veramente entusiasmante assistere alle fusioni di cose diverse, ne scaturisce sempre qualcosa di vitale. *Frankenstein* ci ha condizionato negativamente ma va tenuto conto del fatto che quel libro è stato scritto in epoca vittoriana all'interno di una cultura che negava la fusione a vantaggio esclusivo del controllo. La bestia cattiva è il controllo, la volontà di controllo genera sempre mostri, mentre nella scintilla c'è sempre un potere illuminante se pur breve. Io credo che dopo anni di «controllo» musicale da parte dell'egemonia angloamericana siamo giunti a una svolta importante. Il ROCK è la sintesi massima della dialettica tra controllo e ribellione, tra slancio e incasellamento, e nel rock inteso come fenomeno culturale tutto si fonde e tutto si spersonalizza mantenendo intatto il suo carico riproduttivo. Però adesso siamo di fronte a un nuovo scatto evolutivo antropologico e quindi anche musicale.

Sono partito parlando della musica pop persiana degli anni 60 e 70 perché la mia riflessione è partita da lì. Abbiamo vissuto gli anni 90 in cui la cosiddetta «world music» ha fatto parlare di sé ma in modo poco vitale, presentata come un misto di risarcimento ai popoli «oppressi» e con un taglio da antropologia culturale che ha lasciato sul campo quasi solo noia e pochissimo eros.

Poi c'è stato l'11 settembre e qualcosa è cambiato: scale arabe nei pezzi hip hop prodotti da Timbaland & Co. e lanciati in vetta delle classifiche. Fino alla colonna sonora di *Slumdog millionaire* che dice a chiare lettere «QUESTA ROBA È POP!!!!» e che non bisogna fare una scelta di campo ideologica per farsela piacere ma ti piace perché ha dentro un desiderio, una volontà di sfondamento, un erotismo che è quello del rock'n'roll solo con altri corpi, con altre storie addosso, con altri panorami. Ci siamo arrivati con i Radiohead di *Kid-A*, con Bjork e le sue cose più ballabili, ci siamo arrivati anche con Manu Chao che a te non piace ma che spogliato del suo ruolo di capopopolo involontario o no è un musicista coi fiocchi. Ci siamo arrivati con la cultura dei club, con i Chemical Brothers e con i Massive Attack, ci siamo arrivati con M.I.A. e con i Gorillaz, ci siamo arrivati con tutte quelle cose che frequentano una frontiera senza darsi un tono ma semplicemente incarnando lo spiri-

to del rock nel suo valore più antico. La frontiera che rese Elvis il re di una musica nera, che spinse i Rolling Stones diciottenni ad abbracciare il blues non come oggetto di studio ma come si fa con una donna che ti fa impazzire.
È sempre il desiderio a muovere le cose, il desiderio puro e semplice.

Lorenzo,

F proprio stamattina stavo pensando – in riferimento allo sconsolante scenario politico italiano – che qui tanti stanno commettendo l'errore capitale di pensare che pur di liberarsi dello scià vanno bene anche gli ayatollah. Abbiamo visto come è andata a finire là. È l'ennesimo disastro del pensiero binario, da Kissinger che si alleava con chiunque fosse contro la Russia – combinando schifezze inenarrabili – agli imbecilli che pur di andare contro il capitalismo inneggiano ai fondamentalisti assassini. Nel nostro caso, la risposta alle disfunzioni e ingiustizie del mercato al posto di comando non può essere la retorica terzomondista. Non c'è nulla da fare, questo è davvero il momento – è una questione veramente decisiva – di mettere a fuoco modelli di pensiero finalmente liberi dalla logica binaria lineare.
Ecco, il rock che tu racconti è la vera risposta. A me il rock ha sempre appassionato proprio perché è chiaro che un rock istituzionalizzato normativo è un controsenso. Il rock lo devi tirare in cento direzioni diverse, lo devi parlare con mille accenti, lo devi tra-

scinare nella corrente perché il rock è corrente. Io sono più «ortodosso» di te, ho sempre bisogno che ci siano le chitarre distorte, è questo il mio imprinting. Però il rock non può non essere globale.
Un paio d'anni fa, mentre Daniele, la sua signora e io stavamo andando a vedere i Lakers, ho messo a fuoco la situazione nella quale eravamo in quel momento: un ragazzo italiano che insegna al college a Santa Monica storia americana, una ragazza taiwanese ma nata – la prima della sua famiglia – in California, su un'auto giapponese su una freeway losangelina ad ascoltare una cantante irlandese che faceva musica giamaicana (era il disco reggae di Sinead O'Connor). Potrebbe sembrare una barzelletta, ma era una scena di un simbolismo efferato, il mondo globale in tre metri, il mondo globale che funziona perché produce energia al di là di tutte le identità originarie.

Trovo meraviglioso che non ci sia più – e non ci sarà mai più – uno stile dominante: non è più tempo di punk, di disco, di questo o di quell'altro, è finita l'èra di una tendenza che prende il posto di un'altra.
Funziona tutto insieme, funziona tutto quello che riesce a connettere più cose al livello più alto. Il rock che riesce ad abbracciare più lingue possibili è un rock molto più potente del rock che sta nei suoi confini.

17 marzo

Sono entrato nella zona rossa.

La notte è una giungla di sogni dei quali non ricordo quasi nulla al risveglio se non che ne ho fatti tantissimi. I dormiveglia sono pieni di immagini che neanche passeggiando per una Iperne-wyork nell'ora di punta. Però ancora i pesci grossi non abboccano. Tiro su le reti e sono tutti gamberetti da ributtare in mare. Conosco questa fase ma non serve conoscerla, ogni volta è forte e fa lo stesso effetto e l'esperienza non vale niente. La sensazione che non esista una nuova idea dietro l'angolo e da nessuna parte arriva come un martello pneumatico nella testa.

Mi piace stupire, ma mi piace prima di tutto stupirmi, mi piace divertire ma prima di tutto mi piace divertirmi, mi piace far commuovere ma prima di tutto mi piace commuovermi e non conosco tecniche per farlo, appena pensi di aver acquisito una tecnica questa si rivela falsa e non adatta al prossimo progetto. Non ci sono leggi a regolare una cosa leggera come una canzone pop. Non c'è una regola narrativa, e poi c'è il tempo, lo Zeitgeist che condiziona tutto, una canzone o è nello Zeitgeist o non è, e le canzoni che rimangono negli anni lo erano quando sono uscite e quell'energia gli resta addosso e le rende adatte al cambiamento dei tempi. Le canzoni forti hanno sempre qualcosa da dire perché per un momento hanno avuto qualcosa da dire. Se non continuano a dire nulla nel futuro è perché quello che avevano da dire quando sono nate era già poco interessante e quello che gli veniva proiettato addosso era più della canzone stessa. Capita. A volte si fanno dischi per pagare il mutuo e non c'è niente di male. Dylan ha detto «a volte ho fatto dei dischi per tenere a bada i creditori», fantastico. Ma io ora in questo momento non ho creditori e voglio fare un disco per godere e far godere, per «intrattenere» perché è il mio mestiere e la mia vocazione. Per mettere in circolo materia bollente, per smuovere la superficie dell'acqua, per far contenti i miei genitori, per mantenere fede ai miei propositi di bambino. Perché quando sono sul palco a cantare sto bene e me la spasso e sento che sono lì al cento per cento. Perché sono quello che canta, perché sono quello che scrive le canzoni, come c'è quello che fa l'idraulico e quello che opera la gente e quello che balla e quello che importa giocattoli dal Giappone e quello che progetta software.

A volte vorrei essere un cantante, uno cui danno le canzoni e lui le riempie di senso con la sua voce, come facevano Sinatra o Celentano, perché è bello andare in giro a cantare le canzoni come fossero vestiti. Vorrei scrivere una canzone di denuncia ma non viene, suonano sempre un po' false e piene di mestiere. Sono sicuro che strapperebbero un bell'articolo di quotidiano e agenzie stampa ma non è questo il punto. Voglio tirare fuori la vitalità, voglio tirare fuori l'emozione delle cose, l'energia delle cose.

Giorni fa leggevo un pezzo di Freccero sulla «deriva» individualista del mondo e non ero d'accordo. È stato proprio il «situazionismo» casomai a creare quella situazione in cui sei intelligente tra gli stupidi e pensi che sia una figata. Il situazionismo ha ucciso le storie perché ne ha avuto paura e invece senza storie non c'è storia e non c'è vita sulla terra. Il «situazionismo» ha dato del mondo una interpretazione riduttiva. Non è così neanche al contrario, io sono stato lo stupido tra gli intelligenti e non mi interessa neanche questo, è un gioco facile che non porta da nessuna parte. Il «situazionismo» è stata la più triste delle uscite dalla più triste delle cose che sono stati gli anni di piombo che in realtà erano anni di merda. Ogni cosa ha una sua miracolosa meravigliosa forza e sentire le cose davvero, innamorarsi, è l'unica via alla conoscenza, il desiderio è la forza evolutiva principale.

Non si può fare niente senza un forte feroce desiderio, senza una fame insaziabile, senza l'energia necessaria. Ma tutto questo è teoria e le canzoni che espongono teorie sono brutte, le canzoni devono essere case, macchine, coltelli, bambole, biglietti di aereo, barattoli pieni di marmellata, piatti di pasta fumanti, baci improvvisi e inaspettati, abbracci, schiaffoni, risse.

Lorenzo,

F non so come si fa una canzone, ma mi è chiaro che non basta il progetto generale, il sentimento, lo stato d'animo, la visione: poi ci vuole uno scatto, il singolo momento rivelatorio. Nelle cose che

mi scrivi c'è un'evoluzione quasi quotidiana, una crescita di consapevolezza e di potenza. Stai descrivendo un modello cognitivo: l'innamoramento come forma di conoscenza più potente. Il colpo di fulmine, il lampo, la fusione con la grande onda, il corpo a corpo. Come fare sesso con una canzone. Ecco, credo che tutte le canzoni che non sento mie, che me ne tengo alla larga perché se le ascoltassi mi deprimerei, non nascono da questo rapporto sessuale. Non è soltanto creatività, è creazione. Come diceva quello là, ogni cosa che crei deve essere un mondo.
Sono sempre più attratto, quasi ossessionato, dall'idea di un grosso libro, una vera ricerca, sull'influenza che la qualità biologica, genetica, sessuale, atletica – o la mancanza di qualità – esercita sulle opere e i pensieri e le azioni degli umani. Tutta la filosofia che è nata distanziandosi programmaticamente dal corpo. Tutti i pensieri nati da menti refrattarie all'azione. Tutti i comportamenti determinati da una orribile attitudine misogina. E viceversa, quante imprese e canzoni e progetti nascono da una sovrabbondanza vitale.
Così ho inevitabilmente sempre detestato il situazionismo, e poi il simulazionismo di Baudrillard, e la società dello spettacolo, e in generale tutte le avanguardie concettuali. Per non parlare delle elucubrazioni sul bionico, l'uomo macchina, il cyborg. Ho sempre trovato tristissima, assolutamente mediocre, la voglia di qualcuno di spiccare perché intorno c'è il buio. Troppo facile, dài. Vuoi mettere la soddisfazione di brillare in piena luce, di nutrire con la tua energia

quella degli altri, di misurarti con il meglio? L'eccezione che nutre altre eccezioni, è questo il modello che mi appassiona. Il pensiero concettuale, lineare, critico, la cultura accademica, il lamento sulla perdita dei valori, tutte le avanguardie che se la tirano, tutta questa roba ha meno coraggio di un coniglio di peluche, tutta questa roba riuscirebbe a spegnere l'entusiasmo di un orso davanti al miele, figuriamoci se può mai riuscire a suscitare uno straccio d'impresa. E tutto quello che non accresce il nostro senso dell'impresa, alla fine è inutile. Abbiamo bisogno di «materia bollente», non di malcontento cerebrale.

18 marzo

Maestro Bolelli,

Lqui nella zona rossa, nella pancia della balena, nella foresta amazzonica, nell'aldilà dell'aldilà, tutto bene. Siamo vivi.

Ci siamo infilati in un pezzo dell'atmosfera nuova per me, una roba che gira su armonie come se uno chansonnier francese avesse scoperto l'elettronica e fosse emigrato in una città del Sudest asiatico. Non si sa dove si è, c'è qualcosa di familiare e qualcosa di diverso e di lontano che convivono e il risultato potrebbe essere, dovrebbe essere, l'emozione, quella che però non sai come chiamarla, sul crinale tra l'evocati-

vo e l'avventuroso, tra il piacere e lo struggimento.
Lo struggimento in questi ultimi anni è tra le sensazioni che mi piace evocare, non chiedermi perché.
Anche mentre facciamo i pezzi più funk e festaioli cerco sempre di partire da un punto di vista «svantaggiato». Mi spiego: la musica allegra non esiste, nel senso che una musica funziona quando si parte da un punto svantaggiato e si sale in una posizione dove il panorama è motivante. Tutta la storia della musica del novecento è una storia di riscatto, sempre e comunque c'è qualcuno che fa un percorso, che esce dalla povertà verso i lustrini, che esce dalla tristezza verso la gioia, che esce dalla sua condizione sociale razziale verso qualcosa che va oltre. È quel concetto di «redenzione» di cui parlava Marley nel suo celebre pezzo. Se non c'è redenzione non c'è musica, potremmo dire così, e per redenzione non va intesa la faccenda religiosa ma quella puramente umana. La musica ti deve prendere da una parte e portarti da un'altra e questo avviene tanto all'ascoltatore quanto a chi esegue la musica. L'ascoltatore deve «suonare» come la cassa di una chitarra, è lui che lo vuole e se non succede non è colpa sua ma di chi pizzica le corde.
Ti saluta Saturno che è in grande forma.

F

Lorenzo, essendo la musica una sintesi metaforica e vibrante della vita, funziona se – come la vita – non è lineare, non è definibile, non è statica. Se in una musica, come in un essere umano, non convivono spinte diverse, sarà una musica infinitamente

meno potente, infinitamente meno capace di farti palpitare. Poi ci sono splendide canzoni a cui chiedi una cosa sola, un solo stato d'animo forte, buono per quel particolare momento perché in quel momento vuoi solo esplodere o solo commuoverti. Ma in generale sono sempre stato affascinato dall'intreccio di sentimenti atmosfere e suoni che una musica possiede e comunica.
Primo esempio, le grandi ballate rock, tipo *Stairway to Heaven*, o *Little Wing* di Hendrix, o diverse cose dei Pearl Jam: c'è la forza e c'è la dolcezza, c'è l'incanto e c'è l'assolo che ti travolge, c'è una crescita epica a partire da una melodia emotiva. Secondo esempio, i Radiohead: l'inquietudine, il senso di instabilità in bilico fra nervosismo e aperture, fra insicurezza emotiva e forza vitale che ti tiene comunque in equilibrio, fra senso di spaesamento e senso di opportunità. Terzo esempio: i suoni e lo spazio. Ti ho già detto che considero *Temporale* il tuo pezzo più importante: non il più bello, non il più trascinante, non il più commovente, ma quello che vibra di più, quello con più mistero dentro. Lo sai, nel mio dna ci sono non soltanto i suoni dissonanti, sperimentali, distorti, acquatici, ma innanzitutto una relazione particolare fra i suoni e lo spazio dove si collocano. Mi affascina che ci siano suoni in primo piano e altri che percepisci appena, che la voce ti arrivi in certi momenti dominante e in altri come dallo spazio. Oppure Miles che va sul lirismo più sublime mentre intorno a lui la sezione ritmica scava fino al centro della terra.

19 marzo

L

Il vento della scorsa settimana ha strappato le radici alla mia vecchia palma del giardino. Una delle cose che mi fece innamorare di questa casa 15 anni fa quando la comprammo fu proprio la palma in giardino, una vecchia palma alta e secca che aveva l'aria così poco toscana. Eppure all'inizio del 900 si mettevano palme nei giardini «Liberty» proprio per dare un tocco «orientalista» all'ambiente. Poi il paesaggio toscano, per esempio, è diventato iperconservatore per funzionare nel mercato del turismo e delle tristi «città d'arte» per cui le case devono essere tutte galline di pietra a vista, il rustico ha preso il sopravvento, l'estetica dell'agriturismo e del finto antico ha seppellito gli slanci. Rimpiango la fòrmica che aveva mia nonna in casa, simbolo di una modernità brillante e tecnologica. Se guardi gli affreschi di Giotto, le case di queste zone erano tutte colorate e non galline come vogliono farci credere, il giallino delle case toscane è un pacco, una cosa politica, un modo per mortificare la vista. L'architettura è una cosa che mi piace e mi interessa perché è come la musica, non puoi impedirti di sentirla, sta lì te la becchi per forza quando c'è, e per questo mi fa un po' incazzare questa politica asservita all'idea che il turismo ha della Toscana (o che noi crediamo che il turista abbia) e di certe zone italiane per cui loro vogliono il vin santo con i cantuccini e tutti i ristoranti offrono vin santo con i cantuccini senza cercare la qualità ma piuttosto

la definizione del prodotto standard. È un discorso lungo, in poche parole io non amo il turismo, è un tipo di guerra a volte più distruttivo della guerra. Non si dovrebbe mai viaggiare per turismo, perché è il contrario esatto del viaggio. Bisogna sempre viaggiare per gli antichi motivi: per lavoro, per conquistare spazi, per pellegrinaggio. Il pellegrinaggio è il più nobile dei motivi ma anche il mercanteggiare è motivo degno. Ma il turismo no, il turismo lo concepisco solo in gita scolastica.
Comunque la nostra palma è andata e le palme con le radici strappate non si ripiantano. Ne prenderò una giovane e la mettiamo lì.

F Lorenzo, se io viaggio poco volentieri – se non per volare dal mio bambino a Los Angeles – è anche perché le gite fuori porta, i week end via, le vacanze organizzate, l'idea stessa del turismo mi sono sempre sembrate tremendamente mediocri. Ho sempre detestato l'idea della «visita», ho sempre scansato – anche a costo di perdermi qualcosa – le tappe obbligate delle guide turistiche, i ristoranti tipici, tutte quelle cose lì. Forse sbaglio, ma sono diventato intollerante anche ai lamenti sulle botteghe storiche che chiudono di fronte all'avanzata dei mall. Ho sempre pensato che se una cosa finisce, è perché doveva finire, si tratti di relazioni sentimentali o di culture e civiltà.
Qualunque cosa è mediocre se non è in qualche modo un'avventura: un amore che non sa rilanciarsi,

un'avanguardia che diventa nuova accademia, un viaggio non motivato da una vera spinta, da un vero richiamo. C'è una meravigliosa frase del tao che dice «non esco di casa e conosco l'universo». Ecco, se esci di casa è per arricchire quella conoscenza e quell'esperienza dell'universo che non si risolve in un bollo sul passaporto, in un cassetto di diapositive, in un oggetto comprato a un mercato. Altrimenti meglio viaggiare con Ariosto, con John Ford, con il Magical Mystery Tour.

22 marzo

Francus bolellicus,

Lsto bene come può stare uno in mezzo all'uragano, di sicuro vivo e determinatissimo.

Però l'uragano è l'uragano e non scherza per niente.

Sto bene perché lo stomaco è in fiamme e i muscoli tesi.

Ho un sacco di materiale ma questo è allo stesso tempo motivo di gioia e di agitazione: trovare un filo o più fili è il lavoro più faticoso. Non è tutto materiale buono, ma c'è qualcosa di buono.

Insomma questo è il mio periodo di follia e di totale lucidità.

Pensa un po'.

Ma sono agguerrito e divertito guardandomi da fuori. Sono il tifoso di me stesso.

Che bello vedere Obama annunciare l'approvazione della legge.
Una bella scena. Ogni volta che vedo Obama da qua non posso fare a meno di pensare alle signore nere over cinquanta che ho visto al gelo di Washington il giorno della *inauguration*. La loro gioia era di una bellezza imponente, una gioia che aveva fatto tanta di quella strada da lasciare noi imbarazzati e piccoli. Pensa solo cosa può voler dire per una signora della Virginia o di uno Stato del Sud una cosa del genere. Trovarsi a Washington a festeggiare non solo un presidente black ma un presidente così, che supera il concetto di identità, antropologicamente nuovo.
E che bravo che è a teatralizzare ogni gesto, a fare le pause giuste. Obama per me è il risultato di 50 anni di cultura rock e pop e fa piacere vedere che si tratta comunque di un risultato di cui andare orgogliosi e che anche una certa percentuale di amarezza e di delusione è sacrosanta come sempre quando le cose sono vive.
Io sono qui in studio alle prese con il mio viaggio, le mie sirene.

Lorenzo,

Fammetto di non essere stato fra i primi sostenitori di Obama: temevo la demagogia, temevo le pure petizioni di principio, invece mi ha conquistato passo dopo passo, prima con il discorso dell'inaugurazione e in particolare quando disse che l'America era assolutamente aperta al confronto ma non avrebbe mai chiesto scusa per il suo stile di vita, poi con il via libera alla ricerca sulle staminali, con la centralità attribuita ai social media, con il continuo riferimento alla centralità dell'innovazione. Non capisco le critiche, soprattutto quelle liberal. Sta facendo – in un momento di tremenda difficoltà sociale – un lavoro al tempo stesso visionario e pragmatico: è il presidente degli Stati Uniti, ha una responsabilità globale, non può mai essere unilaterale, deve sporcarsi le mani, il suo progetto non può essere soltanto la somma di diverse rivendicazioni.

È il primo presidente al di là delle identità, sia etniche sia ideologiche sia culturali. È il Bruce Lee della politica: prende da racconti e stili molteplici e li mescola al di là delle appartenenze originarie, con attitudine pop. In ogni caso, al di là delle sue stesse intenzioni, Obama è un modello antropologico: pensa a tutti i bambini nati dall'incrocio di due etnie diverse che prima rischiavano di essere emarginati tanto dal contesto etnico di un colore quanto da quello dell'altro, mentre ora saranno perfino trendy. Ecco, Obama manda un segnale evolutivo che va oltre la politica, oltre le ideologie: ti comunica che il mutamento è dannatamente complicato ma che è naturale e necessario. Chiaro che ci piace, no?

23 marzo

L

Penso che l'esperienza serva essenzialmente a una cosa: a imparare che l'esperienza non serve a una sega.

Uno fa dischi da 25 anni e si accorge che ogni disco è una cosa nuova, un viaggio nuovo e che se provi ad applicare i metodi sperimentati con successo in passato saranno quegli stessi metodi a fregarti e a portarti verso l'errore. Che sia benedetto l'errore, tu sai quanto valore io attribuisca all'errore o meglio all'errare che non è proprio la stessa cosa ma fa parte di quella faccenda comunque. Però non bisogna cedere all'errore, bisogna accoglierlo e mettersi in relazione con lui ma non affezionarsi. L'errore è magico se si supera, sennò sono sabbie mobili. L'errore in natura non esiste perché la natura è in costante movimento invece noi ci affezioniamo alla stasi. Guai.

Inizio sempre un disco nuovo partendo dall'ultimo disco fatto per poi accorgermi che bisogna andare da un'altra parte per cercare la vitalità delle cose. Nel metodo prima di tutto, nell'approccio.

Non so se questo può valere per tutte le cose della vita o solo per i dischi, ma ognuno tende a trasformare in metafora tutto quello che fa. Per un pescatore la vita e il mondo saranno un panorama della sua pesca e per un musicista è la stessa cosa.

Il metodo è utile solo per gli studenti, che attraverso il metodo imparano un alfabeto, ma usare un metodo per fare una cosa è come scrivere un libro con

l'alfabeto in ogni pagina e il lettore deve fare lui le parole.
Ora io sono nel pieno della destrutturazione del metodo con il quale ho fatto *Safari* e ho sentimenti altalenanti tra l'infantile gioia di smontare il giocattolo senza sapere se sarò in grado di rimontarlo e la preoccupazione perché il futuro è assolutamente impossibile da leggere e per un padre di famiglia e padre di un'impresa musicale che coinvolge il lavoro e l'economia di un bel po' di gente è fonte di brufoli e di bruciori di stomaco e sonni agitati. Dannato senso del dovere che qualcuno mi ha inculcato da ragazzino, quante cose potrei compiere in più senza il suo ingombro continuo.
Vado avanti, sperimento qualsiasi cosa.

F Lorenzo, parto dall'ultima cosa che dici. Le persone che amo, quelle con cui ho una relazione particolarmente forte, sono assolutamente uniche, diversissime l'una dall'altra: però hanno una cosa in comune, tutte quante hanno – avete – un terrificante senso del dovere, un richiamo che le porta a prendersi sempre responsabilità e ad andare sempre fino in fondo. Vorrà pur dire qualcosa.
Sì, spesso è una trappola in cui ti vai a cacciare da solo, è una condanna che non finisce mai di pesarti addosso. Ma è così che alla fine ci si sente se stessi: per me non è nemmeno troppo importante che gli altri se ne rendano conto (chiaro che fa piacere), è questione di fare quello che devi, anche, anzi soprattut-

to, quando è scomodo e difficile. C'è un fantastico verso di Dylan che dice «everything passes, everything changes, just do what you think you should do». L'ideale sarebbe trasformare il senso del dovere in senso di responsabilità, che è esattamente la stessa cosa ma con più serenità, con più sorriso. Io poi ho sempre pensato che avere talento in più significa anche avere più responsabilità, non certo meno.
Se ci metti le mani, «l'esperienza serve a imparare che l'esperienza non serve a una sega» è un bel verso. L'essenza vera dell'esperienza è un'energia che entra nel tuo set neurologico e comportamentale, e poi l'esperienza – quando hai fatto una cosa che funziona – serve ad accrescere la confidenza in te stesso. Per il resto, l'esperienza ti insegna cose ovvie, perfettamente inutili se devi inventare: è per questo che insisto sempre tanto sull'idea che va bene la storia, ma la vera storia è innanzitutto quella che ti fai dal vivo. Però è come nello sport: puoi aver vinto tutto, ma la partita che stai per giocare comincia sempre e comunque da zero. È qui che vedo la vera superiorità dell'esperienza sportiva, fisica: ti insegna che l'errore è naturale, che non devi dargli troppa importanza e non devi portartelo dietro, e insieme ti insegna come superare l'errore. Tu stai giocando una partita nuova, anzi un nuovo campionato. Questo è senso di responsabilità, quello che ti spinge ad andare avanti, a sperimentare, a giocartela.

25 marzo

L

Pare che io stia anticipando la settimana della passione di una settimana.

Rido e piango.

Stamattina risentendo il lavoro fatto in fila (abbiamo una ventina di idee) mi piace, ma ieri sera volevo spingere un bel tasto erase con il ghigno malefico.

I dischi fanno venire i nodi al pettine, io di fronte a un disco mi devo spogliare e guardarmi dentro e vengono fuori tutti i blocchi che ho accumulato nel periodo precedente. È chiaro che alcune cose successe, prima di tutte la morte di Umberto improvvisa e devastante per tutti noi, hanno generato un blocco che con una metafora sportiva si potrebbe associare a un dolore costante che mette il fisico in protezione nei momenti in cui è necessario lo slancio. Allora a me non resta che affrontare questo blocco in qualche modo. Il vantaggio degli sportivi è che per loro la verifica è continua, per uno che gioca a basket è due volte a settimana anche tre, e questo permette di vivere gli alti e bassi sempre in modo taoista, come il ribaltamento naturale l'uno dell'altro. La mia verifica in campo invece è una volta ogni due o tre anni ed è come se io giocassi un campionato senza pubblico e senza punteggio per il resto del tempo.

Quel blocco di cui ti parlavo mi impedisce di andare fino in fondo, di affrontare la parte oscura, che è quella che poi permette a una canzoncina di avere un suo potere, una sua leggerezza profonda.

Sono Orlando che ha perduto il senno e procedo sradicando alberi e dando pugni a destra e a manca.
Sono Ulisse legato all'albero ma qualcuno mi ha messo cera nelle orecchie e legato le mani.
Sono Bruce Willis che ha perso il suo orologio in *Pulp fiction*.
Cosa fare?
Andare avanti, procedere senza una meta, girare intorno all'isola delle sirene aspettando un punto di svolta.

F Quello che un buon coach ti direbbe è di separare le canzoni e affrontarle una per volta: ma è chiaro che in questo momento per te è tutto totale, tutto connesso con tutto. Quello che un saggio zen ti direbbe è di andare con la corrente, di lasciar scorrere: credo che avrebbe ragione, però se qualcuno lo dicesse a me in un momento in cui do pugni a destra e a manca, si prenderebbe un cazzotto anche lui. Mi viene in mente Coppola quando aveva problemi con *Apocalypse now* e buttò dalla finestra gli Oscar del *Padrino* o Sam Peckinpah che sul set faceva clamorose risse. Attraverso il disco stai ridefinendo ed espandendo te stesso: ci saranno un po' di botte e di lividi, ma è così che si fa una vera impresa.

26 marzo

Yo Frank,

Lieri ho mandato tutti a casa per qualche giorno. È come fare i palombari, si scende in zone di poca visibilità e si raccolgono reperti e pezzi di cose e muovendoci sul fondale siamo noi stessi a intorbidire l'acqua limitando ancora di più la visibilità. Ogni tanto si risale e si guarda quello che si è raccolto. Succede così. Tutto bene. Mi prendo qualche giorno.

Stamattina sono stato a fare un centinaio di km in bici, una bella sensazione, mi piace ritrovare le mie provinciali vuote con i paesini di quattro case e i panni stesi e i campi seminati. Entrare in un baretto a prendere un tè caldo e fare due chiacchiere con i vecchietti sulle solite cose che sembra che non cambino mai. Il tempo, il calcio, le elezioni.

In bici la mente vaga e con l'iPhone registro qualche appunto quando diventa un mantra sincronizzato alla pedalata. Il sudore, la fatica, l'ossigenazione. In discesa tolgo le mani dal manubrio e allargo le braccia e faccio l'aeroplano, come quando avevo 11 anni.

Ieri riflettevo sulla questione solita e spinosa della comunicazione. Come tutto cambia e come tutto sta cambiando è pazzesco. Siamo in mezzo a uno dei periodi di maggior trasformazione e accelerazione da quando esiste il mondo, e il ruolo del comunicatore nel processo della comunicazione non sta più in piedi. Appena un'istanza si manifesta nella personalità del corpo di un leader, perde forza e crolla. Il concetto di libertà resta vero e forte e valido fino al momento in cui non diventa parola nella bocca di una persona con un microfono e una telecamera, in quel momento esatto il concetto LIBERTÀ diventa divisorio e come tutto quello che separa diventa anche un motivo di appartenenza e siamo già in zona retrocessione. Questo non è sempre stato così, è una cosa nuova. I movimenti più interessanti che percorrono il pianeta e le sue reti oggi non hanno leader, hanno giocatori, punte, difensori, allenatori, anche spettatori se vuoi, ma non hanno mai un leader nel senso tradizionale, ovvero un essere umano che raccoglie intorno a sé un popolo in un rapporto verticale, perché intorno al talento forte difficilmente si raccolgono altri talenti forti ma solo pubblico e il pubblico non si eleva mai in quanto tale. Le persone provano estasi, gioia, dolore, sperimentano la tenebra e l'illuminazione, ma il pubblico mai.

Oggi una persona di talento dovrebbe sempre distruggere il suo avatar mediatico e mai permettergli di diventare una bandiera. Il prezzo che si paga è la rinuncia al bagno di folla e per i narcisisti in generale (me compreso) è un prezzo alto. In linea di principio sposo la linea che equipara lo stato delle cose in Italia a un upgrade di totalitarismo ma ancora una volta non è questo il punto. Non si annienta il totalitarismo chiamandolo totalitarismo, ma vivificando gli spazi in cui ancora il gas non è penetrato, senza spocchia ma con un radioso sorriso autentico e irresistibile. Bisogna essere dei «believers» punto e ba-

sta, un believer non chiama la mamma quando prende uno schiaffo ma cambia strategia senza cambiare la sua natura di believer anzi rafforzandola.
Forse.

Lorenzo,
Fda uno che fa politica, o cultura, o ha qualunque ruolo comunicativo, io mi aspetto sempre – anzi no, pretendo – che mi dia soluzioni, suggestioni, suggerimenti per vivere meglio, o quantomeno per godermela un po' di più. Detesto i critici, i denunciatori, i dissenzienti disobbedienti resistenti. Detesto il loro tono rancoroso, detesto la sudicia complicità basata sull'odio per qualcuno: è la stessa che genera tutti i conflitti etnici e tribali, tutte le faide familiari, tutti i massacri fra identità diverse. Se la devo prendere più larga, detesto il pensiero critico, che è stato utile per dubitare dei sistemi dominanti, ma che non ha mai e poi mai proposto nulla di inventivo, nessuna gioia progettuale. Sai come la penso: abbiamo un dannato bisogno antropologico di passare da un pensiero critico a un pensiero di creazione, di invenzione.

Mi piacciono le cose che dici sulla comunicazione. Ho notato che ai tuoi concerti – ma anche a quelli dei Pearl Jam o di Ben Harper – il «pubblico» è tecnicamente passivo, mentre non lo è affatto emotivamente, sentimentalmente. Le facce che vedo ai tuoi concerti o a quelli di Eddie Vedder sono facce aper-

te, attraversate da un calore, perché quello che voi mettete in scena è generoso. La gente che viene da te, tu non la chiami per condividere indignazione o risentimento, ma energia vitale. Poi è chiaro che i social media e le nuove tecnologie di comunicazione hanno cambiato più cose negli ultimi vent'anni che in tutta la storia precedente: hanno cambiato non tecnologicamente ma antropologicamente.
Quanti esseri umani fino a pochissimo tempo fa scrivevano ogni giorno decine di messaggi, pubblicavano foto e video, si scambiavano idee e progetti, comunicavano e condividevano con tanti altri, e tutto questo istantaneamente, in diretta? La risposta è zero. Quanti lo fanno, lo facciamo, oggi? Decine di milioni. Se cerchiamo in tutta la storia umana, non troveremo assolutamente nulla di simile, di altrettanto ampio e improvviso e dirompente. Questo fenomeno avviene grazie alle nuove tecnologie, ma è un fenomeno umano, non tecnologico.
È vero, si tratta di un fenomeno generalmente confuso, contraddittorio, impulsivo, spesso superficiale. Però milioni di esseri umani si sono trasformati – ci siamo trasformati – in network viventi. Ognuno di noi ha una potenza di fuoco comunicativa superiore a quella dei grandi mezzi di comunicazione di un tempo. Proprio perché non abbiamo le orecchie a punta, non ci acconciamo in qualche strano modo, non seguiamo alcuna formula univoca, proprio perché non siamo uno stile destinato a essere superato da un altro stile, proprio per questo siamo espressione di un mutamento antropologico senza precedenti.

Ecco, per me la nuova comunicazione è questa: è la possibilità di raccontare in diretta la propria bio, di relazionarsi, di condividere, di sentirsi protagonisti. È il contrario del protagonismo da reality, che è esibizionista. Questa comunicazione moltiplica i contatti. Questa comunicazione prolifera.

27 marzo

Le canzoni del mio disco vorrei che raccontassero non tanto quello che accade ma quello che potrebbe accadere. L'effetto Bruce Lee per me è sempre lo scopo principale. Che quando si usciva dal cinema si aveva voglia di menar le mani e davamo pugni nell'aria facendo le facce da Chen.
Una canzone romantica deve farti vedere la tua donna come bellissima e avere subito bisogno di baciarla, e un pezzo tirato ti deve far sgommare con la moto se lo senti in cuffia e un pezzo epico deve farti venire voglia di abbracciare qualcuno o di prendere una nave per il primo posto che capita. Per fare questo il livello di energia deve essere alto e ogni cosa che frena l'energia dallo scaturire non va bene anche se va bene, cioè anche se ha una ragione di qualche tipo non è una buona ragione di sicuro. Io a volte nella musica ho davvero toccato il cuore del cosmo, giuro, non è una cazzata, mi è capitato da quando

mettevo i dischi nei locali e per me quella era la vita stessa, ogni sera ero il re indiscusso dell'universo intero e quella cosa si è rinnovata negli anni, non in modo meccanico e stabile ma è successo. È la solita estasi di santa Teresa, è il solito perdersi nelle rime quando leggi Ariosto e non sai se quello che stai seguendo è un battito ritmico, una narrazione, una cosa erotica, un trucco che ti sta fregando, un nulla messo insieme ad arte.

Però questo è difficile e ha bisogno di molto lavoro. Ludovico ci ha messo 30 anni, io ho 3 mesi.

Dicevo ai miei ragazzi che è difficile ma se non fosse difficile lo farebbero tutti, perciò deve sembrare facile a chi lo ascolta. Guai sennò.

Oggi con la Francesca abbiamo ascoltato alcuni degli appunti e la sua sensibilità è pazzesca sui pezzi, mi dice cose precisissime.

Mannaggia.

Ti auguro i Chemical Brothers, Akira Kurosawa, Dave Eggers, Ingmar Bergman, Truffaut, Kojak, Cassavetes, *Big fish* di Tim Burton, Pantani che butta gli occhiali e inizia a salire, una serata al Roxy con Grandmaster flash, e un sacco di altre cose belle.

F Lorenzo, sarei curiosissimo di sentire cosa ti dice Francesca, lei ha uno sguardo, un punto di vista, che è dentro e fuori insieme.

Se mi mettessi a raggruppare – alla fine magari lo faremo – tutte le cose che tu vuoi dal disco nuovo, tutte le cose che vuoi ci siano dentro e che poi trasmetta, sarebbe un elenco entusiasmante. Essendo cresciuto fin dalle elementari con il rock, e poi con Hendrix e i Led Zeppelin, non riuscivo a prendere sul serio la musica italiana, antropologicamente ancora più che musicalmente, e questa cosa mi è rimasta addosso (esagero, lo so). Ci sento sempre qualcosa di artificioso, di troppo controllato e inquadrato, come se uno avesse deciso di essere quello stile, quella identità. Stamattina ero con la mia quasi moglie in un mall qui in provincia, e mandavano un qualche cantautore dall'aria grave: l'effetto era deprimente. Manuela mi ha visto mettere su all'improvviso la mia aria insofferente e le ho detto che volevo scappare via da quei suoni, che quel tono mi metteva a disagio. La musica italiana, generalmente parlando, è quanto di meno erotico ci sia. Nessun altro qui può fare come Bruce Lee, tocca a te.

30 marzo

L

Mi è esploso un raffreddore mal di gola mal di tutto da stendere un cavallo e infatti mi ha steso. Ora mi sto risollevando. Lo sapevo, nei periodi di lavoro intensi appena stacco mi ammalo, è un grande classico su questi schermi. Anche la condizione di salute dipende moltissimo da quello che sto facendo e sono sicuro che questo vale dal raffreddore in su, o in giù. Quando ho fatto i miei viaggi in bici, per esempio, anche nelle condizioni climatiche e di affaticamento più estreme non mi è mai capitato di avere il minimo acciacco, anzi ho sempre avvertito un livello di salute che potrei chiamare perfetto. Potrei digerire, e ho di fatto digerito, cose che in altri momenti resterebbero lì nello stomaco per settimane. Un violino perfettamente accordato. I sensi sono attentissimi e la condizione è molto vicina a quella di un animale, un lupo o un felino. In quei casi la testa interviene meno, è quasi tutto affidato al corpo/motore e alla percezione dei sensi e del corpo: la fame, la sete, gli odori, l'intuizione del pericolo, lo scrutare il cielo per prevedere temporali. La testa intesa come luogo di ragionamento, doveri, contratti, impegni, scadenze, aspettative degli altri ecc., non partecipa e questo credo che abbia un ruolo nel livello di salute che definirei perfetto in quei periodi. La stessa cosa succede per esempio in certi momenti in cui si fa musica. Quando si è nel suono, nella performance vera e propria, succede la stessa cosa. La gestione dello spazio, per esempio, diventa un fatto istintivo e animale e se mi guardo registrato mentre faccio uno spettacolo, capita di stupirmi nel vedermi fare cose che in condizioni normali (la condizione di quando sto guardando la registrazione) non saprei mai fare. Invece in tutte le altre condizioni più normali sono molto soggetto a raffreddori, mal di gola, cattiva digestione.

Da bambino non mi sembrava possibile che i cani bevessero allegramente l'acqua delle pozzanghere e

a me non fosse permesso. Vedevo in questo una grande superiorità dell'animale, decisiva direi. Quando i miei cani hanno mal di stomaco vanno in cerca di certe piantine per il giardino e guardo questa cosa sempre con grande ammirazione. Così come ammiro il loro olfatto. Il punto però è che loro non sanno di avere l'olfatto più sviluppato del mio, è una condizione, la loro, di «estrema normalità» mentre noi siamo sempre lì a dare un giudizio sulle cose, sulle nostre capacità e su quelle degli altri e anche in questo abbiamo da imparare qualcosa da loro. Se guardo le Pietà di Michelangelo, oppure se ascolto certe cose di Mozart o di Miles Davis o Hendrix, rilevo una forte componente animale in quella cosa, che non toglie nulla alla parte «teorica» e «tecnologica» di quello che hanno realizzato, ma le due cose sono insieme e sono investito da qualcosa di umano nel suo senso più pieno. Quando Gesù parla del «non giudicare», non sta dando un precettino morale di buona convivenza, ma sta dicendo di non essere mai nelle cose con un giudizio sulle cose ma al contrario di essere «con le cose» e «nelle cose» in modo aperto lasciando che le cose accadano. Il suo «non giudicare» è l'invito a cercare quella condizione in cui si è accesi completamente. Una luce non giudica le cose che va a illuminare, questo è il punto, è una luce e illumina tutto quello che tocca.
Invece io mi rendo conto di essere ancora lontano dalla conquista stabile di una condizione del genere anche se la conosco e più volte l'ho sperimentata. Quella sospensione del tempo e dello spazio in cui

spazio e tempo non sono più parametri relativi ma sono un unico essere che non sembra più nemmeno un flusso ma una vera e propria sostanza in cui si è immersi e che è allo stesso tempo immersa in noi.
Se qualcuno mi chiede chi è un «performer», io dico «è lo spazio che lui occupa nel tempo (non intesi come fatti relativi)», e questo vale anche per la vita in generale e infatti la metafora sportiva (che è un tipo di teatralizzazione della condizione umana nel mondo) è molto chiara in questo. Lo spazio e il tempo del gioco del basket o del calcio, per esempio è la vita del giocatore in campo.
Chiacchiere di un febbricitante.

Lorenzo, è così: il biologico è più forte del logico. Il biologico è più saggio, ha riflessi più rapidi, ti comunica in un istante cosa va bene e cosa no.

F Sembrerebbe la cosa più semplice del mondo: uno vede il metabolismo della natura, degli organismi viventi, e lo prende a modello, visto che funziona perfettamente da sempre, al di là di tutti i problemi, al di là di tutti i disastri. Invece no: si è preferito da centinaia di anni affidarsi a sistemi di pensiero agli antipodi del biologico. Credo che gran parte delle nostre disfunzioni nascano da qui. Potrebbe superficialmente apparire come un discorso new age, invece è il contrario: perché lì predicano soltanto il benessere e non l'essere – pieno, tutto –, e perché se da una parte il biologico è arcaico, ancestrale, eterno, dall'altra è quanto di più avanzato. È il perfetto corrispettivo del metabolismo tecnocomunicativo, che è appunto enzimatico, fluido, organico, e che abbraccia spinte diverse. Quello che mi entusiasma della nostra epoca e della nostra condizione oggi è proprio che il più antico e il più avanzato sono la stessa cosa. Abbiamo chiuso il cerchio, dopo ere di frammentazione meccanica. Finalmente il mondo è rotondo, perché è rotonda la nostra percezione, il nostro sguardo, il nostro metabolismo. Per questo abbiamo tanto bisogno di modelli di pensiero che riconoscano tutto questo e ci mostrino che il pensiero logico, lineare, analitico, è parziale, limitato, nemmeno tanto intelligente.

La mia conquista è stata proprio questa: ho sempre «sentito» il corpo, quasi parossisticamente, ma non sempre in passato quando scrivevo riuscivo a liberarmi da certi schemi «intelligenti», da avanguardia, che in realtà non mi appartenevano. Ora da diverso tempo quello che scrivo – ogni pensiero, ogni architettura teorica – è espressione diretta e consapevole delle energie del corpo. I riflessi, gli slanci e i languori e i ripiegamenti, le chimiche degli sguardi e degli incontri. In qualunque situazione mi trovo – una riunione, una festa, una conversazione – il mio corpo mi segnala istantaneamente – prima che la mia mente riesca a decifrarlo – l'eccitazione o il disagio, il mio corpo mi dice di scappare o di abbracciare. E non sbaglia, mai. Quando mi dice di scappare, non sta giudicando: semplicemente mi dice che quella cosa lì, quella situazione, quella persona e io non siamo compatibili. Altrimenti mi dice appunto che c'è un qualche livello

di coevoluzione. Non c'entra niente con la bontà o l'intelligenza o la morale o l'estetica: o meglio, la bontà, l'intelligenza, la morale o l'estetica ne fanno parte, ma quello che conta è la pienezza, la sovrabbondanza, la luce di quel momento (su un palco, con un microfono, con una palla in mano, sulla cresta dell'onda, occhi negli occhi di una fanciulla).
Vedi di stare bene! Ma quando ci vai in America? Io da lunedì sono a Los Angeles fino al 15.

Parto il 18 aprile e torno a metà maggio.

L

Sono contento di farmi questo giro, contentissimo. Mi hanno invitato ad Harvard a fare una conferenza, ora me la devo preparare ma neanche tanto. Mi chiedono di parlare di musica e diritti umani agli studenti di legge. Vorrei semplicemente dire che la musica è un veicolo fondamentale nella trasmissione dell'idea stessa di «trasmissione» che è precedente ai diritti umani ma ne è in qualche modo una parte essenziale. Si diviene coscienti di avere dei diritti al momento in cui si diviene coscienti di essere umani (sembra scontato ma non lo è) e in fondo i diritti umani non sono tanto una scoperta quanto un processo di utilizzo sempre più avanzato di quella scoperta, un po' come l'elettricità. Esisteva da sempre, qualcuno l'ha definita e a poco a poco ne stiamo sfruttando sempre meglio le possibilità. In questo senso bisognerebbe gettare uno sguardo pragmatico sui diritti umani e intenderli come si fa con l'elettricità fino ad affinare le centrali di distribuzione dei diritti umani, che possiamo chiamare stati (ma non nazioni che sono un'altra cosa che non mi riguarda). Lo stato migliore è quello che distribuisce più diritti a un costo minore e con maggiori ricavi. Però così come per l'elettricità, anche i diritti umani esistono in natura e si rivelano nella tenacia del corpo a sopravvivere, adattarsi, cercare il meglio per sé.

Poi vorrei dire che la miglior canzone per la promozione dei diritti umani non è quella che parla di diritti umani ma quella che fa ballare, emozionare, divertire, gioire, sentirsi vivi. In Iran i giovani non chiedono canzoni «di protesta» ma canzoni che parlino di ragazzi e ragazze che si baciano, che parlano di pettinature e di fianchi che si muovono.

Comunque nei prossimi giorni mi ci metto. Se hai qualche dritta da passarmi, anche se so che l'argomento scotta dalle tue parti, te ne sarò grato.

Lorenzo,

F John Lennon ha cambiato il mondo con *She loves you*, non con *Imagine*.

Bob Dylan è diventato davvero Bob Dylan quando ha chiuso con il folk della beat generation – sopravvalutatissima – e ha alzato la manopola dell'amplificatore.

Elvis era soltanto una mossa dei fianchi, eppure da lì è cominciato tutto.

Nella protesta, nell'invettiva, nell'indignazione c'è sempre qualcosa di consolatorio, qualcosa che autocelebra la propria bontà.

Se poi dalla canzone ci estendiamo alla letteratura o al cinema, è la stessa cosa: Shakespeare, Ariosto, Omero, l'epica induista, il tao, non si sognavano neanche di parlare di protesta (o John Ford, Orson Welles, *Guerre stellari*, fino a Quentin&Robert), eppure accidenti se sono serviti ad accrescere la sensibilità e la consapevolezza degli umani.
Ai tempi detestavo quando gli Stones cantavano *It's only rock&roll but I like it*, e consideravo «sono solo canzonette» un modello di vile, minimalista mediocrità: non perché cercavo il «messaggio», perché nel rock&roll e nella canzone c'è energia vitale che moltiplica le energie di chi ascolta, e questo è mille volte più significativo di qualunque messaggio. Di nuovo, è biologico, non ideologico.
Quello che conta davvero per i diritti umani è che gli esseri umani si sentano umani: non pedine interscambiabili di un disegno più grande, non vittime, non spettatori. Lo slogan della tua conferenza ad Harvard potrebbe essere «sono un uomo qualsiasi, un essere straordinario».
Ecco, per un essere umano così non c'è separazione fra diritti e doveri – no, doveri non mi piace, facciamo diritti e responsabilità. Non si solleva qualcuno dal tremendo stato di vittima trattandolo come vittima. Fagli sentire che la sua personale singolare vita è degna di essere vissuta, punto.
Mentre ai governi o alle istituzioni internazionali si dovrebbe far capire che allargare i diritti umani, le possibilità di scelta, è molto più conveniente che restringerli. Non è soltanto moralmente buono, è utile.

Un uomo felice produrrà di più, lavorerà di più e consumerà di più di uno infelice e costretto. Funzionano i modelli pervasivi, non quelli persuasivi.

1 aprile

Bolellik vecchio supereroe milanese!

L
Noi siamo qui nella pancia della balena, nel caveau della banca universale, nel pozzo dell'acqua santa, nel club dei miliardari potenziali. Lo studio bolle e noi un po' si frana e un po' si freme senza perdere di vista l'orizzonte che per ora non mostra profili di terre ma va bene così, non è ancora il momento. L'energia è alta e la musica fluisce bene. Rimane ancora un disco senza centro e sto cominciando a pensare che forse questo è il suo destino e forse va bene così ma è ancora presto per dirlo. Ho qualche bel pezzo e stanotte abbiamo fatto una cosa lenta molto malinconica ma di una malinconia non compiaciuta che mi emoziona parecchio. Ho fatto ascoltare qualcosa a Michele Canova, il produttore arrangiatore, il mio Phil Spector, che poi entrerà nel disco in una fase successiva e lui mi ha detto parole molto incoraggianti sul lavoro ascoltato a mente fresca. Mi ha detto che i testi secondo lui sono fortissimi e innovativi e diversi. Mi ha detto che gli piace quando mi confronto con certe forme di canzone «classi-

che» facendolo in un modo che le rende invece molto moderne e nuove e mai sentite prima. Non lo so, mi fa piacere perché è in parte quello che cerco.
Passiamo in studio anche il venerdì santo e poi domani notte stacchiamo fino a dopo Pasqua. Giovedì prossimo vengo a Milano e facciamo qualche colazione insieme prima che me ne vada in studio da Canova dove vorrei provare alcune soluzioni che ho in mente.
Ti scrivo domani con più calma.
Yo!!!

Lorenzo!
Faccidenti, tu arrivi a Milano mentre io vado a Los Angeles: sono là da lunedì e di nuovo qui il 15... Non ho mai passato così tanto tempo lontano da Daniele, ed è vero che lo vedo ogni giorno su Skype ma fra lui e la bimba ho tremendo bisogno di contatto fisico. Scrivo anche là, comunque.
Il centro arriverà da solo, vedrai... tu hai un'essenza, un sentimento di fondo fortissimi, e poi hai sempre una enorme molteplicità di direzioni, punti di vista, stati d'animo... se ci pensi, è proprio come il metabolismo biologico: un progetto definitivo e poi tutte le biodiversità che si muovono e si combinano. Il centro del tuo disco saranno entrambe queste cose, credo sia inevitabile.

Ti mando una cosa che ho scritto, e un grande abbraccio.

Ora che la campagna elettorale è fortunatamente finita, non corro più il rischio – no, vero? – di essere frainteso o costretto nella gabbia di uno scontro ideologico che credo utile quanto un paio di scarpe strette. Così, finalmente, posso parlare di regole. Cominciando con questa scomoda domanda: ma siamo così sicuri che le regole si debbano difendere?
Ok, certo, se qualcuno le regole vuole aggirarle a proprio esclusivo vantaggio o peggio ancora per danneggiare altri, questa non è cosa buona né elegante e va messo in condizioni di non nuocere. Ci sono naturali regole di buona convivenza che ci mettono nei guai quando qualcuno si mette in mente di non rispettarle. I bambini è molto meglio crescerli con una sana struttura piuttosto che senza. E tante altre cose così, che farebbero pensare che la mia domanda sia completamente sconclusionata.
Però vi chiedo: avete mai visto nell'intera storia umana grandi invenzioni, scoperte, imprese, prendere corpo dentro le regole? Vi risparmio la fatica di pensarci, perché la risposta è no, mai. Ogni evoluzione che si è compiuta in ogni campo, ogni slancio che ha allargato e migliorato la nostra esistenza, ogni azione di esploratori, pionieri, sperimentatori, è immancabilmente avvenuta superando un confine, scavalcando un limite, avventurandosi al di là delle regole convenzionali.
Attenzione, tutte queste cose di cui sto parlando non sono – se non occasionalmente – trasgressive, devianti, distruttive. La trasgressione è noiosa e banale quanto il perbenismo, il peccato quanto la discipli-

nata obbedienza. Molto più che contro le regole, tutti questi balzi evolutivi sono semmai al di là delle regole, ci raccontano che le regole si possono tranquillamente cambiare, espandere. Se una regola non si può cambiare ed espandere, è certamente una cattiva regola. Chiaro che chi è particolarmente attento al rispetto delle regole si preoccupa di quanti vogliono approfittarsi della libertà incondizionata a proprio uso e consumo. Ma guai se per paura di chi ne fa cattivo uso noi promuovessimo l'idea che si debba stare rigidamente dentro le regole, sarebbe un grave danno antropologico.
Dovremmo in questo senso combinare Friedrich Nietzsche e Bob Dylan. Il maestoso filosofo tedesco proclamava la necessità dei «legislatori di se stessi», mentre in uno dei suoi versi più paradigmatici Dylan cantava che «bisogna essere molto onesti per vivere fuori dalla legge». Ecco, chi fa da sé grandi regole evolutive ed è nello stesso tempo molto onesto, questo è il prototipo.

3 aprile

L

Dylan… pazzesco quanta roba ha scritto e tutta perfetta. La puoi tagliare frullare shakerare rivoltare sminuzzare e diventa sempre più bella. In ogni sua forma la sua sostanza è sempre incandescen-

te. Pochi come lui, forse nessuno. Mi piace anche questo modo che ha di condursi nella vecchiaia, ha evitato con determinazione di diventare un dinosauro senza intaccare in nessun modo la forza delle sue cose insuperabili, che forse per questo sono anche impossibili da intaccare. In fondo è probabile che uno come Dylan non perderebbe nulla di quello che è nemmeno se partecipasse all'*Isola dei famosi*.
Ho mandato tutti a casa e ora sono in studio da solo. Abbiamo moltissimo materiale. Tutto potente e parecchio interessante, da sviluppare, ma tanta roba forte e molto diversa, diversa in modo spinto, si va da una canzoncina alla Walt Disney ma con dentro qualcosa di Beck prima maniera fino cassa in quattro da ballare quasi discoteca di Lagos. Musica per le feste.
Mi viene in mente quando lavoravo nelle discoteche e mi piaceva andare nel locale il pomeriggio a porte chiuse mentre quelli delle pulizie mettevano a posto. Salivo in consolle e preparavo la serata in solitudine e in cuffia, apparecchiavo la musica e già la immaginavo ballata, e già assaggiavo in anticipo certi cambi che avrei fatto, certi mixaggi audaci che li avrebbero stesi tutti. Erano momenti molto intimi e indimenticabili e lì dentro c'è tantissimo di quello che poi ho messo in piedi per la mia via.
Mi rendo conto che ancora oggi io ogni volta che faccio musica ho in mente la pista di un locale. È per questo che l'aspetto «fisico» delle mie canzoni è tutto e le parole sono al servizio sempre della «pista». Non è detto che la pista debba essere sempre piena. La pista deve a volte esplodere, a volte mostrarsi ip-

notizzata, a volte addirittura annoiarsi. È un lavoro meraviglioso e anche se io non lo faccio più, lo faccio ancora di più, lo sto facendo sempre di più, non ho mai smesso di essere lì. Non vorrei smettere mai.
Ieri dicevo ai miei ragazzi che mi piacerebbe in questi anni di grande energia fisica realizzare molte canzoni più belle che posso per poi passare la mia terza età a suonare in tutto il mondo sempre, tutti i giorni. Adesso dobbiamo puntare in alto, a riempire gli stadi se possibile, i palasport, tutto quello che c'è da riempire va riempito, dobbiamo puntare a espanderci ancora, poi dopo però, tra una ventina di anni, dobbiamo espanderci noi come spiriti ma l'ambizione deve diventare diversa, io sogno che a ottant'anni sono lì che suono davanti a un pubblico, che ne so, di Vladivostok o di Los Angeles o di Catania, senza nessuna nostalgia ma giocando con la musica e le canzoni. Alla BB King, alla Santana, alla Dylan, alla Ali Farka Touré, come Compay Segundo. La Teresa tra qualche anno sarà grande e non ci vorrà più tra le scatole e io e la Fra potremmo essere sempre in giro a suonare con un piccolo circo di compagni che condividano questa storia. E la Teresa ogni tanto potrebbe prendere un aereo e vederci oppure chissà. Divago. Una cosa molto africana, quella di suonare sempre al servizio della musica, avere sempre davanti una pista da far ballare sognare piangere esaltare, da mandare a casa contenta come solo la musica e il sesso riescono a fare.

Lorenzo,

F

quello che prospetti è come il Never Ending Tour di Dylan. Lì non c'entra più il marketing, non c'entra più la pianificazione: lì il concerto – un concerto dopo l'altro – diventa puro rito, grande fuoco intorno al quale chiami a raccolta. Per una cosa come questa tu hai già ora un bel mucchio di canzoni, e mi pare di capire che ne stai mettendo al mondo un'altra sostanziosa ondata. L'aspetto fisico è fondamentale nelle canzoni, in particolare nelle tue: la musica senza dentro il corpo – le mille declinazioni possibili del corpo – non mi prende. I tuoi testi sono stracolmi di segnali, slogan evolutivi, veri e propri paradigmi, e per sono loro volta fisici, biologici. Alla fine quello che fa la differenza – nella musica, nei libri, nelle relazioni, nei gesti quotidiani – è sempre la relazione che uno ha con la vita, quanto uno è in contatto immediato con i centri vitali e li sollecita, li accende, li espande.

6 aprile

L

Forse sei a Los Angeles. Forse non sei ancora partito. Ma ti rendi conto che attraverso la mail ti sto scrivendo senza sapere dove sei? Il concetto di luogo fisico è annullato, non più un timbro postale. Qualcosa si perde ma in confronto a quello che

si guadagna è niente. È sempre così, quando si perde qualcosa.
Oggi c'è un interessante articolo sulla «Stampa» che parla della questione della memoria nell'epoca digitale. Interessante perché è da sempre che trovo esagerata l'esaltazione della memoria come valore assoluto che viene fatta da tanti professori, ci ho sempre letto un po' di risentimento verso la loro incapacità di fare anche solo un po' di surf. Io credo alla memoria quanto credo nel suo opposto ovvero la dimenticanza, l'oblio delle cose fatte vissute passate. Oblio e memoria sono una coppia di opposti e uno non esiste senza l'altro. Per questo dopo un periodo di totale devozione al back up, oggi sono molto più rilassato e a volte schiaccio il tasto «vuota cestino» con una certa allegria e una specie di fede nel fatto che quello che conta ai fini della mia evoluzione personale e degli altri da qualche parte si conserva, e se non si conserva non serviva.
Chiaramente il discorso è complesso e non si può ridurre mai, però di una cosa sono certo: la vita è in continuo back up e comprime dati senza che noi ci sostituiamo a lei, tu che ne pensi?
Quando ho iniziato a fare dischi non avevo mai ascoltato Bach, Miles Davis, Coltrane, Jobim, Sakamoto, Debussy, John Cage, Puccini, il blues del Mississippi, la musica del Delta del Niger e moltissime altre cose, erano più le cose che non avevo ascoltato di quelle che avevo ascoltato (e questo vale anche adesso che di cose ne ho ascoltate una cifra, almeno venti volte più di un ascoltatore di musica medio).

Eppure questo non mi impedì di fare dischi, di passare ogni ora del mio tempo a volerli fare e a farli. Avevo ascoltato un po' di rap, James Brown, Marley, Beastie Boys e un po' di disco music, ma lì dentro se ci penso ora c'era tutto Debussy, Mozart, il blues, il jazz e anche di più.
La memoria difesa come se fosse una divinità insomma è un'ossessione senza senso, anche perché essendo una divinità la memoria si difende da sola.
Quello che va difeso è il nuovo, sempre e comunque anche quando è sbagliato. Il nuovo va difeso.
Evviva tutto!!!!

Lorenzo,

Fsì, sono a Los Angeles, a vedere ieri Daniele in cattedra che raccontava la storia americana contemporanea sulla base dell'idea taoista biologica: in ogni fenomeno ci sono spinte diverse e l'unilateralità ideologica è insensata. Esattamente come te quando dici che la condizione per credere alla memoria è credere anche al suo contrario.
Lo so che mi porto dietro la fama di essere contro la storia, diciamo che ho fatto poco per smentirla. Ma ho sempre ferocemente creduto che prima di poter davvero comprendere la storia e i classici e tante cose del passato si deve capire chi si è. Prima metti a fuoco il tuo carattere, la tua essenza, le cose che più di altre ti nutrono e rafforzano, e soltanto dopo puoi veramente ottimizzare le conoscenze. Il problema è che i sistemi educativi e scolastici e accademici si

muovono esattamente all'opposto. Ma la conoscenza è fatta per creare, non soltanto per conoscere.
Nessuno si sogna di discutere l'importanza o la nobiltà della storia e della memoria: ma la patologia che oggi affligge gli abitanti del mondo generalista è la mancanza di sensibilità ed energia inventiva, non quella di memoria (corrucciarsi per lo smarrimento della memoria storica in Italia è come preoccuparsi per la propria difesa dopo cinque zero a zero consecutivi: qui da noi quello che ci lega al passato non è un filo ma una catena, qui da noi c'è un tremendo bisogno di discontinuità, scarti, slanci innovativi). È soltanto quando il patrimonio storico e cognitivo smette di pesare sul nostro metabolismo, è soltanto quando viene assimilato e sintetizzato in sostanza energetica che esso nutre la nostra evoluzione. È possibile allora che io iperbolizzi l'innovazione perché non ho memoria: ma mi sembra sempre meglio di quanti enfatizzano la memoria per nascondere la loro mancanza di energia innovativa.
Adesso poi ci sono le nuove tecnologie comunicative, e una certa funzione di memoria viene ormai abbondantemente svolta da tutti i mezzi che contengono miriadi di dati, informazioni e materiali cognitivi, liberandoci dalla necessità di conservarli nella nostra mente. Tanti lamentano che tutto sia appiattito sul presente, ma dovrebbero accorgersi che il presente di oggi è pieno, straboccante di passati e futuri, è un presente che abbraccia molecole di tempi diversi. È così che la memoria che accumula e trattiene montagne di dettagli e di materiali residuali lascia spazio a

una memoria più essenziale, meno analitica e più selettiva, a una memoria biologica e non soltanto storica, a una memoria sensoriale. A me appassiona l'istante dell'azione, quello dove tutto quello che sai e che sei, la tua storia, la tua memoria, la tua cultura, te lo giochi in un secondo: non dimenticandolo, niente affatto, ma tramutandolo in pura energia, come la corrente che alimenta l'onda. (A proposito, leggi *La pattuglia dell'alba*, di Don Winslow, è un thriller californiano che ruota tutto intorno al surf, sono certo che ti prenderà.) Mi appassiona che la memoria storica si trasformi in memoria biologica entrandoti nel cuore, nei muscoli, nelle gambe, negli occhi. Un gesto che contiene tutto il passato, il tuo e quello che hai imparato. È ancora una volta un metabolismo biologico, è così che funziona.

11 aprile

Yo grandmaster Bolelli,

L siamo appena arrivati a casa. Bello viaggiare di notte il sabato senza camion in autostrada, diventa quasi rilassante e si ascolta bene la musica. Sono stato qualche giorno in studio a Milano, è stato intenso e faticoso (la fatica dello scalatore, fatica che uno si sceglie e non te la ordina il dottore). Faticoso alternare i momenti di trance in cui si fa musica a

quelli in cui si razionalizza, si sentono le canzoni, si fa la radiografia, si capisce dove vuole andare la canzone, se passa la selezione naturale verso il disco o resta abbandonata in qualche hard disc.
C'è un pezzo con un grande potenziale di primo singolo, l'ho chiamato *Revolution n° 10* e ha qualcosa di forte nel testo. Te ne passo un paio di versi:

«ci ascoltano al telefono
ci spiano col satellite
ci seguono nel traffico
ci tracciano gli acquisti
ci rubano le password
ci frugano nel bancomat
ci irradiano
ci scannerizzano
ci perquisiscono
eppure non mi sono mai sentito così libero...
perché io danzo
io danzo... sulla frontiera»

è un pezzo potente con una base ossessiva che sull'inciso diventa superfunk cambiando di segno. Insomma ha qualcosa che mi piace e poi mi rendo conto che molte canzoni del disco hanno a che fare con il concetto di libertà, con la ridefinizione di questa parola sfilacciata e sputtanata ma proprio per questo bollente e per me attraente. Riappropriarsi di questa parola in un tempo come il nostro è quantomeno stimolante proprio perché si tratta di una parola che è talmente svuotata di significato da essere di nuovo un oggetto pop interessante. Torna a essere parola di frontiera. Che ne pensi?

Poi ci sono tante canzoni di ogni tipo, ne ho una ventina già abbastanza definite, a oggi pochissime di loro sopravviveranno alle prossime due settimane, ma conto sul loro sacrificio per arrivare da qualche altra parte che non so ancora.
Le canzoni sono organismi veri e propri.
Sto capendo che in questo disco non devono esserci canzoni che ho già scritto in vecchi dischi (nel senso dei percorsi già battuti) ma quelle che ci vanno devono essere all'altezza, e l'originalità non deve essere un valore ma l'unico valore da tenere in considerazione è il respiro dei pezzi, la loro autenticità, il loro essere viventi e mai imitazione di qualcosa di già vissuto.
Insomma pare che stia parlando di chissaché, si tratta di un disco di musica leggera, ma sai bene che non c'è niente di più esigente della leggerezza. Ci vuole molta fede.
Goditi la tua California e i suoi abitanti.
T'abbraccio maestro.

Lorenzo, ti aspettavo!

F Il testo è una vera dichiarazione di politica evolutiva! Come dire che tutti i tentativi di condizionarti e manipolarti e usarti non hanno lo stesso potere dei nostri centri vitali in azione. È come dire che il pensiero unico è superato dalla biodiversità

dei pensieri molteplici. A me questa storia del pensiero unico mi ha sempre fatto ridere, mi è sempre sembrata la versione politico-intellettuale del coccodrillo albino nelle fogne di New York. Non ho mai capito cosa è il pensiero unico, come è fatto, dove sta. Non che non veda i tentativi di omologare e di controllare, ma quello che è davvero mutato nella nostra epoca è semmai che si sono spalancate molte più opzioni, proliferanti pluralità. In questo senso per me la libertà coincide proprio con l'allargamento delle possibilità di scelta. La libertà è mille volte più del piacere, della licenza di farsi i fatti propri, degli stessi diritti (per non parlare della trasgressione, che è la versione caricaturale della libertà). La libertà è poter scegliere, e a me sembra che se c'è qualcosa di entusiasmante nel qui&ora, nel mondo in mutamento, è proprio che abbiamo a disposizione infinite direzioni, infinite opportunità per essere noi stessi.
Quello che mi affascina dei social media è proprio questo: ti offrono la possibilità di essere chi sei, di condividerlo, di comunicarlo come credi, di trasformare gli incontri in rete in incontri fisici oppure no, di raccontare quello che vuoi della tua biografia personale, di mostrare o no le tue foto, in definitiva di giocartela come ti pare. È una libertà che finora non avevamo mai nemmeno immaginato. Abbiamo la palla in mano, tocca a noi decidere, tocca a noi prenderci la responsabilità.
Anche i social network sono veri e propri organismi, come le canzoni. Quello che fa la differenza – tutta la differenza del mondo – è proprio che tu tratti le

canzoni non come mestiere, non come talento o ispirazione, ma come organismi viventi. Il risultato finale sarà un disco pop, un'opera: ma tu lo stai facendo come lo scienziato – Craig Venter – che sta creando in laboratorio batteri artificiali che poi immessi nell'acqua dovrebbero nei suoi piani ripulire gli oceani. Ah, ora che ci penso: quando dici che hai pronte venti canzoni ma pochissime sopravviveranno alla prova delle prossime due settimane, dimmi tu se questa non è pura selezione naturale. Insomma, stai facendo Darwin e Craig Venter. Un disco pop generato dal primato della biologia. Dimmi tu se non è meraviglioso!

12 aprile

L

È proprio quello che vorrei tirar fuori con questo pezzo. Le strofe molto meccaniche potenti alla Chemical Brothers, poi nell'inciso diventa più festoso e liberatorio e la frase io danzo sulla frontiera assume un tono per niente militante ma come dire «è più forte di me, non ce la faccio a non prenderla così…»
Il concetto di frontiera, che tu hai frequentato sempre, è oggi centrale perché la frontiera oggi è ovunque e non più localizzabile nei luoghi tradizionalmente considerati di confine. La frontiera è la realtà

stessa, anzi più lo sguardo ti porta al centro delle cose, più si deve fare i conti con la frontiera delle cose. In fondo l'unica possibile forma di emancipazione dal controllo dei flussi è quella di trasformarsi in flusso e non essere più «luogo». Non tanto essere liberi quanto essere libertà. Sono molto d'accordo sulla tua visione del concetto di libertà. Nel mondo connesso digitale tecno-biologico non serve essere liberi quanto essere la libertà stessa, non essere «nella» libertà ma essere «la» libertà. Pensiero ingarbugliato? È che le parole hanno limiti come tutto, ma le parole insieme alla musica al corpo ai cavi elettrici a un posto che risuona ecc. allora forse…

Hai presente *Zatoichi* di Takeshi Kitano? Zatoichi è un cieco visto dagli altri ma è anche un precisissimo combattente, le due cose non potrebbero essere insieme eppure non solo sono insieme ma diventano una la vista dell'altra. Vede con la katana e colpisce con il suo sguardo vuoto. Mi viene in mente Obama. Obama è nero perché non lo è, ed è bianco perché non lo è, ma è sia nero che bianco. Io sono italiano ma sono anche alto uno e novanta e ho i capelli chiari, sono un analfabeta musicale ma sono anche un musicista, sono padre di una bambina ma sono anche sposato con una donna, sono figlio di due anziani signori toscani ma so parlare un inglese decente. Sono cieco rispetto alla struttura delle molecole ma la struttura delle molecole agisce comunque attraverso di me. Questa è la libertà che io sono e non la libertà dentro alla quale io vivo.

Quel concetto di «privacy» moderno di cui tutti par-

lano in pratica è una bufala. Le leggi sulla privacy vanno bene ma non sarà una legge più o meno restrittiva a limitare aumentare o difendere la mia libertà. Sarebbe bello non averla proprio la privacy. Non si tratta di essere liberi ma di incarnare il concetto di libertà nel proprio essere.
Non c'è nulla che si fa dietro le quinte della vita che ha bisogno di essere protetto, la libertà non sceglie quando essere, la libertà è sempre o non è mai. Ci vogliono convenzioni, non leggi. Nessuna legge impedisce alla gente di sapere cosa succede dietro le quinte di uno spettacolo eppure quando gli attori vanno in scena una convenzione permette di vivere lo spettacolo e di emozionarsi se un attore crea le condizioni con la sua abilità e se la messa in scena è all'altezza. Se tutta la realtà diventasse uno spettacolo (leggila come provocazione), non come un «problema» (come dicevano quelli che teorizzavano la società dello spettacolo), tutti noi saremmo liberi, anzi noi saremmo la libertà. La libertà.

F

Lorenzo, questa è filosofia evolutiva (assolutamente taoista). È quando diventi tutt'uno con l'azione, che quell'azione è perfetta. Non soltanto compiere un gesto, ma essere quel gesto. Non è affatto metafisico, anzi al contrario, è pura biologia. Quando venne a Frontiere, Tom Robbins disse: «se si dovesse scegliere una sola parola per descrivere la natura dell'universo, penso che quella parola dovrebbe essere paradosso». Se alla fine il paradosso funziona

sempre immancabilmente, è innanzitutto perché è naturale, è perché è il metabolismo biologico e vitale che è paradossale, dinamico, mutevole, fluido, danzante, coevolutivo. La mente logica ha sempre separato, creato distanza. La mente logica e meccanica vuole distinguere, definire. Mentre il progetto vitale è tanto più alto quanto più sta lontano da qualunque separazione. Il sesso e il concepimento accadono proprio nella massima unione, quando è impossibile distinguere chi è chi. Madre e bambino sono tutt'uno per nove mesi. Poi donna e uomo si separano, poi il bimbo nasce, poi un libro o un disco se ne vanno in giro per il mondo, ma intanto è in quel modo che qualcosa di grande è nato.
Tutte le personalità più piene, più complete, più abbondanti sono fatte di tante spinte, le abbracciano. È quando sei più autosufficiente che fai i migliori incontri e stabilisci le migliori relazioni. È quando il pensiero scaturisce dall'intero organismo e non soltanto dalla mente che quel pensiero è superiore. È quando responsabilità e gioco sono indistinguibili che tutto funziona. È quando in una personalità non riesci a separare i «pregi» dai «difetti» che quella personalità è più completa: i punti deboli sono una manifestazione della forza, il suo lato oscuro. Alla fine le persone bipolari e schizofreniche sono quelle che invece di armonizzare le loro molteplicità, invece di trasformarle in energetica vitalità, se ne fanno un problema, le trattano secondo un modello meccanico. È la storia del vincere anche quando perdi: quando la tua attitudine verso il mondo e la vita è vincen-

te, perdere – per quanto doloroso possa essere – è un dettaglio, un episodio estemporaneo.
Forse ci incrociamo nei cieli, in qualche punto sopra l'oceano: io parto da Los Angeles che da voi sarà mercoledì all'alba, tu mi sa che stai volando nella direzione opposta, vero?

15 aprile

Tu torni io parto.

L

Ci siamo quasi incrociati, io ho l'aereo sabato mattina.

Sono contento di andare a NY, prima di tutto perché sono sempre contento di andare a NY, di camminare per le strade di NY che è una delle mie attività preferite nella vita. Poche città al mondo sono camminabili come Manhattan. E sono contento di andare a NY a suonare e di girare le città della East Coast, è la mia prima «tournée» in America e come tutte le cose che faccio per la prima volta l'affronto con un atteggiamento da spugna asciutta. La spugna asciutta è pronta per essere immersa nel liquido e diventare morbida e riempire ogni sua cavità e farsi soffice e pronta a restituire strizzata o strusciata su superfici di ogni tipo il suo servizio di spugna, ma intanto prima che l'immersione avvenga se ne sta lì silenziosa e poco attraente. Ci sono quelli che af-

frontano le cose come spugne bagnate e chi come me lo fa da spugna asciutta. Visto da fuori potrei dare l'impressione di una specie di impassibilità, ma è solo un entusiasmo potenziale, è il silenzio dell'animale in agguato, la sua strana calma.
Sono alcuni anni che penso di fare un certo disco e poi quando mi metto a farlo viene fuori qualcosa di formalmente molto diverso da quello che pensavo di voler fare. Quando ero ragazzino facevo dei dischi in cui io cercavo di assomigliare a loro, poi sempre di più adesso mi ritrovo a fare una musica che cerca di assomigliare a me e questo genera una certa inquietudine perché mi ritrovo a specchiarmi nelle mie canzoni e sai bene che gli specchi sono oggetti magici che ti rimandano di tutto ma quasi mai quello che pensavi di vederci.
Comunque siamo arrivati a un punto di disponibilità tecnologica per fare musica praticamente illimitata a prezzi praticamente ridottissimi. In pratica oggi uno nella mia condizione tecnica ha a disposizione TUTTO, ogni suono possibile, le innumerevoli possibilità di generare e manipolare il suono in tempo reale. Il pensiero e la realizzazione del pensiero in musica non ha più nessun ostacolo di mezzo. Figata, certo. Figatissima. Superfigatissima. Ma che casino, che grande casino, che supercasino!!! Provaci tu ad avere una tavolozza con TUTTO a disposizione nell'immediato. È una vertigine. Però è una cosa pazzesca che costringe a ripensarsi da zero sempre, costringe a mollare qualsiasi logica o ad assumerne di rigidissime (io propendo per la prima opzione). Impone una

«disciplina del caos» che è bella da dire ma da praticare è un delirio. Anche la Francesca non vede l'ora di andare a NY e la Teresa pure. Pensa che la Teresa, che fighi che sono i bambini, non vede l'ora di essere a NY per andare a Washington Square dove dietro al casottino dei cessi pubblici c'è un piccolo recinto dove i newyorchesi portano i cani e li fanno giocare con gli altri cani. La Teresa si mette su una panchinetta lì dentro e può passarci un pomeriggio a guardare questi cani che giocano e per lei questo vale più dei grattacieli, del museo di storia naturale, di Time Square, di tutto quello che la città delle città può offrire. Io vorrei a volte essere come lei nel mio lavoro, concentrarmi nel recinto con i cani.
Di NY mi piace questo: che per vivere bisogna crearsi un proprio percorso, una disciplina del caos, in caso contrario la città ti uccide. Per questo pullula di progetti di vita, di slanci evolutivi (come li chiami tu), perché è l'unica possibilità per sopravvivere nelle sabbie mobili del caos.
La disciplina del caos. Quello che fa Ulisse passando dall'isola delle sirene… o forse no. Cosa avresti fatto tu nei panni di Ulisse? Ti saresti legato all'albero della barca? Cosa avresti fatto tu? Questa è una domanda che mi perseguita. Cosa avrei fatto io?

Lorenzo, eccomi, tornato stanotte

F letteralmente pazzo per la bimba, per nove giorni non sono riuscito a staccarmi un istante da lei, a parte quando sono andato a fare il portaborse di

Daniele al college. È curioso, quando Daniele fa conferenze dal vivo io lo vedo ancora come se avesse due o tre anni: non per babbesca nostalgia, ma perché ha gli stessi gesti, gli stessi atteggiamenti, lo stesso carattere di quando era piccolo. È incredibile come il proprio imprinting sia così potente da attraversare le età e i mutamenti.

La vertigine del tutto è davvero uno dei segnali più potenti – forse il più potente – di quanto oggi sia meglio di prima, incomparabilmente meglio. Si può fare tutto, si può connettere tutto, si può scegliere tutto, si può conoscere tutto: siamo la prima condizione umana che si è proiettata al di là del tempo e dello spazio, al di là delle identità. Il problema è che questa cosa fa paura a tanti: fa paura a chi perde il proprio potere e reagisce aggressivamente (i fondamentalismi, le culture autoritarie, gli stessi accademici) e fa paura a chi non è abituato a scegliere, e viene sopraffatto dall'abbondanza.

La questione principale per chi questa possibilità di scelta la vive in maniera eccitante è che ti viene richiesto un senso delle priorità ancora più elevato. Devi selezionare, devi avere una scala di valori, devi sapere sempre che non puoi comunque fare tutto. Devi accettare di «sprecare». Devi avere dedizione, forza mentale, forza di volontà o meglio ancora volontà di potenza. Quello che accresce di meno la potenza vitale di una persona, di un progetto o di una canzone deve sottomettersi a quello che la accresce di più. Serve una disciplina nel caos. Guai se non abbracci tutto, guai se non ti lasci attraversare da tutto, guai se non diventi azione, flusso: ma è un guaio anche se tutto questo non hai la disciplina per ordinarlo, per guidarlo. Sai, mi è capitato spesso che qualcuno – leggendo a suo modo quello che scrivo – rimanesse poi stralunato quando vedeva che nella mia esistenza quotidiana ho molte regole: ogni volta devo spiegare che se non avessi regole, disciplina, senso delle priorità, poi sarei dispersivo e non riuscirei ad avere gli slanci che ho sulle questioni che più mi appassionano. Chiaro che è un pasticcio, oltre che una storia eccitante: ma chi ha mai detto che fosse facile?

Mi sa che Ulisse avesse una priorità molto forte: altrimenti come avrebbe fatto a resistere? Quando ero piccolo pensavo che avrei assolutamente ascoltato le sirene, poi crescendo ho capito appunto che se hai una missione, rinunciare a qualcosa di molto allettante è inevitabile, ma se la tua missione è vitale, questa rinuncia non la percepisci come rinuncia.

18 aprile

New York, Nueva York, Nuova York, Neue York.

L

Mi piace da subito, dall'inizio del nome, da quella parola NEW che la apre. C'è una poesia della Szymborska (grande signora polacca) che in un verso dice «mentre pronuncio la parola futuro la prima sillaba è già nel passato» e insomma è un signor verso non ti pare? Il futuro è tra i concetti più ricorrenti in questi miei anni recenti. Per via del fatto che il passato si accumula alle mie spalle e non c'è niente che evochi il futuro più del passato. Da pischelli al futuro non ci si pensa mai perché si è futuro, e i fatti non pensano ai fatti. È sempre la stessa storia, la stessa condanna, la stessa gabbia dove noi europei siamo nati. Pensa che io a volte vedo una ragazza e penso a Venere, guardo un tipo che vende qualcosa in tv e penso a Mercurio. L'America è piena di giovani divinità in erba. Ma io sono grato e ogni passo che faccio per strada, ogni volta che poggio un piede davanti a me, dico grazie. Stanotte con il fuso orario alle tre e mezzo ero già sveglio e guardavo dalla finestra una signora davanti a un computer acceso a una scrivania che ha continuato a fare qualcosa di misterioso fino al sorgere del sole. Io mi sono svegliato con un maldischiena (un sintomo che si associa al turbinio di rime e melodie che prendono forma da qualche parte dentro di me). Sono grato al mio maldischiena. Mi parla, mi chiama a relazionarmi con l'universo che mi spinge sulla testa come un fagotto sulla testa di una donna africana, solo che le donne africane sono dritte come canne e soffrono di molte cose ma quasi mai di maldischiena. L'universo dovremmo riuscire a portarlo sulla testa con una certa eleganza, in fondo una buona postura non è altro che l'educazione a portare l'universo sulla testa senza che ci provochi maldischiena o malditesta.

NEW York. È bella parola NEW, è una delle più belle

parole del mondo. Al plurale diventa NEWS, notizia, che da noi si dice anche NOVELLA e a me piace più di notizia.
NEW, nuovo, al singolare, assoluto. Il NUOVO è quello che conta, non credi, Franco? Il passato conta solo in funzione del NUOVO, e in questo senso può ritagliarsi un ruolo, marginale e mai da eleggere a totem o a idolo, ma se deve esserci un idolo, che sia IL NUOVO. È l'unico idolo degno di essere adorato, o almeno invocato. Che il nuovo ci protegga e che noi si possa proteggere il nuovo, accoglierlo, strapazzarlo un po', metterlo alla prova, formarne il carattere, ballare sul suo crinale.
Ieri sera siamo arrivati qui inseguiti dalla nuvola sprigionata dal vulcano islandese (la forza della natura, ogni tanto ci racconta di cosa siamo fatti) e Jfk era quasi deserto perché il nostro era uno dei pochissimi voli dall'Europa che erano riusciti a partire. Niente fila alla dogana, una mondo perfetto.
Faccio colazione e vado a fare una passeggiata.
La Teresa si è svegliata ora che sono le 8 e mezzo, perfetta, il fuso orario non sa nemmeno cosa sia.

F

Lorenzo, se c'è un luogo comune che mi ha sempre indispettito è quello che vuole gli americani come gente senza storia e senza cultura alle spalle semplicemente perché loro la storia e la cultura li usano pragmaticamente, biologicamente, per costruire il nuovo. Per loro il passato è come un cibo che ti nutre, ti dà piacere, e che poi assimili e – elimi-

nato quello che non serve più – trasformi in energia. So bene che un sacco di novità sono estemporanee, effimere, già pronte per il cestino dei rifiuti. Ma a essere essenziale è il senso di dinamismo che c'è in ogni novità.
Ieri ho fatto un video con Fabio Novembre, e lui raccontava – proprio come te – quanto importanti sono i riti e come dovremmo creare riti più nostri, meno istituzionalizzati. Condivido, è essenziale, ma a me più dei riti pubblici affascinano quelli personali: la nascita, la prima parola, il primo passo, il primo giorno di scuola, il primo gol che segni, il primo bacio, il primo sesso, e poi il primo di ogni cosa. Paradossalmente, non mi interessa il «primo»: diverse di queste cose non me le ricordo nemmeno. È quando una canzone o il sesso sono primi anche se è la millesima volta che li fai, quando non sono ripetizione o applicazione di una formula anche se vincente.
È per questo che guardo sempre con calore alle «giovani divinità» che tu dici. Mi piacciono gli errori di chi si sta giocando, di chi prova a essere l'autore di se stesso. Mi piace la costruzione del carattere. Con mio figlio da quando è nato la mia priorità è sempre stata proprio questa: prendendolo in giro, dandogli anche sostanziose responsabilità, ho sempre cercato di farlo sentire come una giovane divinità. Ci era portato, non ho fatto alcuna fatica. Con le giovani divinità accade proprio che il loro relativo lo percepiscono assoluto, e guai se non fosse così.
Sto molto ragionando sul concetto di biodiversità, e credo che dovremmo valorizzarlo ed estenderlo, mo-

dellandoci i progetti, le idee, tutto quanto. La biodiversità sembra relativa ed è assolutamente assoluta, è il modo in cui la vita si genera e si esprime.
Mi fa ridere chi liquida il fatto che da cent'anni tutte le grandi invenzioni e innovazioni arrivano dall'America dicendo che è così perché lì ci sono i soldi: guardano il dito e non la luna. Chiaro che non essere in condizione di procurarti il cibo o di difendere la pura sopravvivenza aiuta non poco: ma quello che è fondamentale è proprio la bussola interiore sempre puntata verso il nuovo, così che alla fine anche il futuro non è astratto o lontano, ma semplicemente quello che è implicito e tu stai facendo esplicito, la forma che estrai dalla roccia, il tuo corpo la mente i sensi che spingono verso e dentro l'inesplorato.

19 aprile

La biodiversità. Sfondi una porta spalancata. Nella mia vita c'è un sogno che ricordo di aver fatto almeno tre volte in momenti critici. Sono a letto e sogno di svegliarmi e di alzarmi e andare in soggiorno e mi accorgo che in un punto del muro c'è una porta che non avevo mai visto. La casa continua e ha spazi che ignoravo, una volta si trattava di un grande terrazzo con un cielo azzurro pubblicità, un'altra volta una specie di capannone industriale di-

smesso, un'altra volta c'era una casa che aveva l'aria di essere una casa familiare anche se in realtà non era nessuna delle case dove ero entrato nella vita.
La biodiversità mi ha letteralmente travolto, tre anni fa quando ho realizzato il sogno di un viaggio in solitaria in Amazzonia. L'Amazzonia pare che sia l'unico pezzo di mondo dove non c'è stata la glaciazione, quindi si entra in contatto con una linea evolutiva che non subisce particolari scossoni praticamente da mai. L'esperienza è molto profonda, davvero ho avuto la sensazione forte di essere, in quanto rappresentante della specie umana, una cellula del sistema della biosfera e ho avvertito la presenza del concetto di biosfera. Questo non nega e non conferma il concetto di Dio ma in qualche modo lo comprende e ne è compreso, ma non è questo il punto. Il punto è che esiste una connessione forte tra noi e la biosfera ma saperlo e averlo sentito dire è un conto, viverlo e farne esperienza in campo di fronte alla sua dimostrazione palese e diretta (la foresta amazzonica) è una bella botta. L'evoluzione in atto la si può sperimentare e vedere sempre ovunque in ogni punto dove ci troviamo, ma in Amazzonia questa cosa è lì di fronte a te e non puoi fare finta di non vederla, è l'evidenza. È quel tipo di posto in cui fai esperienza della vita in modo così totale che la morte non fa paura, anzi ti rendi conto che niente è più naturale della morte. Restare vivi è quello che bisogna fare, ma va fatto fino a quando si muore, restare vivi dopo sarà un problema di dopo (mentre le religioni tendono a volercelo già presentare come fondamentale), restare vivi

ora è quello che noi possiamo fare per essere in sintonia con *bios* e *kairos*.
Restare vivi. Fellini nel suo cinema parla di questo, Gesù nel Vangelo parla di questo, i Rolling Stones nei loro concerti parlano di questo, il mio iPad fiammante con il quale ti sto scrivendo, tutto parla di questo, di restare vivi esattamente fino al momento della morte e di non mettere il carro davanti ai buoi.
New York, per esempio, è in crisi, e c'è molto di amazzonico in questo, nel senso che la crisi dell'economia rende evidente la natura amazzonica di questo posto e dell'America. Il vecchio e il nuovo sono affiancati e giocano la stessa partita. Decomposizione e nascita sono sulla stessa strada, lungo lo stesso marciapiede, nel medesimo metro quadro. Anche l'Apple store non è più bianco splendente come qualche anno fa ma è già un piccolo vaticano con la sua parte di decadenza. Tutto questo è meraviglioso. Perché la mia non è una passione per il nuovo alla maniera dei futuristi, la mia è una passione per il nuovo in quanto vivo, come concetto diciamo amazzonico, dove la decomposizione e la morte sono ovunque, sono nutrimento al nuovo, sono necessari al nuovo.
Mi chiamano le mie donne, andiamo a fare colazione.

Lorenzo,

Fnon ho mai sentito così forte come in questo momento il senso di far parte del progetto vitale, di essere tutt'uno con l'evoluzione. È che il mondo è davvero rotondo e globale, è che biologico e tecno-

logico hanno lo stesso metabolismo, è che vedo mio figlio che non solo ha creato la sua vita ma ora anche quella della sua bambina, è che vedo e tocco e leggo e sento progetti che mai come adesso mi sembrano pura energia, è che non avevo mai neanche immaginato questo stato di pienezza, di completezza, a cui sono arrivato con la mia incantevole quasi moglie. È un intreccio entusiasmante fra enorme senso di responsabilità e spinta adolescenziale, che mi fa sentire di avere ancora grandi margini di crescita. Anche quello che tu e io stiamo scrivendo è attraversato da questa attitudine mentale e sentimentale: qualche messaggio fa tu avevi concluso con un «viva tutto» che mi sembra la perfetta sintesi di tutto questo.
La sensazione che tu hai provato in Amazzonia, io l'ho avuta a Los Angeles: la sera che stavo ripartendo guardavo dall'aereo la città, la abbracciavo tutta, immensa, punteggiata da milioni di luci, con la sensazione pulsante che dentro ognuna di quelle luci ci fossero biografie in azione. Tutte le trenta o quaranta città diverse che ci sono dentro Los Angeles, un enorme organismo vivente. Quella sensazione che le singole esistenze possono essere in crisi, o addirittura morire, eppure la vita come progetto globale non si fermerà davanti a nulla, continuerà in una forma o nell'altra a espandersi.
Ho sempre avuto un rapporto strano con la morte e con la reincarnazione e la spiritualità e con tutte queste cose: forse è un rapporto stupido, perché sapendo di non poterle controllare e nemmeno conoscere ho scelto di non occuparmene. So che ci sono, ma vi-

sto che non posso farci niente, meglio concentrarmi totalmente sulla vita.
È fantastico essere così vivi da poter abbracciare tutto quello che c'è dentro.

20 aprile

Saturnino e Riccardo sono fermi in Italia con i voli bloccati, io ho avuto il culo di partire sabato e il nostro è stato l'ultimo volo che si è alzato prima che il vulcano e le sue polveri oscurassero il cielo italico.
Mi sa che dovremo annullare il primo concerto.
Aspetto notizie.
Ho in mano l'iPad (l'ho preso appena uscito, non potevo resistere) ma se si sveglia il vulcano…
L'iPad e il vulcano.
Ecco cos'è il mondo. E non è vertiginoso tutto ciò? Piccolissimi e insignificanti, e potentissimi e creativi. Questo siamo. E non è vertiginoso questo?
Vertigine è la sensazione che genera il pensiero di quello che sta accadendo nel mondo. Queste macchine siamo noi, assomigliano sempre di più alla nostra struttura biologica, è proprio vero quello che mi hai scritto qualche giorno fa. Ci fonderemo con la macchina? Sta già accadendo e non è male per niente, perché questo non ci farà perdere niente della no-

stra umanità anzi la espanderà. Noi siamo sempre «l'elemento umano della macchina» (è un verso di un nuovo pezzo che ho scritto) e siamo liberi, siamo più liberi, o sicuramente non lo siamo di meno.

C'è «Whole Foods», una catena di grandi supermercati dedicati all'economia del cibo «naturale». Metto le parole tra virgolette perché sono due concetti che di per sé dicono tutto e niente. In pratica Whole Foods ha capito che stava crescendo un nuovo cliente in cerca di prodotti realizzati in modo diverso. Si tratta di una nuova economia che vuole prima di tutto sollevare il cliente dal senso di colpa di partecipare alla catastrofe ecologica e di contribuire all'impoverimento di aree sostanziose del pianeta. Funziona bene, non ovunque, ma a NY e a Los Angeles, posti abitati da élite di consumatori che poi influenzeranno il mondo, funziona bene. Whole Foods è un posto eccitante, come poteva essere un supermercato scintillante negli anni 60. È eccitante come tutto quello che profuma di futuro, che ci parla del mondo come potrebbe essere. Se entri oggi in un Wal Mart più che l'eccitazione ti prende l'angoscia e se entri un Apple store è il contrario, giusto? Ecco, Whole Foods è un possibile futuro del consumo di cibo e mette allegria come solo gli americani riescono a fare con il commercio (e forse gli arabi nei loro bazaar e i cinesi nei loro mercati, ma questa è un'altra storia).
Io da Whole Foods ci vado a scovare le novità in fatto di superfood. Noi italiani non abbiamo niente da

imparare da nessuno in fatto di cibo (e anche questo non è mai vero del tutto) ma a me non interessa, io mi diverto a vedere cosa hanno scoperto e ogni volta che arrivo in America mi aggiorno su qualche nuova prugna antinvecchiamento, caffè antimpoverimento, fermento lattico antiammalamento, proteina antistanchezza, e mi diverto a provare tutto. Io e la Fra ci prepariamo beveroni dal sapore misterioso e dai colori inediti fatti con le ultime scoperte nel campo dei superfood e senza farci prendere la mano è interessante perché anche un supermercato e anzi proprio un supermercato ti dice dove va il mondo molto più di quanto lo faccia un museo. Ma non è sempre stato così?

VIVA TUTTO!

«Viva tutto!!!» è un titolo fighissimo, sarà un librone.

F

Lorenzo, sì, l'iPad e il vulcano, anche questa è biodiversità.

Anche Whole Foods, a suo modo, è biodiversità.

Lo so che alcuni storcono il naso, ma a me sembra un passo importante se l'attenzione a cibi e prodotti ecologicamente migliori genera economia: è se diventa un'opportunità economica che l'ambientalismo vince, non certo se rimane una posizione morale. È se è capace di essere allegro, energetico e sexy come è Whole Foods. Perché è vero che quello che ci vendono come sexy sul mercato o alla tv generalista è triste e offensivo: però è triste e offensivo anche

tutto quello che non sa essere sexy. A me l'ecosostenibile, i mercatini politicamente corretti, fanno un'estrema tristezza, perché credono che la fascinazione sia un trucco quasi sconveniente, mentre è un'energia vitale che non può non far parte di un progetto, di un prodotto. Invece deve funzionare proprio come funziona per te e Francesca, che provate, assaggiate, mescolate.
Tutto sarà anche sempre più complesso e intricato, però a me sembra che alla fine sia semplicissimo: tutto quello che estende la vita, che vivifica la vita, è buono, invece tutto quello che la delimita o anche la intristisce è pessimo.
Viva tutto è fantastico!!!

Bolelli.
L
Pare che Satu e Ric riescano a prendere un volo domani così non facciamo saltare lo show di Washington D.C. Ottimo, il vulcano li lascia partire. Baciamo le mani al vulcano.
Oggi faccio un po' di prove senza di loro, ma sono una formalità, il grosso dello show ce lo inventiamo sul palco. Di solito in questi concerti americani si va più all'arrembaggio. In Italia negli ultimi anni ho costruito spettacoli molto articolati dove la tecnologia imponeva molto più rigore e si andava sul palco dopo molte prove, invece questa è una cosa più piratesca, non faccio nemmeno la scaletta prima, vado sul palco e decido in diretta i pezzi da suonare e ogni volta sono un po' diversi. Una cosa eccitante da fare

e spero che lo sia anche per il pubblico. L'estate scorsa è stato così. Mi piacerebbe portare questa formula anche in Europa o in Italia, ma ho paura che sia quel genere di cosa che si fa fatica a esportare, come portare la democrazia in Cina. Non tutto si può scegliere, la maggior parte delle cose ti arrivano e non serve neanche stare lì a leggerle e analizzarle, serve solo viverle e abbracciarle.
Bello quello che mi hai scritto ieri, mi è girato in testa nel pomeriggio passeggiando tra i palazzi dove si infila e si moltiplica il vento.
A zonzo senza meta e senza niente di preciso da vedere o da comprare. Un bel vivere nella primavera di NEW YORK.
Ho fatto una lunga intervista con un quotidiano di Toronto e fa effetto parlare con un giornalista che non sa nulla di chi sono, giusto conosce il fatto che a casa sono una specie di celebrità e che ho qualcosa a che fare con il rap ma poi ascolta i dischi e ha bisogno del lanternino per scovare il rap nella mia musica. Gli ho detto che il rap nella mia musica è un'impalcatura, poi dell'impalcatura finito il palazzo non resta traccia ma senza impalcatura il palazzo non avrei potuto mica costruirlo. Mi ha chiesto come mai quando si pensa alla musica italiana si pensa quasi solo all'opera e gli ho detto che dipende dal fatto che l'opera è il nostro punto massimo di espressione in quanto italiani, l'opera è stato il nostro «rock'n'roll», la nostra Hollywood, il punto in cui la creatività, l'innovazione e il mercato hanno coinciso in un prodotto perfetto e dirompente che ha influenzato il mon-

do e chiaramente la coda del fenomeno è lunghissima e in qualche modo anche io ne faccio parte. La mia musica ha dentro qualcosa che ha a che fare con l'opera, per forza, avviene prima ancora che io lo sappia. Il limite di molta musica italiana di oggi è che non è andata oltre e che anzi è la briciola caduta dal tavolo di Verdi e Puccini e poco più, ha smesso di allargare gli orizzonti, ha smesso di essere mondo per trovare consolazione (essere mondo non offre mai consolazione ma solo necessità di rilanciare sempre). Puccini ha scritto opere che parlavano di signorine giapponesi e addirittura di «fanciulle del west», ha indicato una strada che poi in pochi hanno seguito e invece lui ci stava mostrando la mappa di un tesoro tutto da scoprire. Lo ha seguito Sergio Leone quando ha pensato che l'epica della frontiera americana era il «racconto» classico del proprio tempo anche se raccontato da un trasteverino, anzi ancora di più. Perché le cose si rafforzano sempre quando vengono tradotte. Si perde qualcosa, si guadagna qualcosa, è la legge dell'evoluzione. Lo ha seguito Domenico Modugno quando con un colpo di genio registrò *Volare* arrangiando una melodia mediterranea con lo swing delle commedie di Hollywood. Qualcuno lo ha seguito e in genere chi lo ha fatto ha prodotto cose piene di vita.
I grandi fondatori di tradizioni in genere non sono tradizionalisti per niente.
Per proteggere quelli come Puccini li abbiamo uccisi, imbalsamati (senza riuscirci...).

Lorenzo,

Fscrivevo poco fa su Facebook parlando di politica, che il problema centrale dell'Italia (e della sinistra in particolare), quello che la penalizza come se fosse un nuotatore che si tuffa in acqua con i pesi alle caviglie, è la ossessiva vocazione per la continuità. Non c'è mai uno scarto, uno slancio, tutto è frenato dal timore di staccarsi dalla storia (e anche da quello di non sembrare abbastanza intelligenti, altra trappola mortale). Mentre ogni grande impresa, ogni grande progetto e passione, si compie quando è la discontinuità a spingerti. Qui da noi storicamente anche le avanguardie prima mettevano su un polverone trasgressivo e subito dopo non vedevano l'ora di rientrare rispettabilmente nel coro. Il bello è che la discontinuità non ha il minimo bisogno di mostrarsi trasgressiva o deviante, o di rompere con il passato: è per essere fedeli alla sostanza, all'essenza delle grandi opere storiche, che si deve pestare duro chi con la pretesa di proteggerle le imbalsama, le usa contro ogni possibilità di reinventarle. In Italia è davvero evolutivamente, antropologicamente necessario familiarizzare con il mutamento, spargere l'idea e il sentimento che il mutamento è naturale e la staticità è una patologia.

Chiaro che lì sei più libero di performare in diretta senza troppi schemi, anche perché se mai qualcuno arrivasse da te con aspettative definite (il cantautore italiano, o il rap, appunto) se le ritroverebbe polverizzate in un nanosecondo. Il problema lì è che i tuoi testi scivolano necessariamente in secondo piano: sa-

rebbe bello se il pubblico americano si ritrovasse fra le mani un volantino con venti-trenta frasi centrali, come fosse nel mezzo del cammin di nostra vita.
Ti abbraccio, te, le tue girls e anche il tuo iPad.

22 aprile

L

Sto viaggiando verso Washington. Stasera suoniamo in un club storico dove sono passati Nirvana, Ramones, Beastie Boys e una valanga di numi della musica che solo a sentirla nominare mi vengono i lucciconi. Un posto fighissimo in una vecchia centrale elettrica, credo, mattoncini rossi e rock' n'roll. Satu e Ric sono arrivati ieri a metà pomeriggio quindi siamo riusciti a fare un paio d'ore di buone prove e oggi facciamo un sound check lungo ma non voglio provare molto, mi piace l'idea di non sapere esattamente cosa suoneremo. Che meraviglia, Franco, non mi sembra vero di essere in giro per l'America a suonare, e nei posti più belli dove io i concerti in genere li andrei a sentire e invece stavolta sono quello che vengono a sentire.
È tutto in movimento. Se penso a dove sarò tra un anno la cosa pazzesca è che non ne ho la più pallida idea. Nel senso che di nuovo mi ritrovo ad avere intenzioni ma non scopi. L'intenzione è precisa e netta e si può riassumere nel concetto di «vivere le cose

cercando di cogliere i segni e di interpretarli, di essere fedele al mio spirito e alla mia buona stella, di essere pronto all'imprevisto, di essere pronto anche al previsto, di concentrarmi sulla forma perché il contenuto non possiamo controllarlo ma la forma almeno un po' possiamo farlo».
Stamattina leggevo un editoriale interessante di un tipo che si occupa di tendenze e costumi e lui dice che stiamo assistendo alla «fine del culto della celebrità». Da noi questa cosa è ancora poco chiara, ma qui in America mi pare una tendenza reale. Le nuove generazioni se ne sbattono abbastanza di modelli di riferimento e i ragazzi che oggi fanno la differenza sono proprio quelli che in qualche modo rifiutano il «culto della celebrità» vivendo all'interno di una rete nella quale la «celebrità» sono loro stessi. Questa è una conseguenza della diffusione dei social network ma come sempre accade è vero anche che i social network sono la conseguenza di una cosa che era nell'aria. È sempre la storia dell'uovo e della gallina. È il nuovo. E il nuovo ha sempre qualcosa di magico, come i neonati hanno, perché sembra arrivato da un viaggio interstellare o dagli abissi di qualcosa. Hai visto un bimbo appena nato? Ha le mani da vecchio e la faccia di uno che proviene da qualche parte. La verità è che i viaggiatori dal futuro, che siamo noi esseri umani, arriviamo nel pianeta con la faccia grinzosa e l'aria vissuta.
Il mio Mozart nel libretto d'opera che ho scritto per i bimbi voleva essere questo, un Pinocchio che nasce vecchio e diventa bambino.

Lo sguardo è una conquista della vita, è il grande lavoro che siamo chiamati a fare: creare il nostro sguardo, è un processo che non finisce mai durante la vita e vince chi alla fine diventa un bambino vero. Ciao capo.

F

Lorenzo, c'è sempre una possibilità di crescita in ogni cosa.

Una volta si pensava che le celebrità avrebbero lasciato il posto alle masse, ed era una impareggiabile sciocchezza, come d'altra parte l'idea che l'alternativa al lusso fosse il poverismo e che quella al consumismo fosse l'anticonsumismo. Le cose non sono andate così, le cose sono sempre più ricche, paradossali, monelle di tutti i processi logici binari. Allo stesso modo i social network hanno fatto fuori l'idea warholiana dei quindici minuti di celebrità: o meglio, quel modello – tristissimo – esiste ancora, è quello della tv generalista, dei reality e simili. Facebook mi appassiona anche perché lì la possibilità di scrivere minuto per minuto le proprie biografie personali produce una moltiplicazione della «celebrità» chiaramente più piccola, ma anche più dinamica.

Comporre in diretta la propria biografia personale sarà sempre più essenziale per i bambini, li porterà a crescere il loro senso di sé. Chiaro che c'è un rischio di autoreferenzialità, di contemplazione narcisista del proprio ombelico, ma vuoi mettere l'importanza di crescere milioni di bimbi che si sentono importanti?! Metà delle patologie psicologiche svanirebbero.

Oggi su Skype ho visto Isabella non soltanto mangiare da sola la sua banana ma darla da mangiare a Daniele: era assolutamente felice, era la prima volta che si trovava a essere lei a nutrire lui. A nove mesi si è per la prima volta scoperta «grande».

A me hanno sempre fatto un po' ridere le storie new age sul recupero del proprio bambino interiore e così via: tornare innocenti è assurdo e ridicolo. Però è vero che chi sperimenta, chi inventa, si trova sempre in una condizione di innocenza, quella di chi mette per la prima volta le mani su qualcosa di nuovo, o – se invece non è qualcosa di nuovo – è nuovo il modo in cui mescoli, reinventi le cose, il punto di vista da cui le guardi.

Il mio sguardo è sempre irresistibilmente attratto da ciò che possiede più vita, più fuochi, più energia. Ho troppo da fare con tutto quello che mi piace, per perdere tempo con quello che non mi piace. Se guardi insistentemente a quello che non ti piace, ne rimarrai prigioniero: meglio allora essere prigionieri di quello che ti piace, no? È proprio l'attitudine verso il mutamento a mettere in luce che c'è un mondo che ha bisogno di reti di protezione e un altro che non dico le farebbe a pezzi ma si slancerebbe comunque senza, un mondo che senza identità e regole stabili non sopravviverebbe e un altro che non sopravviverebbe dentro identità e regole stabili. Possedere questo sguardo capace di abbracciare l'opportunità, i margini di crescita è fondamentale: mostrare agli altri a guardare con questo sguardo è una vera missione antropologica.

23 aprile

L

Sono in autostrada nel Maryland verso Washington. Scrivo dalla macchina perché c'e il wi-fi lungo tutta la tratta fino a Miami. Niente male davvero. Pensavo a «Viva tutto!!!» mentre facevo la fila alla stazione di servizio per mangiare qualcosa e intorno a me questa solita America che ti investe con le sue mille razze e mille corpi. Questo è il paese dei corpi: grassi, perfetti, neri, bianchi, storti, strani, biondi, bassi, alti, vecchi, giovani.
«Viva tutto» potrebbe in effetti essere il titolo per il mio album, oltre che per il nostro libro. È in effetti un titolo che vale come una provocazione e come un fuoco di artificio, un titolo pop nel senso che piace a me. Un titolo che segna la sensazione che sto provando in questi anni, un titolo moderno. È una specie di salto in avanti rispetto al più consolatorio Viva la vita. Viva tutto è più ancora di *Viva la vida*, è viva tutto, ovvero proprio tutto, ovvero è uno schiaffo all'idea parziale di Minsk e di esperienza. L'esperienza è sempre totale. È il mio titolo più politico se ci penso, quello che veramente sintetizza il mio sguardo sulle cose, credo, è il titolo che mi fa pensare alla mia infanzia, al mio panorama interiore.
Viva tutto!!! Magari con tre punti esclamativi scritto come un antislogan.
Da quando faccio questo lavoro vado in cerca di titoli che possano stare bene su una maglietta o su una lattina e anche questo mi sembra che funzioni, anzi

funziona ancora di più, e poi legherebbe il disco al libro anche se il libro potrebbe avere un sottotitolo.
Viva tutto perché tutto è sempre in azione. Un titolo molto da Whitman. E proprio un'ora fa abbiamo superato un'area di servizio vicino a Philadelphia dedicata a lui. A me Whitman piace, al di là de *L'attimo fuggente* che lo ha fatto conoscere a tutti con la sua *O capitano! Mio capitano!*, lui è tra i miei giganti. A volte lo leggo prima di scrivere, per entrare in un ritmo, per sintonizzarmi con una voce.
Vabbè ancora non lo hanno inventato un iPad che puoi scriverci in macchina senza che ti venga il maldauto.
Viva tutto!!!

Lorenzo,

F viva tutto!!! (con tre punti esclamativi, sì) è un titolo che più tuo non si può. È anti-ideologico, è il superamento gioioso del pensiero binario, è il tao Thoreau Whitman. È semplicissimo, diretto, potentissimo e nello stesso tempo ti dà abbondante margine per raccontare che non è un titolo ottimista ma vitale, è una dichiarazione d'amore per la vita, è il mondo connesso e globale, è il paradigma della biodiversità, è ultramassimalista ma contiene anche i piccoli gesti quotidiani, e un sacco di altre cose che ci verranno in mente. È un titolo che fa sorridere, che accende un fuoco, che fa sgranare gli occhi (e ci sguazzerebbe anche il marketing).

Yo Frank!!!

L

Washington D.C. presa! Fuori uno!!!

Bel concerto, pubblico impazzito tutti contenti e storditi e vivificati me compreso. Era da luglio che non facevo un concerto e avevo una gran voglia e abbiamo spaccato. I musicisti americani (di Satu e Riccardo lo so) sono favolosi.

Ho viaggiato nella notte per essere a NY prima dell'alba, così stamattina anche se ho dormito poco porto la Teresa al giardino botanico di New York e lasciamo la Fra libera di farsi un po' di shopping in solitaria. Andiamo a vederci un po' di piante. Alla Teresa piacciono i giardini botanici e pure a me. A lei è rimasto impresso quello di Rio de Janeiro che è stato il primo che ha visto quando era molto piccola e in effetti quello è davvero bellissimo, uno dei più belli al mondo. È anche bello quello di Londra a Kew Gardens e questo di New York non so come sia ma sarà comunque un giardino botanico e qualcosa di bello ci sarà. Mi piacciono le serre con le piante tropicali dove si vedono piante tipo quella del caffè o il cacao o la vaniglia o la cannella o tutte le spezie che noi usiamo in cucina ma non sappiamo quasi mai che faccia hanno, come se la passano. La pianta del tè è bella. Io non sapevo che l'ananas crescesse a terra come un cocomero, forse l'avrei immaginato su un albero. E la pianta dell'anacardo è un alberello e la nocciola è una escrescenza di un frutto rosso che sembra un peperone e sa anche di peperone ma molto dolce e si può anche mangiare. Se mangi un anacardo senza averlo tostato ti può provocare una spe-

cie di ustione alla bocca, a me chiaramente è capitato perché io metto in bocca tutto quello che trovo per sentire che sapore ha.
Nessuno ancora ha saputo rispondermi a questa domanda: se lecco un iceberg nel mare artico o antartico sarà salato o no?
Alcuni dicono salato altri dicono che il mare è salato ma l'iceberg è ghiaccio dolce.
Misteri.
Stammi più che bene,
Viva tutto!!! (Anche l'iceberg e l'anacardo non tostato.)

Lorenzo,

Fnon sai quante volte negli ultimi tempi mi sono ritrovato a insultare i miei professori di scienze del liceo, per avermi presentato biologia chimica fisica e quelle cose lì come astratte materie di studio. Oggi mi mangio le mani, non soltanto perché faccio figure imbarazzanti (la mia incantevole quasi moglie un giorno mentre attraversavamo la campagna ha dovuto spiegarmi costernata – mentre io la guardavo incredulo – che grano e granturco non sono la stessa cosa: io pensavo che il grano stesse al granturco come Jim sta a James o Toni ad Antonio) ma innanzitutto perché nella biologia, nella chimica, nelle piante e nelle correnti marine, c'è dentro tutto quello – senso, metabolismo – che poi ritrovo nelle nuove tecnologie, nel funzionamento dei social media, nelle dinamiche del mondo connesso, e anche nelle musiche che mi prendono di più. Ogni giorno che passa sto attribuendo sempre meno importanza alle dinamiche sociali e culturali perché tutto mi sembra scandito, orientato, plasmato dal processo biologico in tutte le sue forme e modalità. Un giardino botanico mi fa capire meglio Facebook, così come capisco meglio le relazioni fra esseri umani sulla base della chimica. Ora vado a cercare in rete – anche se lo avrai già fatto tu – se qualcuno ha leccato un iceberg.

24 aprile

L

Il Botanic garden è spaziale. Piccolo e gustoso con la parte tropicale molto calda e umida come piace a me. Alla Teresa è piaciuto molto e abbiamo reso omaggio all'albero del cacao con un piccolo rito di ringraziamento. La biodiversità è «the real thing». Parlavo con la Teresa del fatto che la natura si differenzia attraverso molte forme per sopravvivere, è una strategia, un po' come facevano le vecchie famiglie che facevano tanti figli (poi hanno scoperto altri modi per espandersi). E come fanno i grandi imprenditori. Ci sono quelli che investono sia nell'industria dei coltelli che in quella dei cerotti e questa cosa l'hanno imparata dalla natura che fa così dall'inizio dei tempi. La differenza è vita perché moltiplica le possibilità della vita.

Oggi ero seduto in un bar in una libreria su Spring Street, un posto pieno di newyorkesi di downtown che lì ci passano tempo leggendo libri a sbafo e attaccandosi in rete coi portatili (al costo nemmeno obbligatorio di consumare un tè o un caffè). Dalla vetrata vedevo passare il fiume degli umani e c'era un bel sole primaverile schiarito dalla tramontana. Pensavo che tutti gli umani che vedevo passare e che erano intorno a me e io stesso tra 90 anni, voglio essere di manica larga, saremo tutti morti e questo pensiero però sembrava non sfiorarli nemmeno (tranne a me ma è durato un attimo). Ognuno era intento a seguire il proprio percorso e a mettere in fila una sequenza di senso imperscrutabile e anche indiscutibile. Qui forse sta la magia dell'essere umano, nel servire la biosfera con la coscienza reale della morte in grado di essere sospesa. Mio fratello Umberto volando con gli ultraleggeri rischiava la vita ogni giorno ma questo non gli ha impedito di continuare a volare fino all'ultimo attimo e noi tutti in qualche modo siamo in volo e quello che conta è il volo così come per l'albero di cacao è produrre la sua razione di frutti per stagione. Il volo è un tipo di amore, è una passione, e nelle passioni è il destino. In questo sta il miracolo e il mistero, la vertigine e la voragine, il terrore e la meraviglia.
E l'unica risposta, scusa se ora tocco questa cosa, l'unica nostra possibilità in tutto questo, è l'amore.
Lui, proprio lui. LOVE.
L'amore è la forma possibile di eternità nell'attimo.
Solo lui, in ogni sua forma.

Ho stretto a me la Teresa quando è tornata dal reparto dei libri per bambini. Siamo usciti e siamo andati a comprarci un bel paio di scarpe rosse.

Lorenzo,

Fa me amare qualcuno o qualcosa al cento per cento sembra poco più che timbrare il cartellino. In qualunque situazione – figli, sentimenti, sesso, progetti, passioni – per me non esiste niente di meno del centocinquanta per cento, del trecento per cento. L'amore esiste se è iperbolico, incondizionato, se è fino in fondo, se accetti di bruciarti. Non ci può mai essere calcolo né risparmio né moderazione. Non c'è niente di aureo nella mediocrità per quanto piacevole, ed è vero che in mezzo ci sta la virtù, però ci sta soltanto quella, poca roba. Non può essere difensivo, consolatorio, non è un rifugio o un risarcimento, non è – mai, per nessun motivo – un modo per colmare una mancanza (tantomeno due mancanze). L'amore è un'impresa. Lo devi sentire come un'impresa, costruire come un'impresa. Devi essere pronto a fare cose dure per amore, a proteggerlo in ogni modo: un amore che non ha grande coraggio, che amore è? Un amore che mette condizioni è già un tradimento.

È come dici tu, l'eternità nell'attimo. L'infinito nell'istantaneo, attraverso l'istantaneo. L'amore è un'impresa espansiva, ti porta alla totalità, ti trasmette il senso di tutto, e del tuo posto in questo tutto. E nello stesso tempo è ogni singolo istante, ogni singolo gesto, ogni sguardo, ogni slancio. È quando tuo figlio, tua moglie, riescono quando li guardi a farti sussultare venti secondi dopo che ti hanno già fatto sussultare, e sai che accadrà ancora fra venti secondi, e ogni volta, perché questo istante può superficialmente sembrare uguale a quello di prima ma invece è nuovo, è un'altra pulsazione, un altro respiro. È quando gioisci delle cose che scrivi o che canti non perché sono belle, non perché sono riuscite bene, ma perché dentro sai che hanno vita, sai che sono eternità nell'attimo. L'amore guai se non lo prendi dannatamente sul serio, e guai se non è gioioso, sorridente, sfrontato. Questo libro che stiamo facendo è davvero una dichiarazione d'amore per la vita, ed è il paio di scarpe rosse di Teresa.

L

Franco! Sono sveglio da poco e guardando l'ora potresti essere a far colazione con il tuo portatile sul tavolino. Oggi è sabato e Milano al sabato sorride e sonnecchia. Bella sensazione che conosco bene. Qui tutto bene, stasera c'è il concerto al Webster Hall (locale storico dove registravano i dischi di Elvis e di Sinatra) e mi sa che è sold out.
Ieri sera una mia amica marocco-franco-israelianonewyorkese che lavora nella musica da tanti anni ha organizzato un party in mio onore sul rooftop del Cooper Hotel, un albergo nuovissimo fatto da un architetto di questi famosi. Una penthouse di vetro circondata da una terrazza a 360 gradi con intorno tutta New York. Uno di quei posti che si vedono nei film dove c'è la banda dei gangster che bisbocciano

poi irrompe l'uomo ragno arrivato dal cielo e succede il finimondo con esplosione finale e fanciulla che precipita e lui che la salva in extremis.
C'erano un centinaio di invitati del mondo dei media e dovevamo suonare due pezzi acustici io, Satu e Ric, e invece dopo un'ora eravamo ancora lì che si erano uniti a noi i miei due percussionisti bahiani trasformando il set di vassoi in roba da suonare. Li abbiamo fatti ballare fino a che non è salito il manager dell'albergo a chiederci: *Please can you stop?*
Non sto cercando di diventare «famoso in America» per appendermi questa medaglia alla giacca, ma sto continuando a servire la mia musica, come ho sempre fatto da una trentina di anni. Mi piace suonare, mi piace scrivere canzoni, amo creare occasioni di festa e di «celebration» (come si dice qui) ovunque sia possibile e con chiunque sia possibile. Ho suonato nelle carceri e tra i guerriglieri della selva, per i vecchietti dell'ospizio e nelle scuole elementari, nella penthouse di New York e nelle cantine di casa mia, ho suonato per un pubblico fatto di una persona e di fronte a una piazza di quasi due milioni di persone, insomma la questione è semplicemente che quando c'è un gruppo di persone, piccolo o grande che sia, riunito in un posto la cosa che mi è più congeniale è fare la parte di quello che si occupa della musica.
New York è un luogo dove ci sono molte più connessioni che da altre parti e questo la rende speciale per uno come me. È la Corinto dei nostri giorni, è Roma duemila anni dopo, è Firenze 500 anni dopo, è Parigi agli inizi del novecento, è Shangai come for-

se sarà tra qualche anno. San Paolo oggi avrebbe di sicuro scritto una «lettera ai newyorkesi» e alla messa il prete leggerebbe «... dalla seconda lettera di san Paolo ai newyorkesi...» perché san Paolo è stato uno dei più grandi comunicatori della storia e serviva il suo Dio, e pure io tento di farlo.
La gente è la stessa ovunque nel mondo quando si tratta di musica e quando io me la trovo davanti cerco di stabilire un contatto il più possibile autentico perché si apra una porta e passi la sensazione di essere vivi e l'impressione se pur fuggevole che non sia affatto male esserlo.
Il pensiero del profumo dei pasticcini di Cucchi mi ha messo fame. Mentre le mie ragazze dormono scendo a comprare un po' di colazione.
Yo!!!

F

Lorenzo, stavo proprio finendo di scriverti dal mio tavolino prediletto quando è arrivato il pop di questa tua email...
È una splendida attitudine, la dedizione. Tu con la musica rispondi al tuo richiamo della foresta. Guai a chi non risponde al suo richiamo.
Il graal, rubare il fuoco agli dèi, sconfiggere il drago e salvare la principessa, cavalcare l'onda più alta. Tu sul tetto del Cooper Hotel, con New York lì sotto. Al centro ci deve essere un fuoco, una missione. Chi è in missione ha una forza superiore. Poi è chiaro che non tutte le missioni sono uguali, anche i peggiori fanatici sono in missione: noi possiamo batterli se

le nostre missioni sono più vive, più energetiche, più eccitanti. Non c'è potenza più grande di quella che nutre la vita, che scatena i centri vitali. Condividi il fuoco, stasera alla Webster Hall.

25 aprile

Ci siamo svegliati che piove a dirotto. Oggi vado a Philadelphia.

L

New York colpita e affondata!

Un bel concerto in un posto che suona già da vuoto. Noi in Italia abbiamo splendide chiese medievali rinascimentali barocche, abbiamo teatri all'italiana costruiti nell'800 che sono veri e propri strumenti musicali che contengono le persone, abbiamo cantine dove riposano vini che poi girano il mondo, abbiamo tante cose ma per vedere un locale rock come Dio comanda bisognava essere nel Western Hall ieri sera. Il posto è magico e noi siamo stati all'altezza e lo abbiamo omaggiato con un concertone totale. Il livello di una band si gioca su equilibri abbastanza strani perché alla fine il musicista singolo a parte il momento in cui fa un assolo (che però hanno ragione le donne a rompersi le palle negli assoli perché è la musica che conta, è la struttura, la canzone, il groove), a parte quel breve o lungo momento, il musicista deve essere al servizio della musica e basta. I

grandi ego nella musica funzionano solo se si fondono con qualcosa di più grande che contengono e li contiene, una cosa che chiamerei musica, un'idea da servire, una dea da celebrare. Un musicista ha in sé qualcosa di più grande di lui e quando suona per la musica in genere suona bene e arriva anche tutto il resto (il successo, le donne, i soldi, le giacche fighe, i capelli col ciuffo, i premi, le gratificazioni, i dubbi, le svolte, le trasformazioni). Il mito secondo il quale la droga fa suonare meglio è una grande stronzata, una delle più grandi stronzate raccontate nel 900. Ho sentito musicisti strafatti suonare malissimo e la cosa non sta in piedi. È anzi il contrario, ovvero che la musica ha bisogno di andare oltre la lucidità e oltre la lucidità non c'è lo sballo ma la superlucidità che è uno stato che i musicisti conoscono, la sospensione del tempo e dello spazio, la sospensione del giudizio, la presenza totale nell'attimo. L'idea che con un po' di chimica aggiunta si possa diventare tutti John Coltrane è una gran cazzata. Il problema di Coltrane e di quelli come lui (anche quando non sono geni) è che il talento è un *daimon* e i *daimon* ti mettono alla prova e una via può diventare quella di tentare di non farci i conti, perché uno come Coltrane in quegli anni avrebbe avuto difficoltà, dopo aver registrato *A love supreme*, per esempio, ad andare a fare la spesa o a litigare con la moglie o a rifare la patente in un ufficio e allora cercava di risolvere il problema in qualche modo non potendo suonare il sax 24 ore al giorno (anche se lo faceva dicono per molte ore).
I tempi cambiano e oggi un musicista deve essere più

lucido di un chirurgo per poter scollinare dallo stato di lucidità e diventare quello che sta facendo, scomparire nella luce della musica che contribuisce a creare e dalla quale è creato.
Gli uomini hanno a che fare da sempre con le sostanze psicotrope psicoattive e stupefacenti e non sarò certo io a condannarne l'uso in assoluto. Io parlo per me. Hanno trovato segale cornuta (da un fungo parassita di questa pianta Hoffman ricavò l'Lsd) nei luoghi dove si celebravano i «misteri eleusini» in Grecia 2500 anni fa. Il problema nasce al momento in cui si esce dal «recinto del sacro», fuori da lì le droghe sono puro consumo mortificante e denaro alle mafie, e chi è oggi che stabilisce dov'è questo recinto? In questa parte di mondo siamo noi a farlo, individualmente, e questo genera una grande questione che impone di essere lucidissimi per potersi lasciare andare alle visioni. Chi sono i nostri sacerdoti? Sono i cantanti? Non fatemi ridere. I politici? Ma per favore. Le gerarchie religiose? Ho i miei dubbi. I nostri sacerdoti li dobbiamo scegliere di volta in volta, con lo spirito del viandante accorto, e ci vuole la lucidità, lo sguardo brillante, lo scatto di un felino. Chi è che disse «siate astuti come serpenti e candidi come colombe»? Pensare che gli davano del freakkettone.

Lorenzo,

F ho sempre inseguito la possibilità di condivisioni forti fra caratteri indipendenti. Il gioco di squadra, o la band, che invece di sublimare le personalità individuali le scatena. Per secoli siamo rimasti fermi lì: da una parte della linea c'era l'individualismo, dall'altra la comunità. Di qui la libertà insofferente del singolo che si distacca dalla massa, che si fa strada attraverso e anche contro le appartenenze collettive. Di là i popoli, le religioni, le ideologie, le identità sociali, e anche le squadre con la loro stretta soffocante. Di qui il precipizio verso l'egotico asociale se non antisociale, di là le sabbie mobili del sacrificio del singolo nella causa comune. Forse perché un tempo mi affascinavano le riunioni fra gli dèi dell'Olimpo, fatto sta che ho sempre creduto che quando si crea una chimica fra personalità indipendenti e forti lì si apre un orizzonte più ampio della relazione fra individuo e gruppo. Il rock – quello più coraggioso – ha sempre creato dinamiche sonore estremamente ricche. Mentre ho sempre trovato stucchevole la struttura del jazz, con il tema esposto collettivamente e poi il giro degli assoli, troppo prevedibile.

Contrariamente a tante dottrine spirituali e sportive, a me piacciono gli ego. Solo che non devono essere egotici. Il musicista che insegue soltanto il suo assolo così come il giocatore che pensa soltanto al suo gol o alle sue statistiche sono banali. A me appassiona il playmaker che trova la sua più grande realizzazione personale nella felicità della squadra, mi appassionano gli ego che alimentano altri ego, e quelli che – esigentissimi con se stessi – sono esigentissimi anche con i propri compagni spingendoli a dare il meglio.

Allo stesso modo, è essenziale che un musicista, un progettista, un giocatore trovi equilibrio, simbiosi, coevoluzione, fra fuoco e lucidità. Michael Jordan se la giocava con intensità bruciante e nello stesso tempo ti dava sempre l'idea di sapere esattamente dove il gioco stava andando. Non ho mai sopportato la retorica dell'artista deviante, primo perché ha prodotto un mucchio di puri e semplici devianti che se la tirano da artisti, e poi perché il talento non è un lasciapassare, è una responsabilità superiore.

Allo stesso modo, ho sempre trovato le droghe, l'alcol, il fumo, l'ideologia dello sballo, banali e mediocri. Non è moralismo. Sarà che sono cresciuto con l'orgogliosissima idea di fare tutto con le mie forze, senza dipendere dall'esterno. Sarà la formazione sportiva, la confidenza nelle risorse del mio corpo. Fatto sta che semmai cerco di essere pienamente in me, dentro di me, piuttosto che fuori di me. Poi se qualcuno in un certo momento della sua esistenza ha bisogno di appoggiarsi a sostanze o luoghi o idee esterne, figurati se non lo capisco: quello che non sopporto è che poi ci costruisca sopra una retorica.

26 aprile

Bolelli!!!

L nella città di Rocky abbiamo fatto il nostro dovere. Abbiamo anche omaggiato lo Stallone italiano suonando una versione della colonna sonora

di Bill Conti. Rocky è uno dei miti fondanti della mia visione del mondo e per me Philadelphia significa Rocky. So che non sto parlando di un capolavoro della storia del cinema ma per me *Rocky* e *La febbre del sabato sera* sono sangue del mio sangue. Forse se sono qui a suonare lo devo in parte all'allegria di quei film che raccontavano in modo semplice e pop la possibilità di farcela. Sono film nutrienti per lo spirito di un ragazzino, sono Nutella per gli occhi, e io ogni volta che Rocky grida Adriana immancabilmente non trattengo le lacrime.
Oggi devo preparare la chiacchierata di domani di fronte agli studenti di Harvard ma non scriverò nulla, preferisco andare a braccio e decidere cosa dire quando vedrò chi ho di fronte. Il prof che ha organizzato la cosa mi ha solo detto che ci saranno ragazzi interessati ai diritti umani che non sanno chi è Jovanotti e ragazzi interessati a Jovanotti e alla musica che non sanno nulla di diritti umani. Niente male.

Lorenzo,

F oggi Daniele ha postato su Facebook il suo «odio» per *Mad men* che ha appena cominciato a vedere: qualcuno si è sorpreso perché è una bella serie, ma io so che lui è cresciuto con un'attitudine epica, alimentata da decine di *Conan il barbaro* e Bruce Lee e così via, e storie e personaggi senza forza mitologica e senso dell'impresa non sono fatti per lui. Credo che per un ragazzino questi siano materiali di iniziazione essenziali: una cultura senza epica è asfittica, è questo che rimprovero spesso agli accademici e agli intellettuali che non sanno suscitare una sola pulsione epica, un solo slancio *bigger than life*. Poi è chiaro che gli eroismi che un ragazzino vede al cinema deve essere capace di tradurli crescendo in comportamenti quotidiani, in scelte concrete, in una generale attitudine verso il mondo e la vita: ma intanto chi cresce con *Conan* e *Rocky* si ritrova ad Harvard continuando a credere in *Rocky*. Vorrei fare il tuo secondo all'angolo, quando salirai in cattedra.

27 aprile

L

Partiamo per Harvard. Oggi c'è la mia «lesson» sui diritti umani e la musica. Ieri ho parlato con il prof che sarà lì a introdurmi e mi ha avvertito che ai ragazzi di Harvard piacciono le cose «challenging» quindi nella fase delle domande mi metteranno alla prova. Io non chiedo altro che essere messo alla prova, sono 43 anni che cerco gente che mi metta alla prova. Cercherò comunque più che altro di restare nella mia esperienza personale e basta, raccontare quello che provo quello che so e quello che pensavo di sapere e poi era diverso da come pensavo che fosse.
Certo che il tema è stimolante e spinoso: i diritti umani e la musica leggera, ma detto così fa più im-

pressione di quello che realmente è. Si tratta in fondo sempre di vita e di cose di questo pianeta. La più grande delle battaglie a favore dei diritti umani resta sempre quella di viverli e praticarli fino in fondo qualora si è nati in un pezzo di mondo dove sono pienamente riconosciuti, giusto? Viverli e praticarli se uno fa musica, se uno fa il muratore il chirurgo il ballerino di liscio o il filosofo. Non si tratta solo di parlare di diritti umani ma di praticarli veramente.

Lorenzo,

F io credo che il principale, fondamentale diritto umano sia quello di essere importante: la tua vita conta, è significativa, ha valore. Fin da bambino/a: sei amato, sei al centro della attenzione, ti senti badato. Poi quando cresci non sei soltanto un numero, non fai un lavoro che chiunque altro può fare al posto tuo, non sei sostituibile. Qualcuno potrebbe pensare che così cresci egocentrico: io al contrario credo che l'egocentrismo sia essenzialmente difensivo, e che invece è proprio quando tu sei consapevole del tuo valore e della tua unicità che sei molto più disposto a riconoscere il valore e l'unicità degli altri diversi da te. Uguaglianza è un concetto estremamente pericoloso: tu devi poter avere uguali diritti, ma devi poter essere trattato come unico. Invece troppo spesso prevale un'idea di uguaglianza che tende ad appiattire, a uniformare. In questo senso, tutta la musica che ti fa sentire vivo, che ti dà una sensazione di forza, è musica per i diritti umani.

Poi è chiaro che ci sono i diritti politici e sociali, e soprattutto nei posti dove vengono negati o limitati devi combattere: però si combatte meglio se ci si sente più forti, non se ci si sente disperati o rabbiosi. Troppe sacrosante lotte sono finite male proprio perché combattute da umani deboli, soltanto rabbiosi o resistenti. Combattere per i diritti umani è giusto e necessario: però è meglio vincere per i diritti umani, e per vincere c'è bisogno di tutto quello che ti rafforza.

30 aprile

Yo Franco!

L Sono in macchina verso New York da Boston. Ad Harvard è stato come dire… molto americano nel senso più pieno del termine. Il solo entrare negli edifici di Harvard ha qualcosa di emozionante anche per uno che ha strappato un diploma di liceo scientifico all'ultimo minuto. Mi ha ricordato il Vaticano, dove sono cresciuto e dove da piccolo entravo e uscivo con un cenno di saluto alle guardie svizzere neanche fossi un cardinale.

Harvard è un luogo dove si avverte un potere di qualche tipo. In quel posto si forma la classe dirigente del «mondo». Credo sempre che i muri respirino e assorbano e restituiscano quello che avviene nei posti. Harvard è un tempio della conoscenza e della

libertà, e parlare agli studenti è sapere di stare di fronte a gente che prenderà decisioni che influenzeranno la vita di molta altra gente. Il culto americano per la leadership ha qualcosa di comico e qualcosa di molto serio e ammirevole. Il sistema di selezione delle leadership in questo paese funziona e i frutti si vedono.
A Boston abbiamo incontrato una amica mia e di Francesca, una ragazza ormai donna con due figli con la quale io sono cresciuto, una mia cara amica che venti anni fa si laureò in fisica a Firenze con ottimi voti e le fu offerto di unirsi a un gruppo di ricerca a Chicago e lei partì da Cortona con la famosa valigia di cartone. Dopo un paio di anni ha presentato un suo progetto di ricerca al governo americano relativo alla sperimentazione di nuove tecnologie per la ricerca sullo sviluppo del cervello in età prenatale e nei primi mesi della vita. Il governo le ha finanziato la ricerca e lei ora dirige un dipartimento in una delle più importanti università del mondo. Insomma una storia bellissima di cosa significa l'America e la loro capacità di selezionare le leadership. Qui contano le idee e le energie non conta da dove vieni chi sono i tuoi genitori e i voti che hai avuto a scuola, se hai un progetto e un'idea ti ascoltano e magari ti finanziano. Ci raccontavano a cena che in Usa il sistema delle raccomandazioni non è un vizio ma la regola, e proprio per questo funziona benissimo ma funziona perché è un vero sistema di raccomandazioni dove chi raccomanda ci mette la faccia. Una lettera di raccomandazione qui ha un vero valore, cioè non si rac-

comanda qualcuno per fare un favore a quel qualcuno ma prima di tutto per fare un favore al destinatario della lettera. È una cosa che mi piace.
L'America. Ci sono anche le controindicazioni. È un paese duro che non perdona e che ti costringe a lavorare e a non mollare mai e fabbrica grosse sacche di disperazione, più consistenti delle nostre. Qui non ci sono le mamme a coccolarti. Anyway.
Il mio speech ad Harvard è stato applaudito. Farlo in inglese mi ha costretto alla sintesi e questo ha giovato. Ho incontrato una professoressa di italiano che fa studiare i ragazzi usando anche le mie canzoni, una donna afroamericana pazza di Dante alla quale ho detto che non può non conoscere l'*Orlando furioso*. Oggi credo che ne stia scaricando una versione pdf con tutta la pubblicità che ho fatto al vecchio Ludovico.
Ieri abbiamo suonato al Paradise, un locale storico di Boston. Se vedi la lista di quelli che ci hanno suonato negli ultimi trent'anni viene da ridere, scorrendola ho notato Police Frank Zappa Bruce Springsteen Nirvana Rem Pearl Jam ecc. ecc. ecc.
Quello che colpisce di questi rock club alla Cbgb è la dimensione. Piccola. E quello che colpisce è la dimensione del mito che in questi club si è generato. Enorme.
Questo dice alcune cose sul mito e sulla realtà. Le cose per essere rilevanti non devono essere grandi ma avere una grande energia. Punto. Il rock è come il cristianesimo e come la nave degli argonauti e come la guerra di Troia. Un evento piccolo di poche centinaia

di persone. Un uomo da solo può cambiare il mondo. Un uomo da solo può generare un intero universo. Un giorno ho visitato Troia sulla costa di quella che ora è la Turchia e si resta colpiti dalle invalicabili mura di Troia che sono un muretto di cinta che circonda uno spazio grande come il mio giardino.
Tutto il resto sono frottole.
Quando ascoltiamo il live di John Coltrane al Village Vanguard bisogna pensare che il Village Vanguard è un buco e che quel concerto è stato registrato di fronte a poche decine di persone anche se le sue dimensioni mitologiche sono ormai immense. Mi viene sempre in mente la Gioconda. È un quadretto ma le sue dimensioni nel mito sono impressionanti.
Basterebbe questo a spazzare il campo da ogni possibile tendenza alla lamentela. La cultura della lamentela è molto radicata specialmente da noi ed è quanto di più negativo ci può essere.
Però fa piacere, molto piacere, vedere come poi gli italiani nel mondo si fanno davvero valere e quando entriamo nel sistema rigido di questo paese con la nostra capacità anarchica ed elastica di essere rilassati mentre tutti fremono, in genere sbanchiamo. Tu ne hai un esempio in casa.
Ieri non sono potuto andare perché suonavo, ma mi avevano invitato al Mit dove David Byrne presentava una bicicletta elettrica che si ricarica pedalando e andando in discesa progettata da un ingegnere italiano.
Insomma alla fine di questo lungo discorso mi viene ancora da dire quindi VIVA TUTTO!!! nel senso che il nostro sistema così com'è ha generato una mutazio-

ne genetica che ci fa essere speciali nel mondo. Non credi che sia così? Qualche altro anno di Berlusconi, e un italiano diventerà di sicuro presidente degli Stati Uniti!!!
Sono contento amico mio, ho con me le mie due ragazze e ringrazio il cielo per quello che apparecchia sempre davanti.
Oggi in macchina ho ascoltato i demo del disco e mi piace, i pezzi reggono la prova highway americana.
Li lascio ancora riposare un po' prima di andare avanti a scrivere e a mettere a punto.
Verrò a registrare qui il mese di agosto. Domani vado a vedere uno studio.
T'abbraccio.

Lorenzo,

F ho sempre pensato che se un italiano di talento ha voglia di rischiare, di allontanarsi dai piccoli confortevoli piaceri, di giocarsela pragmaticamente sulla frontiera, allora ha una marcia in più. Se prendi il loro spettacoloso senso del fare e ci frulli insieme un po' di apertura e flessibilità, il risultato è irresistibile. Pensa d'altra parte alla California: lì il pragmatismo americano lo sposano con più giocosità ed eccitazione – *Californication* – e sono più avanti, inventano tutto. È da un po' che penso che vorrei fare un festival sugli italiani che ce la fanno in America: non soltanto perché sono sempre storie molto belle, ma perché rappresentano un prototipo evolutivo più avanzato.

È strano, sono un perfetto prototipo di «mamma» italiana iperprotettiva, però poi mi identifico anche con il modello americano della responsabilità individuale-niente alibi-porta a casa i risultati. Anche in questo caso, si tratta di sostituire la *o* con la *e*, di sposare l'iperprotettività con l'iperresponsabilità. Lì dove sei adesso è tutto più chiaro, più diretto, più faccia a faccia. È ammesso l'errore ma non il trucco, la furberia. È un modello più duro, però generalmente ti premia di più: la storia del paese delle grandi opportunità sarà anche uno stereotipo ma è uno stereotipo vero. Se dai tutto te stesso, è più probabile farcela lì piuttosto che altrove.
La questione della leadership è come la racconti tu, lì c'è rispetto e culto per chi guida un'impresa, ogni impresa. Tanto più che nella maggior parte dei casi hai la certezza che questi personaggi si sono meritati passo su passo la loro preminenza, se la sono conquistata sul campo, e così ti dici che se ce l'hanno fatta loro ce la puoi fare anche tu. Quando vado a fare conferenze dove ci sono giovani studenti, mi rendo conto che spesso hanno idee e talento, ma si sentono invischiati in un sistema – mentale e pratico – che non favorisce l'eccellenza, non la motiva, ma semmai la deprime. È per questo che mi interessa raccontare il punto di vista dell'opportunità, la possibilità di familiarizzare con il mutamento, la assoluta naturalezza dell'innovazione. L'idea che i «creativi» devono essere bizzarri, di avanguardia, stravaganti, non al centro ma ai confini, continua a fare danni irreparabili.

1 maggio

Franco, conosci il «San Francisco Panorama»?

L

È una rivista diretta da Dave Eggers, quello che ha fatto anche «The Believer». L'ho comprata ieri in libreria e la sto leggendo con ammirazione. Riesce a unire il piacere dell'avere tra le mani un oggetto prezioso che ha l'aria di essere nato dal lavoro accurato di persone con le quali prenderei volentieri un caffè alla sensazione di qualcosa di leggero e di molto fresco e profumato.

Questa è forse l'unica possibilità oggi di fare un giornale di carta, intendo quella di farlo esistere prima di tutto come oggetto, come se fosse una scultura, un cuscino, un piatto di spaghetti. Dave Eggers deve essere uno in gamba, scrive molto bene e scrive di tutto. Ho letto un suo libro tempo fa, *Eravamo solo ragazzi in cammino* e mi ha entusiasmato.

Sono seduto in aeroporto, aspetto di volare a Montreal, Canada.

Una cosa che colpisce e contagia degli Usa è la loro scarsa attenzione per la memoria. La memoria breve e il futuro breve dominano l'immaginario di questo paese e questo permette loro di governare l'immaginario del mondo, non credi che sia così? Qui la storia non è «maestra di vita» ma solo uno scaffale da aprire in occasioni rituali e da richiudere subito. Io sono sul crinale tra la loro visione e la visione del paese dal quale provengo e in fondo mi interessano entrambe le visioni. Un paese che ha nella sua costi-

tuzione la parola felicità non può essere interessato alla storia, anzi deve poter vivere senza.
Rispetto a quello che ci scrivevamo ieri sulla loro mania per la leadership ho sentito dei racconti sulla selezione per entrare nelle grandi università e nelle scuole «buone» che farebbe pensare a un tipo di eugenetica ma non la metterei giù così dura. Comunque c'è questa storia degli «hook» che in pratica sono tra le cose più importanti nelle domande di ammissione. Un hook è un gancio, qualcosa che possa valere per te come caratteristica che ti differenzia dagli altri rendendoti un papabile leader in qualcosa. Per esempio avere un brevetto di nuoto è un hook perché così puoi insegnare nuoto a qualcuno e quindi essere un leader e di conseguenza un motivatore degli altri. Un hook buono è quello sportivo ma anche sapere due o tre lingue è un buon hook, oppure saper suonare uno strumento. Sulla questione di essere in grado di motivare gli altri qui ci puntano parecchio. Stavo pensando ai miei hook in età scolastica e non me ne viene in mente nessuno, quindi questo sistema funziona fino a un certo punto, perché gli hook che contano di più non hanno un nome. Io non avevo nessun hook evidente eppure dentro avevo un fuoco che mi faceva incendiare tutto quello che toccavo.
Stasera suoniamo lassù in Canada, non ci sono mai stato. La Fra e la Teresa invece partono per l'Italia, che la Teresa ha già perso due settimane di scuola ed è bene che torni tra i banchi anche se girare il mondo è comunque una bella lezione.

Bella l'idea di un festival sulle storie di quelli che fanno progetti all'estero. Io ci sto.

F Lorenzo, quando i giornali americani fanno in prestagione i pronostici per i campionati analizzando le diverse squadre, ci mettono tutti gli ingredienti bene allineati: attacco, difesa, coach, rimbalzi, atletismo. E poi aggiungono una voce – «intangibles» – che alla fine è quella che fa sempre la differenza. Gli *intangibles* non c'entrano con la fortuna o gli infortuni o con il caso: sono gli elementi che non si possono misurare e che non vedi a occhio nudo, il carattere, la capacità di reagire sotto pressione, cose così. Kobe Bryant ad esempio dice che quello che fa la differenza fra lui e gli altri è la sua insaziabilità. Chiaro che devi avere skills tecnici e fisici, che devi allenarti, avere questa e quella qualità: ma poi a determinare la differenza – profonda, incolmabile – fra un grande talento e uno dei più grandi di sempre, fra il successo mondano e la mitologia, è l'insaziabilità, che al momento buono ti dà una spinta in più, ti fa superare la fatica e il dolore. È come dici tu, senza grandi hook non vai avanti, ma poi devi possedere e dispiegare un qualcosa in più, un fuoco, una forza assolutamente indefinibile. Nel tuo caso, e in quello delle persone che amo di più, è il particolare, intensissimo, irresistibile rapporto con la vita. Quella naturale vocazione a spingerti verso tutto ciò che è vivo e che vivifica e che espande la vita e i centri vitali, e a tenerti lontano da tutto quello che invece no.

Sulla memoria devo trattenermi, perché tutti già mi accusano di disprezzare il passato e la storia e quelle cose lì. Ovviamente non è vero: è semplicemente che qui da noi tanti parlano di storia e di memoria e si preoccupano se ce ne distacchiamo tanto così, e allora a me sembra molto più necessario evidenziare quanto abbiamo bisogno di slanci, di discontinuità. Tanto più che quella dell'imparare dalla storia a non ripetere gli stessi errori del passato è una colossale sciocchezza, perché la storia ha sempre trovato modi nuovi per realizzarsi, non ha mai ripetuto gli schemi di prima. A me affascina semmai la memoria biologica, tutto quello che si è depositato nel nostro dna, tutti i materiali genetici e storici e culturali e questo e quell'altro che ci hanno fatto diventare come siamo. In questo senso non penso affatto che la memoria sia inutile: però con tutte le mie forze credo che la memoria, la cultura, la conoscenza siano inutili se non sono capaci di nutrire, di spingere, di creare il qui e ora, il nuovo, le evoluzioni singolari e condivise.
A me verrebbe naturalmente da dire che il problema non è affatto la memoria, ma chi la usa per bloccare la vista dell'orizzonte, per narcotizzare ogni spinta propulsiva. Però vorrà pur dire qualcosa se loro – che non sono legati alla memoria – sono quelli che da decenni inventano tutto. Per loro la storia è quella che stai facendo. Per loro la memoria è una corrente, non una catena. Saremo capaci di creare una memoria dinamica e non statica?

Sono a Montreal in Canada.

L

Alla dogana sono gentilissimi e ti dicono pure «enjoy your stay», a differenza degli Usa dove ti fanno sentire un terrorista. È una questione di pressione, quando esci dagli Usa verso uno dei paesi confinanti è come se uno aprisse la valvola. Cala la pressione, tutto si rilassa, gli Stati Uniti sono iper in tutto, è un paese dove regna una perenne tensione di qualche tipo, intendo una tensione in senso letterale e non negativo o positivo. È la loro forza ma fa anche un po' ridere. Il Canada è come quello che mangia il gelato a bordo pista mentre il campione è lì tutto concentrato, a me ha dato subito questa impressione e sono qui da tre ore. Magari mi sbaglio. L'Italia non mangia neanche il gelato, fuma una sigaretta. I paesi sono organismi viventi e qualcosa ancora sfugge all'omologazione, qualcosa di magico.

Non so perché ma questo posto mi piace, è una frontiera. Ho fatto due chiacchiere con Saturno e Riccardo sul disco nuovo e ci stiamo dicendo che ci piacerebbe davvero molto trovare un canale di comunicazione tale da permetterci di suonare il più possibile anche fuori dall'Italia.

L'Italia è un paese talmente bello e vario che può dare l'impressione di bastare a se stesso. Il successo in Italia genera un certo livello di comfort che può spingere a non cercare altro. E un artista che non cerca altro a poco a poco rischia l'abbiocco. Hai presente l'abbiocco? È una brutta bestia in ambito pop. Vedere il mondo suonando è splendido e spero di avere un hook abbastanza forte da poterlo fare bene!

Io vado a suonare, il locale è qui vicino all'albergo, ci vado a piedi.

Lorenzo, stamattina su Youtube ho trovato tutto il tuo speech ad Harvard e l'ho postato a mia volta su Facebook. La dimostrazione che si può parlare con assoluta serietà di questioni assolutamente serie in modo giocoso, contagiosamente vitale.

F

Come si fa a non entusiasmarsi per le possibilità che ci ritroviamo fra le mani con i nuovi media?! Lo so che ci sono effetti collaterali, spiacevolezze assortite: ma – senza dimenticarsene, anzi facendoci attenzione – come si può non vedere quante cose si sono espanse, facilitate, riscaldate, da quando abbiamo la rete e l'email e i social media e l'iPhone? Davvero non credo ci sia mai stato nella storia di noi umani un mutamento che così rapidamente e così diffusamente, coinvolgendo decine di milioni di persone in diretta, ha allargato i nostri modelli di percezione, di conoscenza, di comunicazione, di relazione, e i nostri gesti, e il senso di noi stessi. Posso vedermi – dal vivo, gratuitamente – ogni giorno mio figlio e la sua bimba. Posso leggere in diretta le opinioni, gli stati d'animo e i progetti di centinaia di umani. Posso vedere te ad Harvard. Anche questo è un organismo vivente, milioni di fuochi che si accendono e si spengono, grandi onde e calma piatta, tutto fluido dinamico, e un senso di libera condivisione che non c'è mai stato.

Non mi ricordo se ti ho già parlato del mosaico di

FlashForward: in breve, c'è stato un black out che per due minuti e diciassette secondi ha messo in sonno l'intero pianeta, e dal quale ognuno si è risvegliato con un flash di quello che davvero gli accadrà sei mesi dopo. Al di là che tutta la serie gira poi intorno alla possibilità o meno di cambiare il nostro destino, a un certo punto l'Fbi crea in rete un mosaico planetario dove ognuno può raccontare il suo flash, quello che ha visto nel suo futuro. Ecco, sono ossessionato da questa cosa, mi sembra che il mosaico globale che ciascuno alimenta condividendo la propria storia sia il modello paradigmatico del mondo che stiamo vivendo adesso, ognuno non solo un partecipante ma un autore di un gigantesco enzimatico organismo vivente. C'è dentro tutto, tutto ne fa parte, tutto lo nutre e se ne nutre. È davvero Viva tutto!!!

3 maggio

L

Toronto. Canada. Facciamo due concerti perché il primo lo hanno venduto subito e abbiamo riempito anche il secondo. C'è una grande comunità italiana in questa che è una delle città più «multi» del mondo.
È il «nuovo mondo» e basta fare due passi downtown per essere travolti dalle torri di vetro e dalle gru che tirano su grattacieli quasi come fosse Shanghai. Cer-

to che il nuovo mondo è il nuovo mondo, non c'è discussione. Girare in tour come stiamo facendo noi, a costi bassissimi, ti mette in contatto con i posti in un modo unico. I grandi tour viaggiano come truppe in guerra e alla fine non entrano mai in contatto con i posti mentre noi anche se restiamo due giorni in una città in qualche modo ci sintonizziamo con lei perché nei locali dove suoniamo il pubblico è attaccato e senti proprio l'odore, guardi le persone negli occhi. Il nuovo mondo è per definizione «terra di conquista» e questo si respira si vede e fa girare la testa. La frontiera qui è nel corpo delle persone, nel loro sguardo, nel tentativo di alcuni di loro di portarsi appresso una casa, una lingua, qualcosa. Ma è un tentativo che fallisce anche perché tutto nelle terre di conquista dura un attimo, tutto è una bandierina messa lì a prendere vento, tutto è un acquisire di conoscenza e di esperienza. È una danza degli elementi. Il ferro di questi grattacieli ricorda molto il legno delle capanne per coprirsi dal freddo. È una vertigine, molto emozionante, impossibile da leggere, tutta da vivere. Non riesco a scrivere nulla, ci provo ma non viene niente di buono però va bene così.
Non riesco a inspirare ed espirare contemporaneamente.
Il sentimento della simultaneità qui è molto forte, fa girare la testa.

F

Lorenzo, è la conquista, sì! È dove c'è questo senso di conquista che accadono i fenomeni più significativi, che prende forma l'evoluzione. Nella conquista aumenta il senso di quello che puoi conquistare e diminuisce l'importanza di quello che è stato già fatto. Quello che manca da noi è proprio questo impulso a spingerti oltre, a superare e spostare i limiti in assoluta naturalezza. La conquista non finisce affatto dopo aver conquistato (è quello che pensano tanti, soprattutto da noi), anzi il gioco vero comincia lì, quando quello che hai conquistato lo rimetterai in gioco, lo reinventerai. Si deve sempre, ad esempio, onorare una fanciulla che è – booom – entrata nel tuo cuore facendole sentire la conquista: ma guai se una volta conquistata non la riconquisti, non la onori con slanci che generano altri slanci.
Ma come fanno tanti umani a non voler essere con tutte le loro forze, nel lavoro, nelle relazioni, come Bruce Lee, Michael Jordan, Orlando, la Sposa-Mamba, Prometeo, Steve Jobs, Alessandro Magno?!

7 maggio

L

My kind of town... Chicago is!!! Cantava Frank Sinatra, che si chiamava Frank come te (ti piace Sinatra? Per me è il cantante più bravo di tutti i tempi, parlo di cantante interprete, The Voice).

Chicago è bella, bellissima, mozzafiato la sua bellezza nelle architetture. A prima vista è una dark lady di quelle che ti stendono.
Abbiamo appena fatto l'ultimo concerto di questo breve tour e anche questo è andato via benissimo. Ho fatto anche un omaggio alla house music. Si parla sempre di Chicago per il blues ma per me personalmente ha contato di più la musica house che quando arrivò da Chicago io pensai che tutto svoltava di nuovo, avevamo trovato un altro giacimento di energia, e non mi sbagliavo. La house e l'hip hop sono stati i due fenomeni musicali più importanti degli ultimi 25 anni e la prima etichetta house era qui a Chicago e si chiamava proprio Chicago House.
Oggi ho fatto due chiacchiere con uno degli agenti più freschi d'America, uno che quest'anno ha piazzato venti artisti al Coachella, per intenderci. Uno molto attento a cosa succede di nuovo, e lavoreremo insieme. Con lui ho parlato a lungo di musica e di quello che sta succedendo nella musica. Lui, e io sono d'accordo, pensa che questo sia uno dei momenti migliori per la musica, forse il migliore dal 1967 a oggi. Lui dice, e io sono d'accordo, che il crollo del mercato tradizionale delle major e delle catene di negozi ha fatto esplodere una bolla di creatività pazzesca e questo si vede nei concerti che raccolgono maree di ragazzi non interessate al mainstream ma a qualcosa di nuovo, di più connesso, più vivo, più mobile.
Fino a pochi anni fa un ragazzo che ascoltava hip hop ascoltava SOLO hip hop e uno che ascoltava heavy metal ascoltava SOLO heavy metal e uno che ascol-

tava indie rock ascoltava SOLO indie rock: adesso tutto si è mischiato e conta solo l'energia che si sprigiona da un progetto. Un ragazzino con una buona idea messa in rete in una settimana diventa un fenomeno planetario. È un nuovo rinascimento della musica e dell'arte. Oggi i ragazzi di ogni età passano ore e ore connessi alla rete, e in pratica passano un sacco di tempo (potremmo dire tutto il tempo) a informarsi (informarsi e non a venire informati, e c'è una bella differenza) e questo non più in modo verticale ma assolutamente reticolare, e chi non ha inteso la portata di questo salto evolutivo ha ancora in mano una clava mentre gli altri usano il raggio laser. Qui in Usa questa roba si sente tantissimo.
Essere qui mi fa venire voglia di partecipare a questa onda, senza ansie, con molta gioia. Domani ho tutta una giornata da girare per Chicago e mi vado a vedere un po' di architetture che un tempo erano futuristiche. Mi piace sempre vedere come nel passato pensavano il futuro. In Italia, terra di musei, manca un museo del futuro. Manca ovunque, potrebbe essere una bella idea. Proponiamolo a qualche sindaco, il museo del futuro, dove siano esposte cose che quando sono nate avevano a che fare con il futuro, con la progettazione di mondi. Mi colpisce sempre molto che in 60 anni di film di fantascienza nessuno – ma proprio nessuno – aveva previsto quello che poi è successo. Tutti pensavano alla velocità degli spostamenti, nessuno ha pensato che gli spostamenti non sarebbero stati più necessari e che la nuova frontiera era dentro di noi. Non c'è un film dove ap-

pare qualcosa che assomiglia a un cellulare, un banale telefonino.

Lorenzo,

Fqualche settimana fa su Facebook è partita una discussione sullo stato della musica, e quasi tutti – critici e anche musicisti – lamentavano l'appiattimento, la mancanza di nuovi progetti forti. Non ti sorprenderà sapere che mi sono imbizzarrito. C'è una vitalità enorme in giro, è soltanto che si esprime in forme diverse. Non c'è più come invece succedeva in passato uno stile prevalente – non c'è neanche nella letteratura, nel design, nell'arte: lo stile prevalente è la dissoluzione degli stili, il loro superamento. Lo stile più diffuso è la molteplicità. Anche ai concerti live, a me affascina quel «pubblico» che non riesci a definire, che non ha alcuna divisa prevalente. Tutto il resto mi sembra rispettabile e magari simpatico, ma chiuso, autoreferenziale. Può darsi – come dice qualcuno – che l'estensione della varietà produca un appiattimento della qualità: ma io credo piuttosto che questo modello orizzontale e non più verticale ci chieda di spaziare, di guardarci intorno molto più di prima. Se ci pensi, è la stessa cosa che succede con il web e in particolare con i social media: la possibilità per tutti di essere raccontare e condividere se stessi e quella di abbracciare conoscenze ed esperienze al di là del tempo e dello spazio, generano migliaia di eccezioni, di combinazioni individuali. Non dico che tutto è fantastico: ci sono evidenti rischi di

dispersione, di narcisismo. Però questo è il modello non solo più avanzato ma anche più «democratico». Anche questo è un fenomeno che chi si affida alla mente logica e lineare non può capire. Come la fantascienza, appunto, che non ne ha mai azzeccata una. Pensa al mondo levigato, gelido, robotico, come lo prevedevano film e romanzi degli anni sessanta. E pensa alle diagnosi – scodinzolanti quelle dei postmoderni, lamentose quelle degli accademici tradizionali – che all'avvento del web prefiguravano la scomparsa del corpo, e poi quella della scrittura, e poi quella delle relazioni sociali. Ancora oggi c'è tutto un pensiero intellettuale *artsy* che aspetta l'arrivo del postumano. Che oceano di stronzate! È chiaro che il tecnologico sta nutrendo il biologico, che la moltiplicazione delle scelte individuali sta estendendo e non restringendo le forme di condivisione.
Ok, dopo il festival dei talenti italiani in America dobbiamo fare quello sul futuro, su come è stato previsto e come invece si è realizzato.

8 maggio

Ho appena saputo che ho vinto il David di Donatello per la miglior canzone con *Baciami ancora*. Evvai, figata! Domattina prendo un volo per Roma. Si torna in studio.

L

Ho voglia di rivedere le mie femmine.
Oggi sono andato a Oak Park, un sobborgo di Chicago dove c'è la casa studio di Frank Lloyd Wright. Ho potuto visitarla con una guida devota del grande architetto. Posto magico. Lui era favoloso. È incredibile come una semplice casa possa incarnare un vero e proprio progetto di vita sulla terra, diventare anche chiesa, tana, laboratorio, oggetto d'arte, invenzione, esperimento, luogo per l'amore e per lo sviluppo delle potenzialità umane. Una casa, una semplice casa in periferia di Chicago.
Mi ha colpito una cosa che lui ha inciso nel legno sopra al camino del soggiorno che dice «amici cari riuniti intorno a queste pietre, qui non si pronunci nessuna parola maligna verso nessuno». Mi è piaciuta, credo anche io che parlare male di qualcuno generi un veleno che non fa mai bene anche se ci sono motivi validi. La massima evangelica «non quello che entra nella tua bocca ma quello che esce dalla bocca ti avvelena» è sempre stata una hit nel mio cuore anche se applicarla non è mai facile e a volte il pettegolezzo è uno sport liberatorio (ma mai benefico).
Comunque il vecchio Frank sapeva il fatto suo e la sua casa merita una visita anche solo perché si esce rafforzati nell'idea che le cose sono possibili.

Lorenzo,

F vuoi mettere come sono più ricchi, più vivi, quei progetti che appartengono a qualcosa di molto più grande di un campo specializzato?! Quelli che non pensano la musica secondo canoni musicali, o la scrittura secondo canoni letterari, o l'architettura secondo canoni architettonici. Non sto dicendo che uno non possa fare capolavori fondati sulla tecnica e sull'estetica e sulla conoscenza di una disciplina: ma non posso fare a meno di credere che è quando nasce da una pienezza vitale ed è quando alimenta la pienezza vitale di chi guarda legge ascolta, che un progetto ha un valore superiore. Non mi ricordo se ne abbiamo già parlato, ma ci pensi che in un mondo fondato ancora sulla conoscenza specializzata, Steve Jobs sarebbe un disadattato, o girerebbe le patatine da McDonald's?! Lui ha inventato un'impresa fondata sulle tecnologie, sul marketing, sul design, sapendo poco di tecnologie, di marketing e di design ma sapendo tanto se non tutto di quello che sta evolvendo negli esseri umani, nei loro sensi e nel loro sistema nervoso. A me sembra sempre più evidente che tutti i progetti e i personaggi più appassionanti sono ormai espansi, plurali, questo-ma-anche-quello, prototipi sovrabbondanti generati e autogenerati da spinte molteplici. È la funzione vitale di un progetto, a essere entusiasmante. È questo lo Zeitgeist, è questa l'essenza del mondo che connette tutto con tutto. Chissà che disco farai adesso, che ci butti dentro l'America e il Canada, i concerti lì, l'iPad, l'orto botanico di New York, la casa di Lloyd Wright, e il pensiero di tornarci a suonare.

10 maggio

Franco!!!

L

Back to my girls my dogs my studio my bike my land.

Quando sto via qualche settimana da casa e poi torno mi rendo conto del perché gli americani impazziscono per questi posti, per l'Italia intendo, per la Toscana in particolare. Per loro questa deve sembrare come una terra assolutamente magica. E lo è, decisamente lo è, staccarsi e tornare mi serve a questo. Mi immagino un americano che si siede al tavolino di uno dei nostri bar in piazza e prende un cappuccino, per lui questa esperienza è estatica.
Quando mi chiedono come faccio a vivere a Cortona che è una città di mille abitanti, dico sempre che Cortona è un posto perfetto per andarsene ma è anche il posto perfetto per tornare e siccome andarmene e tornare sono da sempre due cose che amo Cortona è perfetta. Se proprio devo trovare un difetto a New York, direi che l'unico vero difetto è che quando uno vive a New York diventa newyorkcentrico e non fa più un passo. I newyorkesi, anche i miei amici che vivono lì, non escono più da New York e si interessano solo a quello che succede a New York perché quella città ti comunica l'idea di essere una specie di catalogo completo del mondo e in parte lo è ma è pur sempre un catalogo e il mondo non può essere racchiuso in un catalogo. Quindi può capitare anzi capita che i newyorkesi si trasformino in appar-

tenenti a comunità chiuse. Invece io qui a Cortona il mondo devo andarmelo a cercare, si crea un desiderio di mondo che alla fine risulta positivo per me e per la mia musica.
Adesso basta scherzare, ora devo mettermi a capo del mio disco e portarlo fuori dalle acque territoriali dove l'ho tenuto fino a oggi e affrontare il mare aperto. Ho un oceano di pezzi di frasi di spunti e di appunti che mi girano dentro e ora devo iniziare a dare un senso a tutto questo materiale che bolle senza una forma precisa ancora. Inizio da oggi, prima in solitaria poi coinvolgo la truppa.
Un artista non si occupa dei contenuti, dice un mio amico musicista accademico, ma solo di forme. E quanto ha ragione il mio amico, quella sui contenuti è una favoletta da prima elementare, sono le forme a contare davvero anche perché la forma è la migliore e unica espressione di sostanza, la sostanza ha un solo modo per venire alla luce e questo modo è la forma. Sei d'accordo col mio amico?

Lorenzo, bentornato!

F Non so se sono d'accordo con il tuo amico, forse no. La questione di forma&contenuto mi sembra simile a quella di estetica&etica: da una parte mi sembra che ci servano entrambe, perché dovremmo accontentarci di una sola cosa? Dall'altra ho sempre pensato che la soluzione vada cercata fuori, oltre, al di sopra, di traverso. Così sono arrivato alla conclusione che estetica ed etica sono necessari aggettivi dell'energetica, che contiene tanto una che l'altra. Allo stesso modo, penso che sì, il contenuto in musica sia comprimario rispetto alla forma, ma che alla fine entrambi dipendano dalla sostanza vitale che metti nella musica. Ci sono musicisti straordinari che mi dicono poco o nulla perché li sento appunto troppo attaccati alla forma, troppo preoccupati del come. Mentre da una musica voglio che mi trascini e mi slanci, che mi lasci a bocca aperta, che mi faccia ridere o commuovere (meglio se tutte e due insieme), che mi familiarizzi con una certa grandezza di sentimenti e di stati d'animo, che faccia felici i miei sensi. Tutte cose che non si fanno senza forma, certo: ma che forse in prima battuta non vanno pensate in termini di forma. Poi è chiaro che il musicista sei tu, e solo tu sai come funziona! Ma se penso alla scrittura, so quale è la forma che mi corrisponde: mi piace mescolare linguaggio filosofico-evolutivo e linguaggio parlato-sbrigativo, mi piace la frase esplosiva come uno slogan mescolata con frasi costruite con una certa raffinatezza di linguaggio. Però quando scrivo, non scrivo pensando a questo: scrivo e basta. Non so come si fa il musicista: quando però mi capita di immaginare che musica farei, penso innanzitutto a uno stato d'animo, poi penso a un intreccio forte fra melodia cantabile e dissonanze distorsioni, e poi ancora penso che vorrei quel suono lì che ho sentito in un'altra canzone e insieme ci metterei quell'altro suono che ho sentito in un'altra canzone. Ma mi viene il sospetto che non venderei un milione di copie, che dici?

11 maggio

E cos'altro è la forma se non quello che tu descrivi?

La forma è energia, il «contenuto» è necessario ma deve restare nascosto come l'oceano intero è nascosto sotto un'onda, una sola onda, quell'onda lì in quel momento lì.

L'altro giorno entrando a Toronto ho notato un grande billboard pubblicitario di dieci metri lungo la tangenziale. Solo una scritta bianca su fondo blu «make money makes sense» e mi ha fatto molto ridere e riflettere. In Italia non sarebbe possibile una pubblicità del genere: fare soldi ha senso. Mi è piaciuta, l'ho trovata così onesta e così esplicativa dello spirito di quel continente che vive tante ipocrisie ma non quella di considerare il denaro come qualcosa di cui non parlare mai. Noi abbiamo due tabù fondamentali rimasti intatti: la morte e il denaro. Il Nordamerica ha affrontato il tabù del denaro e il Sudamerica quello della morte. Noi ci siamo arenati su entrambi i fronti. Loro in entrambi i casi li hanno superati glorificandoli, ballandoci intorno, festeggiandoli. La smania di festa che c'è nella cultura sudamericana, anche nelle città più povere, è un modo per parlare della morte che in quel continente è stata per tanto tempo una cosa normale come un raffreddore. Qualcuno mi ha detto che nella lingua ebraica c'è un'assonanza tra la parola sangue e la parola denaro. Il sangue non si deve fermare mai, e il denaro nemmeno, make money makes sense, fare soldi fa buon

sangue. Il contrario di quello che ci hanno insegnato da noi. E parlo io che non ho mai fatto niente per i soldi, anche quando andavo a fare il cameriere o a sverniciare i mobili antichi con l'acido, lo facevo perché fare soldi aveva senso, nel senso che mi metteva in moto il sangue, mi rendeva indipendente, mi permetteva di comprarmi una marmitta nuova per il motorino.
I preti ci hanno raccontato un sacco di palle e noi spesso ce le siamo bevute. Prendi san Francesco d'Assisi, mio vicino di casa, ci hanno sempre detto che lui ha rivoluzionato la chiesa e la cultura del suo tempo con il concetto della povertà e invece non è così, lui ha introdotto il concetto della GIOIA, che è ben altra cosa e lo ha fatto spingendo la cosa all'estremo ovvero praticando la gioia anche nella condizione estrema della povertà e del dolore fisico, ma al centro teneva sempre la gioia. «Make money makes sense» se ne scaturisce gioia in fondo è uno slogan francescano. Viva tutto!!!

Lorenzo,

Fecco, quei due tabù lì, la morte e il denaro, ce li ho entrambi inestricabili. Sono immune a un sacco di altre cose tipiche – il senso di colpa, il peccato, tutto quello che sta fra norma e devianza – ma la morte e il denaro non so come trattarli. La morte forse un po' sì, nel senso che semplicemente penso che è al di fuori della mia competenza e tendo non a rimuoverla che sarebbe stupido, ma a non pensarci:

non mi fa neanche paura, proprio perché è fuori dal mio raggio d'azione. Con il denaro invece ho uno sciocco rapporto di superstizione: per tanto tempo mi è sembrato che tutto nella mia esistenza fosse fantastico, salvo il denaro, che difficilmente mancava però arrivava quando voleva, mi teneva il broncio – forse perché lo ignoravo –, e quando capitava di incontrarci poi ognuno se ne andava per la sua strada. Ma alla fine mi sembrava un buon equilibrio che non volevo toccare, per non rischiare che il negativo che il denaro calamitava si spostasse sulle altre cose della mia vita. Poi a un certo punto ho cominciato a pensare che dovevo smetterla con questa storia, che me l'ero scelta come alibi: però non è cambiato nulla, il denaro e io non riusciamo proprio a familiarizzare. Chiaro che c'entra non avere mai avuto un lavoro fisso né un qualunque contratto, avere scelto per anni di mettere la mia realizzazione «professionale» molto dopo mio figlio e il rapporto quotidiano con lui e poi avere sempre puntato solo e soltanto sui progetti più ambiziosi, quelli che mi chiamano, quelli che «devo» fare. Però di denaro non parlo quasi mai, e se ne parlo è malvolentieri, facendo di tutto pur di chiudere la questione in fretta.

Non è un problema morale, tanto più che mi è sempre stato chiaro che ogni evoluzione nasce dall'abbondanza, mai dalla mancanza. Ho sempre detestato ogni poverismo, ho sempre trovato truffaldina la favola degli ultimi che diventeranno primi: semmai sono portato per l'essenzialità, che è tutt'altra cosa. Semplicemente, la mia priorità non è il denaro, e vorrei averne – anche tanto – solo in conseguenza dei progetti che mi appartengono. Però un'eccezione a questa regola non è che mi dispiacerebbe. Devo cominciare a pensare da surfer, scegliere l'onda. A proposito, ieri la mia ex moglie è andata a Pacific Beach, San Diego, a intervistare Don Winslow, quello che ha scritto *La pattuglia dell'alba*, strepitoso thriller sul surf. Ebbene, è venuto fuori che Winslow – che è anche artista marziale – si era preso e bevuto il libro americano di Daniele. Il mio orgoglio paterno ha fatto un altro salto in su.

Perché Daniele è un grandissimo, io sono un suo fan e non mi stupisce che lo siano li mejo der monno!!!!

L

Ti rendi conto di quello che sta succedendo nel mondo della musica del cinema dell'informazione? Sta succedendo che è scoppiata la bolla delle cose iperpompate e tutto si sta rimescolando ed è in atto un vero e proprio upgrade, un aggiornamento del software.

Questo avviene dappertutto, anche nel mondo dell'arte contemporanea per esempio che è il più taroccato di tutti forse al pari della politica (per lo meno una canzone o un film hanno un pubblico che sceglie), dappertutto il nuovo software non perdona, propone il desktop in una forma nuova e certe cose non ci stanno più. La simultaneità permette al vecchio e al nuovo di lavorare insieme, per cui la tradizione si proietta nell'innovazione attraverso il solo parametro «energetico». In questo senso anche il denaro torna a essere una delle possibilità di senso (make money makes sense) ma non l'unica, non la sola. Le cose, tutte le cose si trovano a essere ognuna una possibilità ma non l'unica, mai l'unica e mai escludente. Stamattina pioveva e ho visto in tv un documentario su Charles Darwin. Darwin: se non è un numero uno Darwin chi altro può dirsi numero uno? Quando arriva lui viene introdotto un nuovo software più avanzato per comprendere il mondo e tutto rimane influenzato da quell'upgrade. Arriva un nuovo videogame, il gioco dell'evoluzione, ma se uno vuol continuare a giocare a Pacman è padronissimo di farlo e non mancherà di trovare gente come lui che ha voglia solo di Pacman e di Spaceinvaders. È chiaro che i venditori di Pacman si troveranno all'improvviso a perdere molti utenti ma questo è inevitabile. All'epoca quando è arrivato Darwin la chiesa era Pacman e lui è arrivato con il 3D. Lui pensava che la chiesa se lo sarebbe mangiato vivo e in effetti c'ha provato ma ha vinto lui e sai perché? Perché Dio non è Pacman e nemmeno il 3D ma è l'elettricità che alimenta tutti i videogiochi.

Lorenzo,

F è davvero diventato tutto rotondo, e dentro questo rotondo tutto – gli umani, i linguaggi, i progetti, i prodotti – è un grande immenso organismo vivente, neuroni enzimi cellule che si toccano, si mescolano, si respingono, danzano insieme.

È sempre più una scelta personale, è sempre più questione di orientarsi, trovare il proprio posto, il proprio ritmo, e scegliere. Chi non sceglie è il vero dannato della nostra epoca, ansioso, tagliato fuori, e dunque potenzialmente aggressivo.
A me piace, anzi eccita, che tutto sia in gioco, che ogni istante, ogni respiro, viva come di vita propria, sia un'opportunità e un rischio. Mi piace trovarmi in questa immensa corrente dove tutte le nostre identità storiche, sociali, etniche, religiose sono costrette a confluire dove sono in azione le nostre identità biologiche, le nostre personalità e caratteri, le sostanze chimiche del nostro organismo, e le energie, esperienze, relazioni, progetti, mitologie personali, e tutti quei materiali che ci sono serviti per plasmarci e che ci serviranno per reinventarci. Tutto insieme, tutto in coevoluzione.
Mi piace anche che tutti si debbano mettere in gioco, che tutti debbano trovare una nuova credibilità. Stiamo davvero aggiornando il nostro software antropologico, stiamo davvero riscrivendo la mappa di cosa è umano. Cosa c'è di più entusiasmante che vivere in un'epoca dove si stanno allargando – in diretta, dal vivo – i confini dell'umano?!
Ci sono mille lavori che non hanno ancora un nome: e sono più deboli perché spesso non sono riconosciuti e nemmeno loro sono consapevoli della loro novità, e sono più forti perché quelli che hanno un nome sono ogni giorno sempre più ristretti, meno ricettivi. C'è questo e c'è quello, non si escludono, coesistono.

Dio, come la natura, come le tecnologie, è davvero la corrente elettrica che alimenta tutto. Ed è la corrente che genera le onde. Noi siamo i surfer, e i corpi elettrici.

12 maggio

Stamattina sono tutto preso dalla musica tex-mex, roba di rancheros e gente con grandi cappelli e baffoni e donne dalle grandi gonne che coprono gambe sode. Quella zona tra il Messico e gli Stati Uniti che bolle da sempre anche musicalmente. Nella musica delle frontiere c'è sempre qualcosa di tremendamente struggente che sa esplodere in momenti di delirio irrefrenabile che mi emoziona da matti. Quelle voci che si spaccano, quei rallentati nelle chitarre. Nelle musiche popolari ci sono elementi che si ritrovano a ogni latitudine, cose che hanno a che fare con l'animo umano a prescindere dalle storie e che sono allo stesso tempo consolatorie e inesorabili e che si infilano sempre nelle musiche specialmente quando non vuoi che ci si infilino. Nonostante io mi sia innamorato della musica quando ho conosciuto il rap, da sempre nelle musiche popolari c'è qualcosa che mi attrae proprio per compensazione, o forse il rap è la sintesi estrema delle musiche popolari perché è un albero senza le radici,

quindi una forma più evoluta di organismo vivente che non ha bisogno di attaccarsi a una terra per trarre nutrimento. Proprio per via del rap – che è l'approdo più recente del blues attraverso tutti i suoi passaggi – io ho potuto non avere radici musicali, essere solo un'antenna. Il rap è musica che ascolta altra musica che ascolta altra musica e lo fa senza un atteggiamento da «antropologo» ma solo con sguardo erotico o da rapinatore.
Quello che cerco è la semplicità estrema, il battito, qualcosa che stia in piedi in modo misterioso. Una farfalla che si posa su una spalla è quello che cerco nella musica.
Sono disorientato, non lo sono mai stato così tanto ma non c'è condizione più propizia di questa in questo momento. Perché come dici tu scegliere oggi fa la differenza e non c'è condizione più propizia a chi deve scegliere che non avere idea di cosa scegliere, sennò sarebbe troppo facile. Quindi caro Franco guardo l'ago della bussola girare vorticosamente senza fermarsi in nessun punto e una parte di me se la ride, perché è vera sfida, non di quelle posticce in cui si sa già come andrà a finire. Mentre una parte se la ride l'altra se la soffre, veramente se la soffre.
È tutto in movimento.

Lorenzo,

F pensa che io ho capito che la confidenza in me stesso – che non è mai stata esigua o incerta – aveva davvero fatto un salto di qualità proprio

quando i momenti di massima incertezza ho cominciato a sentirli come il prologo delle scelte risolutive. Non so cosa sceglierò e quando, ma so che sceglierò quello che devo scegliere. Certo, non mi sono mai neanche lontanamente trovato a fare un disco che – dal mercato al tuo pubblico, dalle persone che ami alla stampa a tutti quelli che andranno a prendere il disco e il biglietto per i concerti – ha intorno tutte queste aspettative e questa pressione. Però la parte di te che soffre lo sa benissimo che presto confluirà nella parte che ride, e quella che ride sa benissimo che sarà arricchita dalla parte che soffre. Lorenzo, con chiunque parlo, di te tutti quanti hanno perfettamente chiara una cosa: la tua unicità, la trama inestricabile che unisce la musica che fai al tuo carattere e alla tua vita. So che un disco ha bisogno di tante cose, di sfumature infinite: ma in fondo tu non devi fare altro che essere chi sei. Tanto tu sei tu, sia che fai la ballata sentimentale che il rap la bossa nova il rock o il texmex.
Sarà che da bambino mi sono formato sui western, ma il confine fra Stati Uniti e Messico mi è sempre sembrato un luogo fondamentale, e mi ha sempre colpito che tanto i maverick avventurieri quanto i banditi passavano spensieratamente il Rio Grande nell'uno e nell'altro senso mentre quelli con addosso una divisa non potevano farlo. Forse è lì che ho per la prima volta capito di voler spaziare liberamente, senza condizionamenti, senza linee di confine.
Sì, è tutto in movimento: la differenza è che tanti quella farfalla che tu cerchi la fissano con uno spillo

per fermarla, mentre tu la vuoi che voli liberamente e liberamente si posi sulla tua spalla: scomodo, instabile, ma vuoi mettere che soddisfazione quando succede?!

15 maggio

Franco!!!
È difficile fare un giornale bello oggi. In Usa le riviste sono sempre più striminzite e forse tra qualche anno non ci saranno nemmeno più, sopravviveranno come oggetti per appassionati tipo le selle dei cavalli o le ghette. In Italia forse il fenomeno è più lento ma anche da noi finiranno le riviste nelle edicole. E come tutto quello che finisce, è perché le cose finiscono quando è ora e quando è giusto. Però proprio in un momento così in cui il mercato inizia a guardare da un'altra parte possono esserci spazi di libertà e sperimentazione prima impossibili. Come per una squadra in coda alla classifica, se riesce a non far prevalere la mortificazione possono esserci delle sorprese, in un mondo ideale, perché nel mondo reale la mortificazione è dura da sconfiggere specialmente quando prende corpo un intero sistema di mercato basato sulla mortificazione.
A proposito di mortificazione, ieri in una scuola di Parma hanno messo in scena la mia *Parrucca di Mo-*

zart e mi hanno detto che era un disastro da vedere. Hanno tagliato dal testo certi passaggi che sono fondamentali, quelli con le parolacce e con le immagini forti (si tratta di un testo scritto per i bambini), per la solita logica del «certe cose non si dicono» e hanno costruito tutto l'impianto nel modo in cui spesso si fanno le cose per i bambini quando c'è di mezzo la scuola: al ribasso. I bambini sono dei big bang in azione e loro cercano di controllare lo scoppio perché si creino i pianeti che vogliono i grandi: pianeti tutti uguali con poca vita. Io non c'ho mai creduto alla scuola, per me la scuola vale solo come luogo in cui sviluppare un sentimento antiscolastico, e perché si rafforzi al suo interno fino in fondo. Per questo penso sia giusto frequentarla fino almeno al diploma ma sempre con l'aria da clandestino, guai a chi delega alla scuola l'educazione dei ragazzi, la scuola omologa, la scuola taglia le ali, la scuola è una fabbrica di frustrazioni e di mancanza di autostima, ma guai se non ci fosse questa fabbrica che ti infila in uno stampino. Come potremmo raccogliere i ritagli che restano fuori dallo stampino per costruire con quelli il nostro spirito migliore?
Insomma 'sti ragazzini per i quali abbiamo scritto un'operina che cerca la bellezza passando anche dalla cacca e dalla libertà di parola (di cui la cacca è uno dei simboli più pregiati) si sono sorbiti uno *Zecchino d'Oro* al ribasso (perché lo *Zecchino d'Oro* invece ha un suo rigore dichiarato e una sua estetica che può diventare energetica). Tu parli di gioco e responsabilità, e non sai quanto sono d'accordo con te, ma la

responsabilità si forma anche andando su un palcoscenico di fronte e una platea a dodici anni e dire attraverso la maschera di Mozart bambino «io sniffo colla» oppure «la prendo e me la faccio tutto a lei io mi attorciglio...» proprio perché inscenando l'osceno ci si accorge di avere un corpo, un cervello, di essere capaci di energia. Nell'altro caso, quello dell'educazione di stato, il corpo è negato, l'energia è repressa, ancora di più quando tutto questo viene imbellettato di modernità: «facciamo attività teatrale con i ragazzi...» e poi si tratta del contrario.

Il gioco e la responsabilità di cui tu parli sono proprio il teatro, la performance anche in senso lato. Ogni performance funziona se resta in equilibrio tra gioco e responsabilità, appena allenti uno dei due fattori crolla il castello e non funziona nulla.

Perché i bimbi sono perfettamente in grado di maneggiare la complessità ma non hanno nessun interesse evolutivo ad avere a che fare con la forma stitica, con la noia, con le palle, con la ridondanza, con la sciatteria, con i perbenismi di ogni grado.

F Lorenzo, forse è perché sono sempre guidato da una sorta di cocciutaggine adolescenziale, ma ogni volta che vedo che una cosa non fa nessuno non mi viene da dire «beh, ci sarà un motivo se non la fanno»: no, mi viene da provarci, da buttarmi contro il muro per vedere chi vince. L'ho fatto con Frontiere, lo sto facendo con il progetto sull'innovazione, e ogni tanto mi scatta l'impulso di farlo con una rivi-

sta. Tutte le riviste nate in questi anni sono uguali ad altre riviste che c'erano già: chi ci ha provato di più e meglio è riuscito ad aggiungere un tocco, un'intuizione brillante, ma sempre dipingendo dentro la cornice. Forse non si può fare diversamente: ma forse invece sì. Si può fare una rivista che non assomigli a nessun'altra non perché è più strana, ma anzi perché è più semplice, perché cerca non soltanto di intrattenere o educare le persone ma di farle star bene. Perché parla non dei problemi delle persone ma delle vite delle persone. Perché prova a raccontare come si fa a essere amici del mutamento. Ti ricordi quando Kurtz in *Apocalypse now* dice «devi farti amico l'orrore»? Ecco, credo che una rivista – così come un disco, un libro – possa invece spingere a diventare amici delle opportunità.
Con la scuola è la stessa cosa, anzi peggio. Anche io credo che la scuola sia sempre stata ricattatoria, dissuasiva, ignorante (e temo che oggi la scuola «moderna» sia ancora peggiore). Nel senso che ti impongono quella cultura come l'unica. E anche nel senso che quella stessa cultura che ti insegnano non te la fanno amare. Ogni volta che sento qualcuno con tono grave parlare di quanto importante è l'educazione, vorrei buttarlo gambe all'aria. Si può educare senza porsi il problema di educare, ma quello di appassionare, di eccitare, di espandere, di alimentare l'eccezione, anzi le eccezioni. Si educa ripetendo «ricordati che tu sei unico al mondo»: tutto il resto, nel cesso. Si educa facendo sentire i bambini importantissimi. Si educa promuovendo l'infinita saggezza del

corpo e del gioco: solo così capiranno quanto gioco e quanta vita c'è nella biologia, nell'epica, nella filosofia che crea e non in quella che pensa e basta. Si educa allenando a tuffarsi nella corrente dell'evoluzione: no, anzi, di più, perché i bambini SONO l'evoluzione, con la loro assoluta naturalezza a impadronirsi di tutto quello che è nuovo. Ecco, Shakespeare e Ariosto e tutto il resto devi raccontarglieli facendo sentire che sono nuovi, non che sono culturalmente importanti.

17 maggio

La cosa con la quale mi trovo a fare i conti è il passaggio dal «postmoderno» a qualcos'altro che ancora non ha nome. Questo qualcosa che non ha nome e che è già qui tra noi mette in cantina il postmoderno con tutte le cose belle che ha generato. Mi rendo conto di esserci nato e cresciuto dentro e che ora è finito siamo passati ad altro, e io questo lo sento forte, fortissimo, tanto che ogni volta che tento un approccio alle canzoni con gli strumenti creativi con i quali ho lavorato praticamente sempre mi trovo impantanato in qualcosa che odora di morto. Non so dove mi porterà questo viaggio, ma anche se mi riportasse al punto di partenza è un viaggio che devo fare. Fino a un paio di anni fa tutto quello che

era cut-up, citazioni, utilizzo di moduli espressivi per ribaltarne il senso, gioco di campionamento, era naturale e pieno di vita: adesso è successo qualcosa per cui quella roba non si può fare più. Ma cosa si può fare? Non lo so ancora, ma le mie cellule lo sanno, il mio stomaco lo sa, la mia fronte lo sa e io devo dargli retta.
Dichiaro morta e sepolta l'epoca del postmoderno, con questo disco non le farò il funerale, guai! Vorrei invece battezzare la nuova epoca. Il pessimismo e l'aria da fine del mondo che si respira in questi mesi da noi (ma non solo) sono il segno che bisogna fare delle canzoni che rompano questo meccanismo automatico.

Lorenzo,

Franco: non mi appassiona niente che abbia il prefisso «post», troppo facile, ci si identifica non per la propria essenza ma in relazione a qualcosa che c'era prima. In quegli anni là, quando si è cominciato a parlare di postmoderno e io raccontavo la necessità di superare tutti i vecchi confini, si parlava un sacco di contaminazione, e a me questa cosa disturbava. Già la parola in sé era brutta, e poi a me interessava una sintesi superiore: mescolare era l'inizio, non il fine. Quello che il postmoderno non ha mai capito è la natura biologica del connettere tutto con tutto. Una natura forte, niente affatto «pensiero debole». Noi connettiamo tutto con tutto perché la vita lo fa, la natura, il nostro organismo. E la vita, la natu-

ra, il nostro organismo, sono infinitamente di più che postmoderni.
La nostra globalità, la nostra possibilità di connettere tutto. Non significa che tutto si trovi e si misuri su uno stesso piano. Il relativismo mette tutte le cose su uno stesso piano di indifferenza, ed è un gesto debole, mentre scegliere fra tante diverse opzioni facendo la propria sintesi, questo è un gesto estremamente forte. È il metabolismo della vita, non una nichilista spossatezza postmoderna.
Questo è il momento di proporre sintesi più forti, più avanzate: connettere è così naturale che non va nemmeno evidenziato. È il momento di irradiare un senso di evoluzione, di possibilità inventiva ed espansiva, di mostrare che queste cose sono naturali, non stravaganti, che tutto si gioca nei nostri centri vitali, nella nostra capacità di costruire una relazione forte con il mondo. È il momento di evidenziare che il mondo è estremamente complesso e lo sarà sempre di più: ma non per questo tutto è illeggibile, non per questo noi siamo più deboli e confusi. La soluzione al pessimismo non è l'ottimismo: è il senso di opportunità, è il senso della nostra capacità di abbracciare tante cose insieme per costruirci noi stessi, la nostra personale eccezione fra tante eccezioni. Tutte cose che sai, che sei.

18 maggio

L

Sto cercando il suono del mio disco, sto lavorando su certe tessiture di suoni e di sequenze per cui quando ascolti il pezzo sei immerso in una specie di spazio fatto di tante cose che diventano un flusso unico ma se vuoi puoi scegliere di seguire una linea e la sua narrazione.
La «musica per le feste» oggi per me è questa musica che ha qualcosa di rituale e di sporco. Il sacro e lo sporco sono parenti stretti. Ci condiziona l'immagine del neonato candido con la pelle liscia e profumata ma la nascita dal vero ha tutto un altro aspetto. Si viene al mondo ricoperti di strani liquidi e sporchi di qualcosa che per me è quanto di più sacro esiste nell'universo.
Non mollo. Le fasi di ristagno si alternano alle correnti forti ma qualcosa uscirà e avrà un cuore che batte.
Un mio amico che dirige un giornale mi scrive «abbiamo bisogno di nuove avventure amico mio…» e lui è uno che occupa una posizione socialmente invidiabile, in un luogo dove esercita un certo potere, un luogo ambitissimo. Eppure. Eppure il potere non è tutto. Eppure il ruolo non è tutto. Chiaro. Sentire il vento nelle vele quella sì che è roba che fa sentire vivi, avere davanti una cartina geografica con uno spazio vuoto da riempire, quello serve, solo quello. Come si fa? Si fa, si deve, si può, è necessario, va scelto. È l'avventura quello di cui abbiamo sempre costante bisogno, serve tanto quanto l'aria.

Lorenzo,

Flo sporco fa parte di tutte le manifestazioni più vitali. Il sesso, la nascita, le imprese, tutte le tappe di formazione dei bambini, le performance sono fatte di succhi, sudore, placenta, ginocchia sbucciate. È attraverso i batteri che rafforziamo il nostro sistema immunitario. Anche la musica: mi attraggono le dissonanze, i feedback, i suoni sporchi, soprattutto se sono inestricabilmente connessi con una canzone struggente, armoniosa, cantabile. Non è solo il lato oscuro della forza: è che nei fenomeni vitali lo sporco è indistinguibile dall'elevato. Ecco perché non funzionano né l'estetizzazione dello sporco né la sua rimozione. Dobbiamo essere capaci di scegliere senza lasciar fuori niente, e si può fare attraverso un forte senso delle priorità e un metabolismo che sintetizza tutto, che trasforma tutto in materia viva. So che sto riconducendo tutto quanto al grande concetto di «vita», ma la vita è quanto di più sacro, la vita è la vera grande definitiva missione, religione, paradigma, filosofia.

19 maggio

Bolelli!!!!

L Stanotte abbiamo tirato fuori un pezzo nuovo. È nato da una specie di gioco. Stavamo vedendo un filmato su Youtube dove un comico inglese sfotteva la musica pop dicendo che tutti i pezzi girano sugli stessi quattro accordi in una gag che fa parecchio ridere. Allora per gioco ho chiesto a Saturno di fare un loop di batteria essenziale e potente, una specie di abc del batterista rock, il 4/4 basico che più basico non si può. Poi sopra c'abbiamo registrato i quattro accordi aurei suonati in modo assolutamente, come dire, sintetico, come se stessimo mandando un messaggio nello spazio che fosse comprensibile da tutti gli abitanti delle galassie oltre che da tutti gli abitanti del pianeta terra. E questa cosa usciva dalle casse con una sua inspiegabile magia come se avessimo in mano una pietra, la pietra con la quale l'uomo delle caverne ha iniziato a picchiare un legno scoprendo la possibilità dell'utensile. E così mi è venuta in mente una frase e quattro parole e ce le ho cantate sopra e dopo un po' ci è sembrato di avere di fronte un pezzo forte. Come aver progettato un nuovo paio di jeans che sono jeans ma sono jeans 2.0, ecco una cosa del genere. Comunque è un pezzo che io ho immaginato di cantare al centro di un concerto con uno stadio, un locale, un palasport, un posto che salta e che balla.

Le parole dicono «il più grande spettacolo dopo il BIG BANG… il più grande spettacolo dopo il BIG BANG… il più grande spettacolo dopo il BIG BANG… siamo noi!!!…. IO E TE!!!!!!!»

Insomma mi pare una roba dirompente, anche se forse è solo una suggestione mia e dei ragazzi che siamo qui chiusi in studio come in laboratorio.

Ieri notte l'ho fatta ascoltare alla Fra e mi ha detto

che era una figatissima perché il fatto che io a 43 anni faccia un pezzo che dice questa cosa che detta da un ventenne suonerebbe in un modo anche scontato ma invece detta da me moltiplica il carico, diventa in qualche modo iperbolica, un po' anche apocalittica (nel senso biblico). Perché secondo me è fottutamente vero che siamo il più grande spettacolo dopo il big bang, noi, noialtri, noialtri insieme, gli esseri umani in relazione. È la pura e semplice verità e per certe cose non ci vogliono giri di parole o giri armonici complessi, vanno dette così come sono, per ricordarcelo. È come aver scritto un appunto da attaccare al frigorifero del mondo con un magnete.
Non lo dire a nessuno che voglio dirglielo io di persona.

Lorenzo,

F solo a leggere le parole e il modo in cui è nata mi sta già euforizzando. Davvero.

La mia ex moglie, Gloria, si è messa a fare un corso avanzato di sceneggiatura e quando le hanno proposto lo schema base – uguale ai quattro accordi dell'hit pop – che invariabilmente funziona, lei è insorta e ha detto e ridetto che no, mai, lei non ci pensa neanche ad applicare una formula seriale. Poi ha visto che funziona, implacabilmente, e poi ha anche capito che in realtà quella formula te la puoi giocare e cambia totalmente a seconda dell'atmosfera e dell'energia che ci metti dentro. Mi sembra esattamente quello che avete fatto voi con questa canzone.

Il testo mi fa saltare sulla sedia, anche quando non c'è nessuna sedia.
È massimalista e sentimentale, esplosivo evolutivo e personale. Adoro il tono iperbolico, credo che dovremmo sempre iperbolizzare, è il migliore antidoto contro la mediocrità, il pessimismo, la rassegnazione, l'autocommiserazione.
Ha ragione Francesca, è la tua essenza, e le persone lo devono percepire come essenziale. Sai quanto amo gli slogan evolutivi: quelli appunto che attacchi al frigorifero, che ti tatui addosso, che tutti mettono nel loro status su Facebook, che diventano modi di dire, che sussurri nelle orecchie in un momento intimo e che scrivi a lettere di fuoco nel cielo.
Ora sono da Cucchi, mi guardo intorno, vedo le fanciulle che passano, e sorrido cercando di immaginare l'effetto che una canzone così farà su ciascuna di loro, e loro non lo sanno ancora ma sta per arrivare una palla di fuoco che le accenderà, in un modo o nell'altro.

22 maggio

Che ne dici della notizia che oggi riempie i giornali?

L

La storia della cellula vivente costruita in laboratorio? Bello eh? Brindiamo? Questo genere di notizie a me fanno un effetto simile a quando da

ragazzo usciva un nuovo pezzo e al primo ascolto mi accorgevo che qualcuno aveva spostato più avanti la frontiera. Una cosa simile. Certo la scienza non è il cinema o il rock'n'roll ma ognuno vive la frontiera attraverso il proprio ambito e io la vita ricreata in laboratorio la conosco da un pezzo. Non è forse *Guerre stellari* vita costruita in laboratorio? Oppure mi vuoi dire che *Thriller* di Michael Jackson non equivalga alla scoperta di un farmaco potentissimo?
La vita è da sempre una creazione e allo stesso tempo un'invenzione, lo è dal primo momento e la notizia di oggi non fa che confermarmi quello che ho sempre saputo. La dialettica tra creare e inventare per me non ha molto senso: nulla si crea, tutto si inventa.

F

Lorenzo, questa è la nuova frontiera. Leggevo oggi che qualcuno parlava di «far west biotecnologico»: ma accidenti, quale notizia migliore che ci sia un altro far west, troppo nuovo perché le regole ci abbiano già attecchito, assolutamente aperto, dove ti devi aggiornare e rifare le mappe in diretta ogni momento. Questa è veramente la prova che la vita non smette mai di proliferare, che si estende insaziabilmente in tutte le direzioni. Fantastico che Craig Venter abbia marchiato la sua ricerca con la frase di James Joyce «to live, to err, to fall, to triumph, to recreate life out of life».
La cosa entusiasmante è proprio che la ricerca scientifica e tecnologica estende l'umano e il biologico, non li sostituisce. Ne prende l'essenza, il metaboli-

smo e ci soffia dentro. Ormai il progetto umano e la natura biologica si stanno mescolando a tal punto da diventare inestricabili: ma non è di alterazione che si tratta, bensì di espansione naturale. Qualcosa che l'organismo umano ha già in sé e che la sperimentazione in laboratorio potenzia ed evidenzia.
E poi ci dev'essere qualcosa di sintomatico, se almeno tre degli scienziati più decisivi – ma ce ne saranno altri – sono surfer, anzi se attribuiscono al surf un ruolo essenziale nelle loro ricerche: Craig Venter, appunto, e poi Kary Mullis – Nobel qualche anno fa – e Garrett Lisi, di cui si dice che la sua «eccezionalmente semplice teoria del tutto» è il nuovo graal della fisica e che per sei mesi all'anno abita sulle spiagge dove ci sono le onde più alte. Ci pensi? A cambiare la storia dell'umanità, a espandere e valorizzare l'evoluzione, a estendere i confini della nostra esistenza, sono tre surfer, tre che sono cresciuti con il rock, e che senza il rock non starebbero inventando quello che inventano. Torna tutto, Lorenzo, torna tutto!

24 maggio

L

Di solito quando faccio un disco ho sempre uno o due dischi di riferimento che mi accompagnano, che magari non c'entrano nulla con il sound o con le canzoni che scriverò, però mi stanno ac-

canto e mi sussurrano all'orecchio qualcosa tipo «si può fare... c'è ancora un sacco di bella musica da fare e da scrivere... siamo solo all'inizio... vai che è possibile, noi lo abbiamo fatto...»
Ecco stavolta è più strana la situazione ma non per questo peggiore. Non ho quel disco e quel paio di dischi, però ho una nuvola intorno di una musica che non mi entusiasma in assoluto ma mi dice più o meno le stesse frasi all'orecchio, con qualcosa di nuovo però.
«L'unico modo per imparare qualcosa è farne una questione di vita o di morte»: un giorno qualcuno mi ha detto questo o l'ho letto da qualche parte. Ogni tanto mi torna in mente, specialmente quando sono al lavoro su un disco. Perché fare un disco per me è sempre stato prima di tutto imparare a fare quel disco, conoscerlo, sapere cosa mi riserva e vedere dove mi porterà. Fare un disco è mettere al mondo una macchina, un aereo, un'astronave.

Lorenzo,

Fstamattina alle sei ero davanti alla tv a vedere «in diretta» il finale di *Lost*, e forse ci sto vedendo quello che già volevo vederci, ma mi è sembrato entusiasmante che sei anni e centoquattordici puntate di indicibile complessità si siano risolti in un potentissimo trionfo dei sentimenti forti, dello «stai bene con le persone che ami e falle star bene». Il cuore dell'isola è una luce, ed è fantastico vedere come quella luce si irradia attraverso i personaggi, attraver-

so la semplice – per quanto tormentata – realizzazione dei loro caratteri. *Lost* è davvero una grande opera epica, un'epica della vita nella sua totalità. Tutto il resto è assolutamente secondario, collaterale, episodico. È davvero una questione di vita o di morte: non soltanto nel senso di fare una cosa fino in fondo, a ogni costo, credendoci con tutte le tue forze, ma anche perché tutto funziona quando senti che senza fare troppe resistenze, senza pensarci troppo su, sei entrato nel flusso del progetto biologico.
Mi ha fatto venire in mente qualcosa sulla necessità che ogni opera – il disco stesso che stai mettendo al mondo – debba alla fine trasmetterti un potente sentimento vitale, qualcosa di semplice essenziale, attraverso un certo numero di dissonanze, scarti, penombre, apparenti contraddizioni che poi alla fine fai sfociare in una grande, ricchissima armonia.

27 maggio

Franco!!!!

Leggevo ieri un libro di un antropologo, Jean-Loup Amselle, che si intitola *Connessioni.* Interessante la sua tesi secondo la quale le connessioni arricchiscono sempre, rinforzano l'identità e non il contrario come spesso si pensa. Sostituire il concetto di CONNESSIONE a quello insopportabile di

«contaminazione» mi sembra un lavoro da fare. La parola connessione esprime il contrario di contaminazione anche se spesso le due cose si confondono nel linguaggio.
Sto scrivendo una canzone sull'avversario, sul piacere dell'avversario, sulla bellezza di un duello in pieno sole, sulla gioia della lotta. È un pezzo afrobeat dove Saturno suona la batteria imitando Tony Allen (Saturno è uno dei più grandi imitatori di stile che esiste al mondo, uno spasso, gli dico sempre che lui dovrebbe pensarci su e mettere in piedi uno spettacolo dove imita i musicisti senza dire una parola, solo con gli strumenti).
Sono in studio da solo, mi piace questa cosa, sono contento, sono un bambino con il piccolo chimico.
Mi piacerebbe che ogni cosa legata a questo disco avesse l'aria di un laboratorio, di qualcosa dove tutto potrebbe esplodere oppure generare la pietra filosofale ma con molta leggerezza come se della pietra filosofale uno ne facesse sassolini che la gente può appendersi al collo infilati in una collana.

Lorenzo!

F La questione delle connessioni, delle coevoluzioni, delle relazioni elettive, è – dal metabolismo biologico all'amore e al sesso, dagli incontri fra culture molteplici alla chimica e alla fisica – è molto ma molto più larga e profonda ed essenziale di quello che si chiamava «contaminazione». Connettere non è un trend culturale, è un processo vitale. È decisiva la qualità delle cose che connetti e del modo in cui le connetti, è decisiva la capacità di superare le identità originarie fino al punto di cancellarne le tracce. È anche il limite del multiculturalismo, che vuole appunto contaminare mantenendo le identità di partenza. Mentre tutte le persone, le relazioni, i linguaggi, le opere, gli esperimenti scientifici e antropologici più ricchi sono proprio quelli capaci di armonizzare spinte diverse, di creare sintesi superiori. In questo senso anche la lotta, la sfida, il duello, la competizione fanno parte di un processo coevolutivo. Da una parte tutto sta sviluppandosi attraverso la vertiginosa estensione delle connessioni, dall'altra a dare ali al mutamento è anche e non meno la competizione. No, nessuna contraddizione: perché se è vero che il nuovo mondo rotondo e globale si può misurare sull'allargamento delle relazioni, è anche vero che delle molteplici forme di relazione fa parte anche la sfida, il faccia a faccia, il corpo a corpo. La connessione non è per forza guancia a guancia, e d'altra parte un po' di sana competizione ci può essere. Poche cose mi sembrano altrettanto appassionanti quanto il confronto forte, leale, fra progetti e idee diversi: gran parte delle nostre sperimentazioni e scoperte in ogni campo è nata e cresciuta così. Così c'è una competizione fisica e c'è anche una competizione evolutiva, quella che si gioca fra specie, fra organismi, fra qualcosa di nuovo che vuole affermarsi e qualcosa di tradizionale che vuole mantenere la propria posizione. C'è una competizione difensiva per la sopravvivenza e un'altra estensiva per conquistare un mercato, un potere, il proprio nome su un libro dei primati, il bacio di una fanciulla. Quando è senza trucchi, senza pugnalate dietro le spalle (mentre davanti c'è l'ipocrita sorriso di convenienza), senza quelle meschinità e quegli opportunismi che cercano il risultato sottraendosi alla sfida, questa voglia di primeggiare è quanto di più sano e naturale e appassionante.

L

Mi sono appena scaricato l'applicazione per leggere i quotidiani. In pratica hai il giornale ogni mattina e te lo sfogli direttamente sull'iPad. L'hai vista? Insomma solo per dire che la crisi della carta stampata è in realtà la nascita di qualcosa di molto più avanzato e non è vero che verrà danneggiata la scrittura ma solo la scrittura pallosa. Le esigenze di brevità sono solo esigenze di sintesi e di qualità, mai e poi mai l'incapacità di tenere desta l'attenzione del lettore o dell'ascoltatore ha avuto senso tranne nei casi in cui veniva imposta per forza.
Tempo fa a New York ho conosciuto Maurizio Cattelan, l'artista. A me lui è sempre piaciuto come mi piacciono sempre le cose che hanno la capacità comunque di attrarre la mia attenzione e di lasciarmi una scia più meno duratura nello sguardo. Lui è il nostro artista più importante nel mondo e non a caso, è fortissimo e lo è anche come persona. Lui mi diceva di essere allo stesso tempo interessato alla grande arte dei grandi maestri di ogni epoca quanto all'arte che passa inosservata, alle cose senza rilevanza, agli artisti

che non sfondano perché, diceva lui, tutto partecipa alla costruzione di quella cosa che si chiama mondo in modo indistinto, e coltivare il «cattivo gusto» è tanto importante quanto il suo contrario.
Io sono sensibile a questo discorso perché la spazzatura è il mio cibo da sempre tanto quanto lo è il più genuino degli ingredienti. Sono cresciuto in una strada di Roma in simultanea con le stanze di Raffaello in Vaticano e so quanto le due cose sono vicendevolmente necessarie.
Per questo mi interessa prendere in considerazione tanto il successo quanto l'insuccesso.

Lorenzo,

F ci mancherebbe che non abbracciassi tanti «errori», tante cose «basse» e tante cose lontane da me! Altrimenti come potrei parlare dell'estensione delle biodiversità umane. A me piacciono – anche se non sono roba mia – tante cose del pop di intrattenimento (Britney Spears, il cinema di serie c, i thriller e gli horror, certe serie tv di pura evasione). Ho più problemi con quelli che se la tirano da intelligenti e morali.
Cattelan mi sta estremamente simpatico: non citerei le sue opere fra quelle che mi accendono, però mi ritrovo con la sua attitudine, mi allarga lo sguardo proponendo punti di vista che da solo non prenderei mai. Lui è paradossale, e sai quanto per me è essenziale il paradosso, lo scarto che produce.
In un progetto sull'innovazione italiana, lui mi piace-

rebbe un sacco avercelo: non in quanto è ultrafamoso, ma proprio perché mi sembra un prototipo perfetto della creatività indefinibile, di frontiera, che ha terrificante successo ma avrebbe anche potuto non averne.

Per me la musica, la scrittura, tutto quanto, sono manifestazioni vitali, come una storia sentimentale, come la crescita di un bambino, come se fossero performance ininterrotte, come quei lavori che non puoi mai lasciare sulla scrivania perché te li porti dietro e dentro sempre. C'è un sacco di gente che ci tiene a essere considerata e ricordata per la propria storia, per l'insieme delle proprie opere, per essere quello che anni fa ha creato quel libro o quella storia o quel disco: posso capirlo, però non è la mia storia. Anzi, tendo a innervosirmi quando qualcuno mi parla di cose che ho fatto in passato, perché mi appassiona quello che sto facendo adesso, mi appassiona questo processo di reinvenzione continua perché è collegato con il respiro, con i muscoli, con l'evoluzione stessa dei sentimenti. Mi appassiona molto di più l'azione inventiva che non il suo risultato. Per me tutto fa parte di tutto: le canzoni, le colazioni, gli sguardi delle fanciulle, la frase che ti viene in mente mentre stai facendo altro e devi subito correre ad appuntarla, gli scambi su Facebook, tutto mi nutre, tutto nutre tutto. È entusiasmante essere dentro questo flusso, ed è per questo che detesto chi deprezza la dimensione umana.

28 maggio

A chi lo dici!

L

Io non guardo mai niente delle cose fatte, non colleziono la mia roba, non ho i miei dischi in casa, non appendo nemmeno i dischi d'oro nello studio come se l'unica cosa che vale la pena conservare fosse l'appetito per il prossimo pasto. Certo un po' di questa abitudine nasce anche dalla speranza che qualcun altro lo faccia al posto mio. Non conservo niente di quello che ho fatto. Per me il valore delle cose che ho fatto si esaurisce nel momento in cui sono nate. Fare un disco è farlo e poi dimenticarlo. A volte ascolto un mio disco e non mi sembra nemmeno possibile che sia io quello lì. Io sono da un'altra parte. Sarebbe come conservare la fame dei pasti passati, è impossibile dopo che si è mangiato. Per me la vita è una cosa di ingredienti freschi, è una esperienza da vivere mentre si vive.

Spesso quando vado ai concerti e vedo tutti con i cellulari a girare filmatini mi chiedo quale sia la molla che scatta. Io in genere più la cosa che vivo è rilevante e meno mi viene voglia di accendere un telefonino per riprenderla. Io riprenderei solo i tempi morti, fosse per me, perché i momenti salienti se non ci pensano gli altri io non li documenterei mai.

Quando io e la Fra ci siamo sposati abbiamo proposto agli invitati di entrare in chiesa senza fare foto. Ci piaceva l'idea che quella festa venisse vissuta come una cosa reale, un momento che resta solo nel cuore e in nessun altro supporto. Un controsenso dirai, però in quel controsenso apparente c'era l'invito a partecipare a qualcosa con uno spostamento di visuale, come dicevo, con la consapevolezza di vivere un'esperienza mentre si vive. Tu ami il surf e per me la questione sarebbe come fare surf riprendendo con la telecamerina quello che stai facendo mentre lo fai. Non sarebbe più surf. Bisogna vivere le cose prima di tutto, bisogna viverle senza volerle rivedere risentire riguardare, ma viverle e basta. Ma questa cosa va approfondita perché è un nodo cruciale di questa epoca.

E quanto sono d'accordo su Milano e le sue strade. Chi ha pavimentato con i lastroni di pietra nell'800 se avesse avuto quel bell'asfalto che c'è adesso non avrebbe esitato. Io sono per l'asfalto nelle città, senza dubbio, sono per l'erba o per l'asfalto, perché se la gente girasse in bicicletta per Milano ci guadagnerebbero tutti, sarebbe un passo avanti. La bicicletta è un mezzo benedetto in una città pianeggiante come Milano, e io faccio di tutto per usarla sempre quando sono in città, anche se le strade con i lastroni e le fottute rotaie del tram rendono tutto più rischioso. Ho sette punti sotto al mento per le rotaie di Milano.

Lorenzo,

F questa è la perfetta rappresentazione dell'attitudine vitale verso il mondo: il valore di quello che fai sta certamente nel prodotto, ma ancora di più

nell'energia vitale che ci metti creandolo, e in quella che il tuo prodotto dispiega poi intorno quando se ne va in giro. Ci vuole estrema confidenza in se stessi, per non cercare gratificazioni in quello che hai fatto in passato. Sai di essere più grande tu delle formule che tu stesso puoi aver creato. Sai che rischiare ti tiene vivo mentre non rischiare ti spegne. Sai che la tua canzone, il tuo libro, il tuo film, è fatto tanto di talento quanto di tutte le azioni, gli sguardi, gli slanci, gli impulsi, i sorrisi, i pugni che ci butti dentro.
Non si può respirare a memoria, deve per forza essere respiro dopo respiro. Il bacio delle cinque e mezza non è lo stesso di quello delle cinque e venticinque. Anche i gesti più automatici – se li vivi in questo modo – non sono mai uguali a quelli che hai fatto prima. C'è naturalmente in ogni cosa che fai la consapevolezza di cosa fare e come fare, ma l'eccitazione e l'energia istantanea che ci metti sono altrettanto se non più importanti. Anche nelle storie d'amore. Se con Manuela funziona così fantasticamente da sedici anni, se abbiamo sempre trovato un colpo d'ala è perché nessuno dei due ha mai difeso niente, perché abbiamo sempre sentito di avere – ancora oggi che i nostri figli hanno a loro volta figli – grandi margini di miglioramento. Mi affascina questa combinazione di maturità responsabile e di attitudine adolescenziale, non sono affatto due aspetti contraddittori, stanno meravigliosamente mano nella mano. L'energia e il fuoco che metti in quello che fai non è che diminuiscono quando te li giochi, anzi semmai si moltiplicano, generano altra energia e altri fuochi. E poi

l'ha detto anche Bob Dylan che parlare del passato è da perdenti.
Viva tutto! non è semplicemente un bel titolo: è un modello mentale, comportamentale, sentimentale.

8 giugno

L

Ti sto scrivendo da una sala del Louvre, sono qui perché dovevo essere a Parigi stamattina, così nel pomeriggio sono venuto a farmi un giro nell'ala della pittura francese neoclassica, tutta roba che non ho mai visto, evitando la parte solita della Gioconda e compagnia bella. Siccome dipingere è stata la mia prima idea di come sarei stato al mondo, di fronte ai quadri provo una grande gioia e di tutte le cose quella che più mi emoziona è il corpo femminile dipinto sulla tela, il corpo nudo delle donne. Penso che per un eterosessuale dipingere il corpo femminile sia come fare l'amore ma a volte anche meglio, può essere anche più intenso, credimi. Scorrere il pennello intinto di rosa carne in modo rotondo sulla tela e poi ripassarci e ripassarci ancora, dar vita con un singolo colpo a una spalla, a un fianco, a un polpaccio, può portarti davvero all'altro mondo. Si dice che la pittura sia prima di tutto luce ma si dice per non dire la verità ovvero che la pittura è prima di tutto sesso, materia liquida che si spalma.

Domattina torno a casa che la mia mamma entra in ospedale per togliersi un'ernia. Il babbo si è operato e sta bene e ieri prima di venire qui siamo pure passati a trovare Valentino il Rossi che si è frantumato un tibia perone che non ci voleva ma alla fine come sempre anche questo sarà servito a qualcosa, come tutto in generale tranne le zanzare che non si sa a cosa servono.
Mi faccio tre ospedali in cinque giorni e un museo. Ci deve essere qualche relazione. Sì ci deve essere per forza qualche relazione. Si tratta comunque di vita e del lavoro che si fa per tirare avanti con la vita fissandola bene nelle cellule o su una tela.
Negli ospedali finisco sempre per creare un po' di traffico di pazienti e infermieri, e non sai quanto mi fa piacere portare una piccola dose di conforto, in quei momenti proprio mi sembra che il mio lavoro possa dare un po' di energia a qualcuno oltre che a me e mi sale la voglia di farlo con maggiore impegno e di non menarmela poi tanto con la sperimentazione ma andare dritto al sodo e fare una musica che faccia stare bene le persone, che celebri la vita che passa ma quando passa è tutta lì da abbracciare in pieno.

Prima di uscire dal Louvre sono passato a vedere la Venere di Milo che ho visto quasi tutte le volte che sono stato a Parigi e ogni volta rinnovo la mia storia con lei come se fosse viva. C'è un carico di bellezza e di mistero che si concentra sulle sue curve che potrebbe bastare anche solo quella scultura a darci un'idea di cosa è la femmina nell'universo. La leggera torsione del suo busto la rende viva. La sapevano lunga i greci in quanto a bella vita. Ecco quello è il mio ideale estetico di femmina e la Francesca è l'essere vivente che più si avvicina a quell'ideale tra tutti quelli che ho conosciuto fino a ora.

Lorenzo, mi mancavi!

F Ma mi avevi detto di essere in ballo con tuo padre e non volevo importunarti. Ora anche tua madre, accidenti! D'altra parte questi sono gli effetti collaterali dell'estensione della nostra esistenza: si è allungata la durata, è aumentata la nostra forza, la vecchiaia si è protratta al di là dei vecchi confini, ma è chiaro che da qualche parte il nostro organismo batte ancora in testa. Proprio per questo non capisco tanta ostilità e diffidenza verso le biotecnologie, che stanno lavorando per ridurre i danni e le disfunzioni del nostro corpo. Certo che tre ospedali in cinque giorni richiedono una sostanziosa carica energetica e vitale!

Come ti puoi immaginare, anche sui modelli femminili non mi sono mai minimamente uniformato a quello che prevale in giro, nella moda nella tv o anche nell'immaginario medio. Da piccolo sono cresciuto detestando i sex symbol popolari dell'epoca: Sophia Loren e simili mi sembravano caricaturali, stereotipi banali. La prima donna di cui mi sono invaghito era Angie Dickinson in *Un dollaro d'onore*, e più tardi mi ha folgorato Julie Christie. C'è una scena di un film che si chiamava *Via dalla pazza folla* dove lei a un pranzo in campagna canta davanti a una tavolata di uomini diversissimi che letteralmente pendono dalle sue labbra, e ho sempre pensato che quella fosse la rappresentazione più occidentale – molto inglese – del canto delle sirene e della sua potenza.

Ho sempre detestato le donne plateali, quelle che a dieci metri di distanza ti colpiscono, a cinque cambi idea e a due vorresti scappare. Non sono mai nemmeno stato generalmente attratto – a parte quando anche io ero giovane – dalle ragazze giovani: mi appassionano personalità femminili più compiute, e anche i corpi più imperfetti ma più vivi. La perfezione estetica è noiosa, a essere affascinante è la vita che c'è in un corpo – la vita passata, quella in atto, quella che ancora deve compiersi ma che si vede, i gesti, gli sguardi. Alla fine non ne faccio mai e poi mai una questione di centimetri, chili, canoni estetici, e non riesco a dividere un corpo femminile in parti separate, anzi le donne tecnicamente belle non mi dicono niente. Trovo incredibilmente sexy la vita di un corpo, al di là della stessa forma.

Che la moda, la tv, e tutte quelle cose lì propongano un modello femminile fasullo, è chiaro: però credo che chi ci casca sia soltanto una parte nemmeno così significativa delle donne. A me sembra che oggi ci sia una molteplicità senza precedenti di modelli femminili, e ci sono sempre più donne che imparano semplicemente a essere se stesse, che sanno che l'adeguamento a un modello le penalizzerebbe invece di valorizzarle. E poi credo che ciascuno abbia un «suo» peculiare modello e corpo femminile, quello che ti chiama irresistibilmente, come se fosse il proprio personale unico richiamo della foresta.

10 giugno

L

Ho bisogno di un disco che mi piaccia moltissimo, di un disco che sia pronto a tutto perché mi piace, che io sia pronto a difenderlo, che io abbia voglia di far ascoltare. Sono pronto a un grande successo con un disco che mi piace e sono pronto anche a un rifiuto con un disco che mi piace ma non sono pronto a un successo e nemmeno a un insuccesso con un disco che non mi convince fino in fondo. Devo passare attraverso tutti i dischi possibili per arrivare a quello lì, a quel suono a quella botta.

Sempre più voglio un disco con molta elettronica perché l'elettronica oggi è lo strumento. Voglio un disco fatto con gli strumenti che tutti i ragazzini potrebbero avere a disposizione ma proprio per questo sia unico e originale. Originale nel senso proprio delle origini. Non vorrei un disco che suoni come un disco fatto in uno studio fighissimo di L.A. ma che sembri uscito da una caverna, da un letto sfatto, da uno studio costruito su Marte.

Voglio riuscire a dirla questa unica cosa che ho da di-

re, l'unica cosa, nessun'altra cosa al mondo oggi ho voglia di dire se non questa: VIVERE, essere vivi, essere qui, essere attaccati al seno dell'universo, sentirlo, sentirlo forte, con tutte le cellule una per una. Solo questo mi interessa e su questo devo riuscire a far girare tutto. Per fare questo ho bisogno di una cosa intensa di un'intensità insospettabile e leggera ma che ti sfondi lo sterno ti faccia uscire di casa a respirare a grandi boccate, a bere l'aria come se volessimo respirare tutto l'ossigeno che circonda il pianeta.
È un viaggio, questo disco.

Lorenzo,

Fè una dichiarazione programmatica, un manifesto non soltanto per il disco nuovo ma per tutta quanta la progettazione inventiva. Si fa così, e basta. Perché è chiaro che i progetti belli e intelligenti e divertenti e importanti vanno tutti bene: ma alla fine un progetto, un libro, un disco, un film, è davvero essenziale, è davvero all'altezza del talento che gli è dato in dono, se serve a esprimere, comunicare, nutrire, espandere potenza vitale, respiro, energia viva, feste dei sensi, degli sguardi, dei gesti, delle mani e dei piedi, dei neuroni e della mente e della volontà.
Se sono così entusiasta di essere al mondo oggi è perché vedo che tutto coincide: il mondo è connesso e globale e non più frammentato e meccanico, il metabolismo delle tecnologie comunicative è lo stesso della natura e del nostro organismo, abbiamo davan-

ti possibilità di scelta che prima nemmeno ci sognavamo, la fine delle identità tradizionali invece di essere il baratro temuto da tanti sta generando la possibilità per milioni di umani di essere autori di se stessi, la conoscenza sta superando tutti i confini di tempo e di spazio, e la stessa nostra esistenza si allarga, si allunga, si potenzia, come fosse un definitivo supereroe. Ecco, è proprio la natura allegramente teneramente supereroica della vita, che è eccitante. Ed è entusiasmante quando qualcuno si prende esplicitamente questa «missione», la responsabilità di evidenziare e irradiare questo prepotente, irresistibile senso di vita.

13 giugno

L

Oggi guardando la partita tra Serbia e Ghana ai mondiali pensavo alla poesia rigirandomi tra le mani una raccolta di Sandro Penna, di cui so poco, come so poco di calcio e tantomeno delle squadre di Serbia e Ghana. In Ghana ci sono stato e ho un ricordo bellissimo e anche struggente e di serbo conosco certe musiche e il cinema di Kusturica che mi piace parecchio. Leggendo le poesie di Sandro Penna con il sottofondo delle trombe di plastica dello stadio sudafricano pensavo che la poesia è qualcosa che prescinde dalla lingua e pure dal poeta stesso. La poesia «è» e il poeta è quello che si getta nella poesia con tutto se stesso come il calciatore del Ghana si getta nel gioco del calcio con tutto se stesso. Le personalità che emergono dai mondi sono isole che escono fuori dall'oceano ma al momento in cui emergono smettono di essere oceano e così definiscono l'oceano stesso come quella cosa che non è terra.

Mi capita a volte con la musica mentre la faccio o l'ascolto. Mi rendo conto che la musica è la musica e io esisto solo se non esisto più, se mi fondo con lei e al momento in cui esisto per gli altri la musica in quel momento non c'è. O ci sono io o c'è la musica, non so se mi spiego caro Franco, se ci sono io non c'è la musica, se io divento musica non c'è più io ma io è la musica e allora è ancora più io. Non significa che il calciatore non debba avere un nome, un pubblico, degli applausi, delle gratificazioni, delle critiche, ma che lui abbia chiaro a se stesso che nel momento in cui lui è il calcio il calcio stesso lo farà emergere come fa l'oceano con le isole e con i continenti.

Pensi che io abbia mangiato pesante? Non ancora, stasera magari che la nonna della Francesca compie 95 anni e andiamo a festeggiarla. 95 anni mi fanno abbastanza ridere… se metti in fila 5 nonne della Fra arrivi direttamente a Cristoforo Colombo, ne metti in fila una ventina e arrivi a Cristo che spezza il pane nell'ultima cena, una ventina mica di più. Tra venti di noi dove saremo?

Lorenzo,

F è come nelle arti marziali quando si dice che tu non sei nell'azione, tu sei l'azione. Gli americani l'hanno ripresa quando di un giocatore dicono che è «in the zone», diventa tutt'uno con il gesto, con la partita. È così nel sesso, quando entrambi si diventa quel gesto, quell'energia. È così nel surf, quando il tuo movimento diventa indistinguibile da quello dell'onda.

L'altro giorno ho letto su «Repubblica» un testo dove Maurizio Ferraris liquidava la filosofia pop come nient'altro che una vacanza intelligente. Come dire sì è un bell'esercizio, ma ricordiamoci che la filosofia è un'altra cosa. Sulla filosofia pop ci ho scritto un libro e ho grande voglia di scriverne ancora, perché abbiamo un dannato bisogno di mettere a fuoco modelli di pensiero più compiuti, capaci di abbracciare il mutamento. Non possiamo davvero più pensare, progettare, comunicare, come si faceva cinque o anche tre anni fa. In questo senso il pop – almeno quello più inventivo, più coraggioso – non rivendica un bel niente, non chiede affatto di essere ammesso alla corte della filosofia: semmai si sta facendo la propria filosofia. Una filosofia che crea, non quella accademica che riflette intorno ai pensieri di altri. Una filosofia che nasce dal biologico e dal corpo, e che dispiega una conoscenza dinamica. Una filosofia che ci aiuta a familiarizzare con il nuovo, che non sarà sempre necessariamente buono, ma intanto guai se ne diffidiamo. Una filosofia coevolutiva, che davvero segna il passaggio dalla *o* alla *e*, dalla stabilità all'instabilità. Altro che vacanza intelligente! Gli accademici intellettuali continuano a pensare e a pretendere di essere unità di misura del pensiero, ma il loro pensiero non ha più nessuna relazione con il flusso delle cose, e noi non possiamo più permetterci un pensiero che non ci aiuta a capire né tantomeno a vivere tutto quello che sta accadendo. È vero che questo tentativo di filosofia pop è asistematico, ma forse proprio questo è il suo vantaggio, la sua grande forza. Anzi, la filosofia tradizionale ci è ancora assolutamente utile perché ha prodotto cose straordinarie, ma dobbiamo toglierla dai suoi sistemi, dalle sue strutture totalizzanti, perché quelle non funzionano più. Se c'è una filosofia classica che funziona ancora è proprio quella più paradossale, meno sistematica, il tao, Eraclito, lo zen meno disciplinato (cercati qualcosa di Ikkyu, che Tom Robbins ha caldamente consigliato a Daniele). No, quello che stiamo facendo è giocoso, esuberante, magari anche sventato: ma è molto, molto più di una vacanza intelligente.

Ho letto anche io il pezzo di Ferraris e ha rafforzato

L in me la sensazione che le classificazioni siano acqua passata utile solo a mantenere gli status laddove ancora sopravvivono. Il fiorire di mille festival dedicati alla mente, alla poesia, alla filosofia, al pensiero, ai tortellini, al blues, alla tecnologia, alla creatività, alla spiritualità, alla scienza, alla cultura, al culturismo, all'oriente, al sud, al nord ecc., non è al-

tro che la conferma che esiste un unico festival possibile che è il festival della connessione, dell'esistenza, dell'energia, dell'evoluzione, e a questo festival purtroppo gli unici che non possono partecipare sono quelli che rifiutano di connettersi nonostante siano comunque connessi.
Domani parto durante la partita dell'Italia almeno la strada è sgombra e me la sento alla radio. Stai seguendo i mondiali? Io vado pazzo per le trombe assordanti in sottofondo. Pare che i telecronisti stiano uscendo di testa per via del fastidio provocato da queste trombe stonate e sguaiate ma io invece sono esaltato da questa manifestazione di vera potenza pop e sovversiva, quasi piratesca senza uccidere nessuno, ma semplicemente rompendo le palle come un immenso sciame di vespe allegre. È una installazione globale di arte di strada e rivela in modo fisico la potenza del concetto di rete al di là della rete di internet. È una cosa punk che mi mette gioia e mi fa ridere. Voglio una di quelle trombe da suonare davanti alla tv quando c'è il tg1. Dovremmo tutti munirci di una di quelle trombe di plastica da mezzo euro.

Lorenzo,

F per gli esperti ho sempre provato un'istintiva diffidenza, in qualunque campo, di filosofia, di economia, di psicologia, di cinema, di spiritualità, di tutto. (Gli esperti «alternativi» poi anche di più.) Loro dicono che quando si ritrovano insieme per sminuzzare un argomento, questo si chiama appro-

fondimento. A me sembra che il nome adatto sia claustrofobia, autoreferenzialità. Quando è arrivato a un congresso di fisici a spiegare la sua «eccezionalmente semplice teoria del tutto» – che paragonano per importanza alla teoria della relatività –, Garrett Lisi non conosceva nessuno, perché quella cosa lì lui l'ha pensata e scritta abitando sulle spiagge per fare surf. C'è sempre qualcosa di morboso, di patologico, in qualunque idea o progetto – magari anche intelligentissimo – che nasce al riparo dalla pienezza vitale.
Che ne dici se dopo disco e libro, Viva tutto! diventasse anche un festival?
Con i mondiali faccio come faccio più o meno sempre (a parte i Lakers e *Lost*) con la tv: la tengo accesa e faccio altro – scrivo, leggo, mangio, sto su Facebook, corro sul treadmill – con un orecchio pronto a catturare un segnale forte. Dicono si chiami multitasking, dicono che sia una moda, però ho sempre fatto così anche quando il nome nemmeno esisteva.

14 giugno

L

Pensavo di partire oggi per Milano ma stamani la mia mamma è caduta battendo la testa e ora è al reparto di neurochirurgia di Siena. Sono appena tornato a casa e domattina torno a Siena poi se la situazione si stabilizza prendo e proseguo per Mila-

no. C'e un piccolo ematoma che dovrebbe riassorbirsi nelle prossime ore ma intanto lei non riesce a parlare ed è sotto osservazione. La mia mamma soffre di una forma leggera di epilessia che però dopo la morte di Umberto è peggiorata e ogni tanto ha delle «assenze» poi si risveglia e non si ricorda nulla. Insomma un bel casino. Ha solo 75 anni che sono un'età che oggi potrebbe voler dire iniziare a vivere davvero e a godersi i famosi anni d'argento ma il dolore della perdita di un figlio è stato troppo forte. Questa caduta di stamattina non ci voleva proprio alla mia mamma, amico mio.
Speriamo bene.
Vado a letto Franco, buonanotte.

17 giugno

L

Sono rientrato in Toscana subito, la situazione si è aggravata e la mamma è stata operata e ora è in terapia intensiva tenuta in stato di sonno fino a quando lo decideranno i medici.
Tutti gli equilibri cambiano in continuazione. La nostra vita è attaccata a un filo sottile e su quel filo si tenta di camminare in equilibrio e proprio quando pensi di aver trovato il ritmo giusto arriva il vento a costringerti a rivedere la tua sicurezza.
Vorrei dirle che le voglio bene e che la ringrazio per

avermi messo al mondo e per aver difeso le mie scelte mentre il babbo pensava che fosse una stronzata questa storia dei giradischi, e che questa cosa mi ha rafforzato e che tutto quello che ho fatto l'ho fatto anche per farla sorridere e perché le sue amiche sapessero che lei è la mamma di una rockstar. Conto di dirglielo quando si sveglia, ma penso anche che lo sappia e che non sempre siamo in grado di far star bene gli altri. Ognuno può far star bene se stesso e basta, e non c'è molto altro che possiamo fare.
Non so bene nemmeno come stare io, se stare male se essere triste o speranzoso, se essere disperato o arrabbiato, se essere fiducioso o non so bene cosa. Sono quasi tutti ricordi di infanzia quelli che hanno il sopravvento come se andassi a cercare i punti chiave, le scene madre, i piccoli dettagli che visti da lontano diventano fondamentali. In ospedale la mia curiosità diventa un modo per tenermi impegnato e mi porta a voler sapere cosa sono tutti quei monitor e quelle macchine e quei tubi, che nomi hanno i farmaci che le iniettano, e a cosa servono. Vado su internet e mi informo su cosa è il cervello e il coma o come si vuol chiamare questa condizione.
Lei sembra molto tranquilla. Dorme di un sonno profondissimo come se il corpo fosse lì e la mia mamma fosse a un'altra profondità aspettando di ricongiungersi a quel corpo e di farlo alzare e parlarci. La vita è programmata per restare viva, noi siamo lo strumento perché la vita viva.
Resto qui intorno a questo letto senza poter fare nulla per ora.

Lorenzo,

F le situazioni nelle quali non si può fare nulla sono tremende per tutti, ma sono molto più tremende per chi invece è abituato a sentirsi in qualche modo onnipotente perché crea, costruisce qualcosa che prima non c'era e poi è importante per tanta gente. È dura scoprire di non essere onnipotenti.
Alla fine credo che l'unica cosa che si può fare è anche quella fondamentale sempre, in ogni situazione: comunicare calore a chi ami, farli sentire importanti, farli sorridere, fare per loro mille quotidiani gesti vitali.
Ti abbraccio forte.

19 giugno

L Ci fanno entrare a mezzogiorno per una mezz'ora a vedere come sta la mamma ma noi arriviamo un po' prima e aspettiamo con gli altri che hanno i parenti lì dentro e ci si scambia qualche notizia e si fa presto a creare una certa solidarietà tra gente che è lì per un motivo simile. Noi umani tendiamo all'aggregazione in base alle cose che ci succedono. Cento italiani in una terra di milioni di altri che non sono italiani fanno subito un club, come succede ai velisti, ai miliardari, ai tennisti, agli utenti Mac. Chissà perché i miliardari fanno il club dei miliardari e i disgraziati invece niente, nessun club di disgraziati, ognuno per sé con la propria disgrazia, bisognerebbe ragionarci su questa cosa. È una questione di identità, come se la nostra identità fosse stabilita in base a cosa aggiunge a noi qualcosa e mai a ciò che toglie a noi qualcosa. Un uomo è come una pagina bianca, si tende a pensare, e la sua identità è ciò che sta scritto su quella pagina, si pensa che sia una storia di provenienza, di accumulo, di malattia, di salvezza, di capacità innate o di talenti sviluppati. Ma per me non è così, per questo non ho mai fatto parte di nessun club e mai farò parte di un club. Noi siamo un fluire di cose e siamo in realtà come monitor e non come pagine, le cose scritte sono punti luminosi. In questo senso la tecnologia e la fine della pagina scritta ci porteranno a superare la metafora dello scrivere come gesto indelebile verso una concezione del vivere come un flusso di eventi.

La mamma è sempre lì e i medici sono ottimisti perché reagisce a certi stimoli. Oggi le tenevo la mano e se le dici cose gridandole nelle orecchie lei a volte stringe la mano, poco poco ma sono fatti importanti. È come se lei fosse a una grande profondità, come se fosse in fondo a un pozzo e noi le parliamo dal bordo del pozzo. L'acqua in fondo al pozzo riflette il cielo.

Ha la faccia rilassata e liscia senza una ruga, sembra ringiovanita, respira con calma e ogni tanto stringe i denti sul tubo che ha in bocca. Conoscendola so che sarebbe molto irritata dall'essere lì in balìa di tutti questi signori che la pungono e la cablano e la girano

e le guardano il corpo nudo sotto al lenzuolo a lei così freddolosa che non rinuncia mai a due coperte e tiene il maglioncino anche d'estate.
Aspettiamo e intanto sto a casa nel resto del tempo senza fare nulla, magari domani mi metto un po' a lavorare anche se adesso la mia musica mi sembra in fondo al pozzo pure lei.

Lorenzo,

F

forse tua madre quando le tieni la mano percepisce proprio questo, il flusso vitale. È attraverso il tuo, il vostro flusso vitale che lei può risvegliare e rianimare il suo.

21 giugno

Franco stare qui a non fare nulla mi disorienta, non

L

sono un mistico che può mettersi lì a meditare aspettando che il loto si schiuda. Il reparto di terapia intensiva della neurochirurgia è un luogo che non avrei mai voluto raccontare ma invece in questi giorni quell'odore di disinfettante lo sento anche nel cibo buono che la Fra mi fa trovare a casa quando torno. È un limbo dove le persone transitano in uno stato tra quella che noi intendiamo per vita e quella che noi intendiamo per morte, ma quello stato lì non è l'una e nemmeno l'altra cosa per come li conosciamo noi. Un luogo dove la più avanzata tecnologia medica si fonde con il respiro affannoso dei pazienti e con i lividi degli aghi sui loro corpi. I monitor scandiscono ritmi cardiaci e pressioni intracraniche come se fossero gli analizzatori di spettro che usiamo noi in studio per valutare la salute di un suono, di un mixaggio. I medici sono come sacerdoti che hanno accesso a qualche tipo di mistero che per noi resta chiuso dentro ai loro segni, alle loro parole difficili, ai loro gesti ripetitivi che accedono a qualche tipo di rivelazione, di sacralità. L'ospedale di Siena fa parte dell'università di medicina, ci sono un sacco di ragazzi e ragazze che fanno pratica sul campo, quindi anche per me è strano stare lì in mezzo a molti di quelli che in genere vedo sotto al palco a spassarsela e qui le parti sono invertite e io sono spettatore della loro scelta di vita che li porterà a passare anni e anni tra cateteri e lenzuola da cambiare, aghi da iniettare e i più abili di loro crani da scoperchiare per salvare una vita

Lorenzo, buongiorno.

F Questo è il momento di giocare in difesa, qui non si tratta di espandere la vita ma di proteggerla al livello della sopravvivenza. La medicina stessa è come la difesa, si occupa di patologie, ferite, insidie, e taglia, tampona, cerca di limitare i danni. Sarebbe bello che la sofferenza riguardasse – in quanto effetto collaterale – le imprese e tutte le nostre scelte vitali, non l'esistenza stessa. Ma non ci siamo ancora arrivati, e talvolta tocca lottare in trincea per difendere un pezzetto di vita.

22 giugno

Stamattina abbiamo portato il babbo dalla mamma.

In casa nostra non ci sono mai stati sentimenti esibiti platealmente e noi il babbo e la mamma non li abbiamo mai visti darsi un bacio, ma come nella migliore delle tradizioni cristiane un bacio dato al momento giusto può riscattare una vita di sentimenti negati. È la mia cosa preferita del cristianesimo questa, che uno può riscattare un'esistenza anche nell'ultimo attimo. Mi rendo conto che si tratta di una roba consolatoria che ha poco spazio nelle altre religioni e anche nel mondo protestante, ancora meno in quello calvinista, ma ha una forza, una bellezza folgorante. Mi ritrovo spesso a pensare in questi anni a che coppia sono stati e sono il mio babbo e la mia mamma. È normale quando si vive in coppia cercare riferimenti in giro, vedere cosa hanno saputo fare le altre coppie intorno. I miei genitori. Mario e Viola, due ragazzi di una piccola Cortona arrivati a Roma appena sposati dopo due anni di fidanzamento in cui lui lavorava già a Roma come gendarme del

papà. Una coppia degli anni 60. Quattro figli, un solo stipendio. Una bella storia di vita. Una coppia con una sua energia. A volte mi chiedo se una coppia così oggi sarebbe sopravvissuta o si sarebbe separata di fronte alle prime difficoltà ma è una domanda stupida. A volte da bambino quando i miei litigavano io ci speravo un po' che mio padre se ne andasse, poi non se ne andava mai, e forse aveva le sue buone ragioni. Oggi tornando in macchina da Siena mi sono sfilate davanti le sue buone ragioni: detto come lo direbbe Sinatra: LOVE. Tornando a casa il babbo mi ha detto che da ragazza la mamma era bellissima, non puoi capire quanto era bella, mi ha detto, ma che caratterino, mi ha detto poi.
In questi anni ho avuto modo di frequentare un po' la sanità pubblica in Italia e la mia esperienza è positiva. Certo le strutture sono spesso incasinate ma si incontrano esseri umani di valore, infermieri, medici, perfino i giornalai. Una delle conseguenze di una società dove il racconto della realtà ha la meglio sulla realtà stessa è che le cattive notizie governano l'immaginario e se si pensa alla sanità in Italia si pensa subito a uno scatafascio. I casi di malasanità sono tanti e chiaramente sui giornali ci finiscono solo quelli e guai se non fosse così, ma nonostante le cose che funzionano non funzionino mai come notizia, non ci dovremmo mai dimenticare che ci sono anche loro, le cose che funzionano. Dovremmo sempre, quando leggiamo un giornale, pensare che stiamo tenendo in mano un prodotto che si basa sulle cattive notizie ma che si tratta pur sempre di un prodotto,

sacrosanto e necessario, ma comunque un prodotto. Ma noi esseri umani non siamo un prodotto nonostante acquistiamo e produciamo prodotti, noi siamo qualcosa di più di un prodotto, del frutto di un consiglio di amministrazione. Noi abbiamo potenzialmente l'occasione, in questa vita, di illuminare il buio, di apportare grandi cambiamenti intorno a noi attraverso la semplice attività di fare bene quello che stiamo facendo mentre lo stiamo facendo. E facendo bene quello che stiamo facendo non salviamo il mondo nel senso ideologico del termine ma semplicemente mettiamo in circolo molecole che brillano e di queste molecole il nostro spirito è il primo a nutrirsi. È la solita bellissima frase che conclude *Le città invisibili* di Italo Calvino quando Marco Polo dice che l'inferno non è nell'aldilà ma se c'è è qui intorno a noi e dentro di noi, e possiamo scegliere di adeguarci a lui, di diventarne parte, oppure di vedere ciò che non è inferno e di alimentare questo, di dargli spazio.

In questo senso, tornando ai dottori ecc., c'è da dire che forse con la scomparsa di una generazione di baroni laureati durante il boom economico e quindi legati a un'idea del mondo illuminista/democristian/borghese oppure ideologica e basta, sta emergendo una nuova generazione che è decisamente più evoluta, migliore, più attenta alla qualità del proprio lavoro e meno allo status raggiunto o da raggiungere. Quella che in genere si definisce crisi è in realtà una gran figata perché spazza via il vecchio e fa largo al nuovo e il nuovo è migliore. Chi decide di fare il me-

dico oggi è più probabile che lo faccia per vera vocazione rispetto ai vecchi dottori che parlavano difficile apposta e giravano per i reparti come delle rockstar con le loro groupies al seguito. Andiamo verso un mondo migliore in cui le persone avranno la possibilità di scegliere meglio e di scegliere davvero.
È in atto un vero e proprio scontro tra il vecchio mondo e il nuovo mondo e pezzi dell'uno si ritrovano nell'altro, ma si tratta di una bella lotta e vincerà il nuovo che inevitabilmente diventerà vecchio a sua volta perché non c'è parola più vecchia della parola NUOVO che quando la pronuncio suona già decrepita. Il nuovo è già decrepito, questo lo dobbiamo sapere e gustarci il sapore che riceviamo da questa consapevolezza, è solo l'energia che fa la differenza e l'energia è movimento e trasformazione continua.

Lorenzo,

F ho sempre creduto che le storie, le coppie, le relazioni sentimentali, le possa davvero conoscere soltanto chi c'è dentro (a volte nemmeno loro). Da fuori si può certamente vedere lo stato di una relazione, e si può capire quanto una persona ne sia magari prigioniera, o immalinconita, o al contrario arricchita. Ma quello che davvero accade fra un uomo e una donna, lo sanno soltanto quell'uomo e quella donna. Chiaro che il mio metro – come il tuo – privilegia gli slanci, i gesti forti e luminosi e vivaci, e le iperaffettività (la fisicità di un rapporto, i mille continui nutrimenti l'uno dell'altra). Però alla fine vale sempre lo stesso principio: la cosa essenziale è che funzioni, punto. Chiaro che le coppie storiche erano fortemente condizionate dalle aspettative sociali, e da certe regole morali che oggi sono profondamente mutate: però mi piace l'idea che una relazione sia un progetto e un impegno da costruire e mantenere (anche se poi tanti pagano un prezzo troppo alto per mantenere qualcosa che non funziona e non funzionerà mai). Se scelgo una donna, se la scelgo davvero – non semplicemente perché mi piace, tantomeno per colmare una mancanza – poi la prendo tutta, interamente, senza mai per nessun motivo cercare di cambiarla: si possono insieme smussare angoli e rimodellare certe attitudini, ma il carattere, il suo modo di essere, anche il suo corpo, li prendo al duecento per cento.

26 giugno

L

Ieri la mamma ha aperto gli occhi. Nel pomeriggio li ha aperti di nuovo e per una mezz'ora ha mostrato di essere lì con noi nella stanza, di reagire a certi stimoli.

Sarà un viaggio lungo ma è iniziato e questa signora di 75 anni ieri sembrava appena nata, ogni suo movimento di un dito destava meraviglia e commozione. Sembra una neonata nella culla, le stesse espressioni

e guardandola e stando lì con lei mi tornano in mente i primi giorni della Teresa, quella volontà di vivere espressa attraverso ogni cellula. Quella volontà di vivere che mi confondeva e mi confonde perché mette in scena una domanda: chi è che esercita questa volontà? Chi è che vuole vivere, la mia mamma o qualcosa attraverso il suo corpo vuole essere, vuole vivere? E cos'è questo qualcosa? Dio? La vita? L'energia del cosmo? Oppure è lei, l'individuo Viola Cardinali in Cherubini? L'individuo Teresa Cherubini nata da Francesca e Lorenzo?
Domande senza risposta, la risposta è nella domanda stessa forse, la domanda è già la risposta.

Hai visto la nazionale? A me dispiace solo perché mi piace la gente allegra e perché quando l'Italia vince ai mondiali i bar lavorano di più, e mi dispiace per la Teresa che aveva preparato una specie di striscione fatto a mano da appendere alla finestra della sua cameretta. Mi piace veder vincere le squadre latine e africane e adesso che l'Italia è fuori posso abbandonarmi a supportare quelle squadre.
Comunque anche se io sono l'italiano più lontano dal calcio tra quelli che conosco a me i mondiali piacciono. Mi piacciono perché si chiamano «mondiali» e a me la parola mondo piace già detta così, lo so che per questa cosa mi prendono in giro ma è la pura verità, la parola mondo da sempre, da prima ancora di saperla leggere, mi fa alzare le antenne. Avevamo in casa il mappamondo con la luce dentro da bambini, come tanti bambini italiani, insieme al-

l'enciclopedia dei Quindici e alle comiche in tv dopo pranzo, ma tra queste tre cose era il mappamondo illuminabile da dentro che mi piaceva. Chi ha avuto l'idea di mettere una lampadina nel mappamondo è un genio, senza dubbio. La mia generazione poi è cresciuta con questa idea di mondo come palla visibile da fuori (ne avevamo parlato già mi pare).
Hai visto che tra i temi della maturità quest'anno ce n'era uno anche sulla possibilità o meno di altre forme di vita nell'universo? Penso che avrei fatto quello, ne ho parlato con la Teresa e lei che ha una mente molto più logica della mia mi ha detto che secondo lei non esistono gli extraterrestri verdi con le antenne in testa ma l'universo è talmente grande che sarebbe assurdo pensare che questa nostra sia l'unica possibilità. Pensa un po'.

Lorenzo,

F sono felice che tua madre abbia fatto un gesto così piccolo ed enorme come aprire gli occhi.

Sai, le grandi domande non sono mai riuscito a pormele, mi è sempre sembrato che vadano al di là della mia giurisdizione, che come dici tu l'essenza sia molto più importante di qualunque risposta.
A me affascina l'idea che ogni essere umano abbia in sé l'intero percorso dell'evoluzione, il metabolismo. Mi affascina come in ognuno di noi ci sia un accumulo millenario di gesti, di scelte, di forze e di paure, e che poi questo set ognuno di noi lo arricchisca inestimabilmente con qualcosa di unicamente suo. Sia-

mo il risultato casuale, fragile di una combinazione fra un milione, eppure siamo quanto di più prezioso. Cellule che si combinano al di là di qualunque nostro controllo, eppure assolutamente eccezionali. È questo rapporto fra codice biologico e genetico ed eccezione singolare che più di tutto mi lascia a bocca aperta. In questo senso Teresa ha assolutamente ragione: in tutto quel ribollire di materia che gira per l'universo, ci sarà da qualche parte una combinazione di batteri che genererà qualcosa di più complesso che poi genererà qualcosa di più compiuto. Poi noi umani abbiamo inesorabilmente la tendenza un po' ridicola a voler dare una forma riconoscibile a tutto quanto.
Pensa un po', detto da me che detesto le identità generaliste – mi colpiscono certi inni nazionali, naturalmente quello americano che canto anch'io con la mano sul cuore, *God save the Queen*, l'inno russo, quello tedesco (c'è una versione di *Deutschland über alles* fatta da Nico – lei con quella voce profonda e l'harmonium – che ascolto una sola volta all'anno perché è tanto straordinaria quanto lugubre). Però alla fine mi scopro sempre a seguire i giocatori più delle squadre, e il modello di giocatore che mi attrae è sempre quello lì, quello con qualcosa di eccezionale, di mitologico, unito al cuore, alla volontà di potenza, alle ginocchia sbucciate, al terrificante senso di responsabilità.

28 giugno

Che confusione che ho in testa, Franco mio, vorrei evaporare.

L

La Fra mi ha segnalato un pezzo di Camille Paglia su «Repubblica» di oggi, quello sulla controrivoluzione sessuale. L'hai letto? È interessante e in certi punti condivisibile la sua analisi, anche se a noi non piacciono le analisi in generale giusto? Guarda che non scherzo, io davvero ogni volta che mi avventuro in un'analisi ne esco sempre un po' infiacchito, chissà perché, però continuo a interessarmi alle analisi fatte bene, tipo quella di oggi in cui la signora Camille sostiene che la rivoluzione sessuale degli anni 60 ci ha consegnato un nuovo equilibrio dei sessi che rischia di cancellare l'eros e io sono d'accordo con la signora, senza eros la vita manca di un Dio fondamentale.

Il passaggio dall'autocontrollo all'estasi è arduo, dice Camille, sono d'accordo, e il rischio è che si finisca per trovare un'estasi da autocontrollo, dico io, che non mi convince per niente. E a volte sembra un po' così non credi? A volte le vedo queste femmine della specie che hanno l'aria di vivere il controllo del loro peso e del tono muscolare come una vera e propria impresa, forse un pochino sterile, credo.

Avendo passato un po' di tempo a New York negli ultimi due anni questa cosa l'ho proprio vista forte forte e comunque ci ho visto dentro anche un'energia, un potenziale. Cioè, intendo dire che c'è un po-

tenziale in questa tensione che oggi è espressa quasi sempre al ribasso attraverso prototipi femminili un po' tristi, un po' rigidi e quindi fragili, ma come tutti i potenziali se non esplodono diventano malattia, diventano punitivi. Punitivi, ecco la parola che cercavo, punitivi verso se stessi e verso gli altri, bisogna stare attenti.
Domattina magari ti vengo a cercare così prendo un caffè con te prima di venire in studio.
Molta confusione sotto al cielo.

Lorenzo,

sono felice che arrivi, sia per il disco che in mezzo alla confusione bussa dentro di te per uscire, sia perché ho grande voglia di parlarci un po' dal vivo, e soprattutto perché hai potuto parlare con la tua mamma.
Sarà una pretesa eccessiva, ma da ogni cosa che leggo, che ascolto, che vedo, mi aspetto sempre che mi dica come fare. Come fare a migliorare l'umore, come fare a servirmi dei mutamenti, come fare ad agire le mie forze.
Camille Paglia dice cose vere e condivisibili: ma poi? Non chiedo né a lei né a nessuno un manuale, ma uno slancio sì. Quello che lei vede è tutto vero: chiaro che guardo con sospetto tutti i ruoli, tutte le forme di controllo, tutto ciò che sublima o raggela o inscatola la vitalità erotica. Però sarebbe più importante che evidenziasse chi invece non si comporta come lei analizza, che mettesse a fuoco e con-

dividesse quei prototipi umani, quelle storie singolari, che pur vivendo nel mondo complesso e molteplice delle grandi metropoli contemporanee e delle infinite reti connettive riescono a vivere con forza sensuale, con vivacità, le relazioni e le proprie stesse professioni. Ce n'è tanta di gente così, solo io ne conosco un po', e di altri ho letto e sentito. Ad esempio, quando dice che il rock è diventato solo superego e che dopo Madonna c'è la tristezza farlocca di Lady Gaga, ha ragione: ma, Lorenzo, quanto rock c'è che non è così? Sigur Rós, Jack Johnson, RHCP, un sacco di gruppi indipendenti, e fra le ragazze non ci sono forse Björk, Cat Power, Hope Sandoval, e tante altre? Ripeto, non discuto quello che lei scrive: ma a essere importante davvero è quello che non scrive, è la «esposizione» delle storie esemplari, che ci spingono un passo oltre. È da un po' che mi piacerebbe fare un video dove si raccontano storie di grande sesso: no, non un porno e neanche semplici esplosioni, ma proprio un'attitudine sensuale nei confronti della vita. Credo, so, che ci sono esseri umani così, farebbero un gran bene a tanti, a tutte quelle e tutti quelli che si accontentano di meno, o che controllano, o che credono scioccamente che il contrario del controllo sia la trasgressione. Ci sono tanti umani eccellenti, soprattutto giovinastri, che hanno semplicemente bisogno di una scintilla, di vedere qualcuno che non gli dice le solite cose dissuasive e appunto punitive. Abbiamo bisogno di un'epica erotica, le analisi non bastano.

Sono così d'accordo con te!!!

L Ultra d'accordo.
La penso come te sulle analisi in generale, perfino sulle analisi delle urine.

30 giugno

È morto Taricone.

L Li conosco bene io quelli che si buttano col paracadute, che volano con gli ultraleggeri, rischiando la vita ogni volta. Certo fa incazzare, di brutto, perché morire a 35 anni non va bene porco cane, non va proprio bene, con una figlia piccola poi. Però è così che va, chi fa quel tipo di sport, chi ha quel tipo di passione lo fa proprio perché la posta in gioco è la più alta possibile, se non fosse così non avrebbe nessun senso.
Non so se l'Argentina vincerà questo mondiale anche se mi piacerebbe, ma di sicuro Maradona mi emoziona. Mi emoziona vederlo vestito come a un matrimonio della campagna di casa mia che urla a bordo campo e che avrebbe voglia di entrare in campo a dare una mano. Mi emoziona perché è assolutamente fuori da tutti gli schemi possibili, perché ha un sacco di difetti e nella vita ha fatto una marea di cazzate, ma è uno che fa gol, che passa la palla, che ogni tanto ha dato un calcio al pallone come se il pal-

lone fosse il mondo. Mi piace anche per i motivi per cui non mi piace, e perché so che quando meno me lo aspetto mi darà un nuovo motivo per farmi anche incazzare. È un delinquente nel senso più piratesco del termine, però fa gol e la differenza sta tutta lì. Nel film di Kusturica dedicato a El Diego, il grande regista dice che «Maradona è un dio e agli dèi si perdona tutto, anche le cose peggiori, perché sono dèi» e penso sia proprio così, è una questione di gol, di saltare gli avversari quando sembra impossibile, di incarnare l'imprevedibilità del tutto, l'infinita possibilità. Alla fine mi piace anche il modo in cui fa l'allenatore perché non è diverso da come giocava a pallone, fa quello che non t'aspetti, e però fa gol, perché non basta fare quello che nessuno si aspetta, bisogna pure fare gol.

Lorenzo,

Fanche io mi sono sentito preso fra due fuochi, e alla fine devo concludere che è giusto rimanere fra i due fuochi. Da una parte capisco chi brucia per una passione, nulla di grande può essere senza rischi, e se senti il richiamo del volo – come Umberto – e del lancio – come Taricone – non puoi non rispondere a quel richiamo. Dall'altra credo che quando hai una bambina, la gioia e la responsabilità di una bambina, quella deve essere la tua priorità. Non credo che lui abbia messo la sua bimba in secondo piano. Solo che ogni tanto basta un episodio, uno scarto minimo di un'ala o di un paracadute, per in-

frangere tutto. Mi ricordo di averti raccontato – quando è morto Umberto – che Pete Maravich, grande giocatore di basket, un virtuoso pazzesco di cui ho cercato invano di imitare i movimenti, era morto a quarantatré anni su un playground dove giocava a dispetto dello sconsiglio dei medici, e suo figlio adolescente disse che il dolore era tremendo ma che non riusciva a pensare a un modo migliore per suo padre per andarsene. E tu dicesti la stessa cosa di Umberto, non per consolarti in qualche modo ma perché davvero è una benedizione andarsene facendo quello che ti appassiona.
Maradona l'ho sempre detestato, soprattutto da quando al suo arrivo in Italia mi sbilanciai a dire che sarebbe stato un fallimento, e non gli ho mai perdonato di avere fragorosamente fatto a pezzi la mia competenza calcistica. E poi la coca, e Castro e l'anti-imperialismo da operetta, e il resto. Ma poi alla fine non sono mai riuscito a resistergli, perché ha sempre dimostrato una generosità smodata verso il gioco, verso i suoi compagni, verso tutto. Alla fine in ogni campo mi piace solo chi si sdà, chi non si risparmia, chi non calcola, chi si mette in gioco fino in fondo, chi ci mette la faccia. Ecco, oltre a quella che dicevi prima – non guardare indietro, giocati il qui&ora –, un'altra lezione evolutiva fondamentale è proprio questa: non risparmiarti mai, non c'è vera forza che non sia anche generosa.

5 luglio

Il lavoro sul linguaggio è quello più importante in un disco di oggi e di sempre. I social network hanno trasformato la società e il modo in cui le persone guardano se stesse, e la musica è coinvolta in questo processo. I social network agiscono in due modi complementari e contrapposti: appiattiscono la realtà e di conseguenza permettono alle cose appuntite di emergere rispetto al panorama. Le cose appuntite sono pungenti e quasi sempre «cattive», per questo le espressioni di critica e di cinismo hanno oggi più visibilità, perché è la maniera più facile per emergere. Ma non è detto che sia l'unica, è solo la più facile. C'è bisogno di più complessità e allo stesso di più potere di penetrazione nel corpo del proprio tempo. Le due cose, la complessità e il potere di penetrazione, sembrano contraddirsi a vicenda perché di solito è la semplicità che penetra e la complessità che necessita di strumenti specifici per essere compresa, ma le cose oggi sono diverse e ci è richiesto di fondere in un unico oggetto le due caratteristiche senza però renderle riconoscibili.

Oggi si parla molto di «emozioni» e tutto sembra costruito per «emozionare» il «cliente» finale, ma qui siamo ancora in ambito di comunicazione pubblicitaria tradizionale che per me invece è da superare verso un nuovo livello di comunicazione che non emozioni nessuno ma che offra gli strumenti adatti a «emozionarsi» che è una cosa molto diversa.

Sono di nuovo in studio a Milano. Sono stato tre giorni a casa e ogni giorno dalla mamma che fa piccoli progressi. Mi sembra un parto al contrario questo che sto vivendo con lei, è un po' come se mi partorisse di nuovo nel suo silenzio immobile e io accanto a lei a cercare noi due in quel silenzio così pieno di mistero e di emozione. Ieri sera le ho letto il Vangelo di Luca e lei mi stringeva la mano e quelle parole avevano una forza che non hanno mai avuto prima nella mia bocca. Poi le ho letto qualche pagina dei Salmi (la mamma ha una religiosità tradizionale all'antica e ho pensato di farle piacere e lei mi faceva intendere che è così) e i Salmi hanno una potenza straordinaria che in certe situazioni quando siamo fuori dal gesto meccanico si rivela con molta forza. Probabilmente se le avessi letto Pinocchio anche quelle parole avrebbero avuto una sacralità. Non so se la mia mamma ha ancora voglia di vivere, ma credo sia necessario metterle a disposizione tutte le condizioni perché nel caso avesse voglia di vivere lei possa provare a farlo. Ha una grande cicatrice sulla testa, da un orecchio all'altro, ma è sempre la signora Viola ed è pazzesco come il nostro cuore tenda a trovare punti di appoggio sempre, in qualsiasi condizione noi tendiamo a trovare un equilibrio per quanto nuovo e forzato. Se non fosse così, non ci sarebbe evoluzione. In fondo l'evoluzione non è altro che il processo dinamico tra slancio e nuovo equilibrio.
Nessuno slancio avrebbe senso se non approdasse a un nuovo equilibrio dal quale poi lanciarsi alla volta di un nuovo ignoto.

Nella musica accade una cosa simile, si trova un equilibrio e qualcosa ci spinge a un nuovo slancio in un processo infinito che è personale e proprio in quanto personale finisce per rivelarsi il più collettivo possibile.

Lorenzo,

Fstamattina a colazione sono sbottato a ridere quando mi hai detto che *Safari* ti sembra antico come *Fatti mandare dalla mamma a prendere il latte*. D'altra parte anche a me le cose che ho scritto pochi mesi fa sembrano sempre inesorabilmente tramontate.

E poi sì, accidenti, non si può più – è diventato il mio mantra – progettare, pensare, comunicare, come si faceva soltanto tre anni fa. Non è nuovismo, non è infatuazione per tutto quello che luccica: è che davvero le possibilità di scelta e di movimento che abbiamo oggi fra le mani sono sempre più grandi ogni giorno che passa, e a me entusiasma avere più possibilità di scelta, perché è una sfida, è un richiamo a metterti in gioco, a reinventarti. A me entusiasma vedere ogni giorno mio figlio e la sua bimba a Los Angeles in diretta, in video, gratis, anche mentre sono al bar o sull'autobus. Le tecnologie comunicative sono potenzialmente strumenti affettivi, caldi: semplicemente, anche tu devi essere affettivo e caldo. Non si tratta allora di inseguire i nuovi gadget, ma proprio di essere dove l'onda forma il tubo, e tu puoi scegliere se entrarci o no, e come entrarci. Entrare nell'on-

da è come entrare nell'evoluzione, è vivere l'evoluzione e vivere se stessi come evoluzione.
In questo senso i social network sono davvero uno strumento entusiasmante, proprio perché possono essere tanto un gioco adolescenziale quanto un esperimento antropologico, tanto cazzeggio&gossip quanto allargamento delle relazioni. È il massimo della globalità che suscita il massimo dell'esperienza personale, è che sei ancora più consumatore e spettatore ma ancora di più sei autore di te stesso, produttore di contenuti. È tutto molto taoista, assolutamente paradossale. Non ne abbiamo parlato prima, ma credo tu abbia letto la spettacolare cosa di Salman Rushdie che c'era ieri su «Repubblica» a proposito della natura del paradosso. Che non è affatto una sofisticata astrazione intellettuale, non è affatto un brillante gioco di prestigio, un'arma di seduzione intellettuale o un effetto speciale della retorica. Il paradosso è la forma del mondo globale, e prima ancora è la forma del mondo naturale. Senza una sensibilità paradossale, connettiva, dinamica, neobiologica non si può capire né tantomeno vivere il mondo connettivo, dinamico, neobiologico. Ormai in ogni fenomeno è tale la molteplicità che esplode in tutte quante le direzioni, che sempre più possiamo essere certi che accadrà qualcosa di non lineare, di perfettamente paradossale.
Ecco, secondo me un disco oggi dovrebbe essere paradossale proprio in questo senso vitale, non soltanto mentale. Per comunicare di più dovrebbe saltare, scavalcare d'un balzo tutti gli artifici comunicativi di

ieri. Per essere davvero semplice dovrebbe avere dentro un'estrema complessità di cose. Per suonare meglio, dovrebbe usare quelle tecniche, anche più sbrigative, che pulsano di più, che arrivano direttamente allo scopo.

6 luglio

L Milano Manaus mi piace, qui in studio abbiamo l'aria condizionata che nemmeno nella cella frigo della macelleria e fuori c'è l'Amazzonia vestita da Milano.
Stamattina Canova è venuto qui alle 7 e ha messo mano a un pezzo che ieri ci aveva fatto sputare sangue e quando sono arrivato ho sentito una cosa bella. Ieri notte prima di andare via il pezzo lo stavamo quasi per buttare, poi abbiamo fatto un atto di forza cambiando tonalità velocità e buttando la base e sostituendo tutto con roba elettronica molto effettata ed è venuta fuori una cosa che aveva qualcosa di dance ma anche qualcosa di molto lontano dalla dance.
Mi immagino il pezzo che parte in radio mentre uno è nel traffico in macchina che va al lavoro e il panorama dal finestrino si elettrifica e la giornata comincia bene. Mi immagino il pezzo con davanti una pista da ballo. È un buon pezzo anche per chi vuole rimorchiare in un club, è adatto allo scopo direi. Si

chiama *Tutto l'amore che ho* ed è una romanticheria, ma adesso ha qualcosa di magico.
Mi piace molto cosa si può fare oggi con il computer in musica associato ai synt modulari e alla manipolazione dei suoni acustici. Il computer è la più calda delle macchine, la più simile, per funzionamento, alla nostra mente.

Il pezzo di Rushdie è bellissimo... mi sembra di averlo scritto io!!!! (ah ah ah!)

F Lorenzo, sono andato a cercarmi tutto quello che hai scritto finora del disco nuovo, dalle tue prime intenzioni programmatiche fino a oggi: ci sono salti, ripiegamenti, confusioni, folgorazioni, come in un vero flusso. Ma alla fine c'è come un ritornello che riappare sempre, un motivo di fondo che parla di un disco che ti assomigli ancora più di sempre, che non saluta guardandole nello specchietto retrovisore le cose che hai fatto prima perché non le lasci là, te le porti dietro, però le vivi come una rampa di lancio per proiettarti oltre. In fondo anche questo libro è una canzone di cinquecento pagine, con dentro una enorme molteplicità di cose ma con un ritornello quasi ossessivo, quello della vitalità che è più grande di tutto, che contiene tutto. Farò inorridire i puristi della filosofia e della spiritualità, ma questo è un libro poptaoista.
Un'altra cosa: l'immagine di te che butti all'aria tutto, che sprechi e boicotti te stesso, per poi vedere af-

fiorare quello che deve affiorare, mi sembra quasi un percorso «mistico» (nel senso che tu e io possiamo dare alla parola).
Vedi, la storia buddista che quando cerchi una cosa puoi star certo che non la troverai, mentre è quando non la cerchi che ti arriverà, mi ha sempre un po' irritato perché ci ho visto un certo fatalismo. Tu in fondo stai facendo questa cosa, però – ecco cosa fa la differenza – la stai facendo a partire da un «progetto» fortissimo. Così forte che può tranquillamente accettare di essere buttato all'aria, di essere messo e rimesso in gioco come stai facendo.

8 luglio

Buon compleanno Bolelli!!!

L

Tanti auguri a te ecc. ecc.
Ieri è stata una giornata di studio che sembrava buttata via dietro a un pezzo che non fioriva. Prima di mollare verso mezzanotte, come a volte capita, abbiamo messo giù una cosa senza troppa convinzione giusto per fare un ultimo tentativo prima di rinunciare al pezzo e già pedalando verso casa ho avuto la sensazione che forse in quell'ultimo gesto ci fosse qualcosa di luccicante. Ne ho avuto la conferma stamattina, quella cosa aggiunta all'ultimo ci ha indicato una strada nuova e ora il pezzo funziona, funziona

benissimo. A volte capita, a me è successo un sacco di volte, che si aprano canali verso la zona della creatività nei momenti a cavallo tra il sonno e la veglia, tra la rinuncia e la rassegnazione, tra il cazzeggio e la noia, a volte succede. È una bizzarra cosa la creatività perché si nutre quasi sempre fuori dagli orari del pasto regolare, è quasi sempre in relazione con lo sguardo obliquo rispetto alle cose. A me piace disegnare e a volte quando disegno mi accorgo che mi ritrovo ad allontanarmi dal disegno e a guardarlo con gli occhi socchiusi trasformando gli occhi in due piccole fessure, non so perché lo faccio ma è come se mi servisse per relazionarmi con la parte magica della faccenda, per far risaltare l'essenziale, per fare i raggi x a quello che sto facendo.
È la solita questione del paradosso che governa la maggior parte delle cose. Il modo migliore per guardare un dipinto è con gli occhi socchiusi.
A volte per sentire un mio pezzo e capire come gira vado in un'altra stanza e lo ascolto arrivare dalla porta, in modo indiretto, e questo mi aiuta a capire cosa manca e cosa c'è di troppo.
Mi rimetto al lavoro.
Buon compleanno!!!

Lorenzo,

Fvederti arrivare stamattina è stato un vero grande regalo. Sai, quello che ci dicevamo a colazione continua a girarmi dentro: se tu vai mezz'ora al giorno su Ted, se entri in Facebook a cazzeggiare

con duecento eccellenti amici, se mi incontro con te a colazione, se poi vedo su Skype il mio bambino a Los Angeles, come faccio a non credere che il mondo e la vita siano meravigliosi? Come faccio a non viverli dal punto di vista degli slanci e della ricchezza? Non vuol certo dire dimenticarsi problemi sofferenze disfunzioni, figurati: però ti alimenta la consapevolezza che noi abbiamo oggi fra le mani possibilità e un potere senza precedenti. Chi del mondo tende a vedere il negativo, è probabilmente perché intorno a sé ha persone facce corpi tristi, disfunzionali. Pensa quante idee – che magari hanno influenzato milioni di persone, che tuttora studiamo a scuola e ci vengono proposte come imprescindibili ed eterne – sono nate da esistenze tristi, da frustrazioni, da un cattivo rapporto con gli umani e con se stessi e con il proprio corpo. Non voglio certo dire che per produrre idee splendide si debba necessariamente scoppiare di salute ed essere amati e circondati di affetti: però aiuterebbe, non credi?
Nutrendomi tante volte al giorno, lontano dai pasti tradizionali e dalle loro regole, figurati se non capisco che è nei momenti di mezzo che tu racconti che prendono forma tanti slanci inventivi. Tanti anni fa quando cominciavo a scrivere mi disorientava quel vuoto che c'era all'inizio o che scattava nel mezzo. Poi ho cominciato a sorridere quando lo vedevo arrivare, perché avevo capito che quel momento di vuoto, di voglia di lasciar perdere, era spesso se non sempre il prologo di uno scatto superiore. Così da tempo ho portato questa cosa a livelli efferati di vir-

tuosismo: adoro ritrovarmi con un microfono in mano per una conferenza senza aver minimamente pensato prima a cosa dire, così come adoro scrivere senza pensare, scrivendo e basta. Chiaro che per potertelo permettere devi avere molta confidenza e molto allenamento, ma poi è davvero così che tutto funziona a un livello superiore. Stamattina quando mi hai detto che ieri in studio era stata una cattiva giornata, avevi proprio quella faccia lì, quella di chi sa che avrebbe potuto venirne fuori una qualche forma di vita pronta a pulsare e a evolvere.

9 luglio

Bolelli!!!

L

Eccomi arrivato in studio. Ci siamo visti non più di dieci minuti fa e non ti ho detto che forse ho trovato il «vero» titolo dell'album, così Viva tutto ce lo teniamo per il libro e lo usiamo in mille altri modi (anche per una canzone forse).
Il titolo dell'album è… ORA.
Semplicemente così: ORA.

Oltre a essere il titolo di una canzone che sta salendo in classifica tra i pezzi del disco, dopo essere passato per diversi titoli sono arrivato a questo che è di una semplicità giusta e che mi mette addosso una certa

energia solo a pronunciarlo e a vederlo scritto. Che ne dici? A me piace molto, è da qualche giorno che me lo rigiro tra le mani e mi piace, è così semplice che quasi mi fa ridere ma è forte, è penetrante e offre modo di dire tante cose o di non dire nulla.
Poi ho provato a metterlo sopra alla mia faccia in copertina e funziona, la semplice scritta ORA sopra al mio primo piano funziona.

Lorenzo,

F ORA funziona... è immediato, fisico, lo puoi declinare in tanti modi, non è il passato nostalgico e non è il futuro ipotetico. Ci sta.
Per il libro, Viva tutto! continua a piacermi un sacco, ma se volessimo creare una connessione con il disco, potrebbe chiamarsi Ora è molto meglio...

Davvero sai che la fine del postmoderno è una liberazione? Io che ne sono stato un sostenitore e un

L innamorato devo dire che con questo disco vorrei salutarlo e celebrare la nascita dell'epoca dell'ORA che è molto meglio del postmoderno anche se fa paura ai tromboni ancora di più.
Rispetto alla musica si va verso un nuovo tempo: nelle canzoni non ci saranno più continui riferimenti a moduli e a sonorità passate, non verrà più praticata l'arte della citazione come protezione alla mancanza di energia, ma si attingerà direttamente a qualcosa di più elementare, di più vitale, di più scorretto e di più

semplice. In questo una grossa mano la offrono le macchine con le quali noi possiamo parlare, con le quali possiamo esplorare una infinita gamma di possibilità con gli dèi a farci da guida e a indicarci quale fa al caso nostro di volta in volta.
Una musica che funzioni anche dalle microcasse di un telefonino.
Diversi anni fa giravo per l'Africa occidentale e ci fermammo qualche giorno ad Accra, in Ghana, e ad Accra la gente ascoltava moltissima musica, ne ascoltava in continuazione, e la cosa che mi colpiva era il livello tremendo degli impianti, ascoltavano musica occidentale, hip hop, funk e musica pop africana attraverso impianti che gracchiavano in maniera oscena, ma c'era qualcosa di bello in quello che vedevo e ascoltavo, e anche di profetico. In realtà il mondo si è ghanizzato moltissimo e tutto il pianeta specialmente l'occidente si è adeguato a uno standard in cui la musica è pompatissima ma piattissima come se passasse da un minuscolo buco e ne uscisse un po' tritata come da certe macchinette che hanno i macellai. Questo fa disperare quelli che tendono a disperarsi per ogni mutazione al loro quieto vivere ma per me invece è una cosa interessante. Di fatto quello che accade è che oggi la musica si deve fare in tutto un altro modo, bisogna tenere conto che le nostre canzoni dovranno passare da questi buchi pressate e compresse in formati digitali che distruggono la spazialità e annullano le dinamiche. Si tratta solo di una nuova appassionante sfida perché la musica ne guadagnerà e si offrono nuove possibilità creative e fi-

nalmente non dobbiamo più stare qui a fare dischi con il complesso di inferiorità rispetto ai grandi vecchi, ai grandi gruppi del passato che sono ormai diventati storia. I Led Zeppelin sono come Melville, Jimi Hendrix è come Dostoevskij o come Debussy, De André è come Giulio Cesare, Bob Dylan è come Shakespeare.
Noi possiamo dimenticarci di loro o studiarli a scuola finalmente, sederci ai piedi dei monumenti a loro dedicati ascoltando altra musica.
La loro arte non è più ORA, ora è un'altra cosa, forse molto peggiore, forse terribilmente peggiore, ma è ora e quindi per questo viva, in action.

Lorenzo,

F ORA non è per nulla post, né d'altra parte è utopia, regno dei cieli, sol dell'avvenire e quelle cose lì. È il mondo, questo qui, che è diverso da quello di tre anni fa ed è diverso da quello che ci sarà fra tre anni. È la signora che abbiamo visto stamattina che fra due mesi sarà diversa da così perché il suo bambino le sarà uscito dalla pancia. È la bimba del mio bimbo che a vederla su Skype mi sembra che ogni giorno aggiunga un gesto, un'espressione. È l'iPad, è l'onda delle quattro e venti che è diversa da quella delle quattro e diciannove, come il bacio di stamattina alle sette aveva un'altra vita rispetto a quello delle sette meno due. E poi c'è che questo ORA qui è davvero quello di un'umanità che non ha mai avuto così tante possibilità di scelta e che non ha mai prodotto

prima tante eccezioni, tante esperienze singolari. È davvero che ORA è molto meglio.
Quanto alla musica, se è vero che nei suoni c'è spesso una prodigiosa capacità di cogliere l'essenza di un'epoca, di sintetizzarla tutta quanta in un suono, allora è chiaro che davvero Hendrix, i Led Zeppelin, Miles, sono come Shakespeare e Omero: li ammiriamo immensamente, ci hanno nutrito e cresciuto, ma proprio come oggi non scriviamo come Shakespeare e Omero, allo stesso modo non «suoniamo» come Hendrix e Jimmy Page. L'hai detto anche tu: è sorprendente ed eccitante come quando sembrava che dopo l'alta definizione ci sarebbe necessariamente stata l'altissima definizione, il suono perfetto, invece boooom, la musica la si ascolta «peggio», nell'iPod, dalle piccole casse che ho qui collegate al Mac. E perfino io che ho il culto di certi suoni, sento che questo modo di sentire è più vivo, ha più forza.

10 luglio

Una cosa che ho scoperto è che c'è tutta una generazione di pischelli che oggi ha intorno a 16 anni che pensa che io abbia fatto due album, *Buon sangue* e *Safari*. Una notizia del genere dovrebbe abbassarmi l'umore e invece me lo alza, giuro. L'idea che 25 anni di dischi siano per un sacco di gente, diciamo la sovrabbondante maggioranza degli abitanti del pianeta, assolutamente sconosciuti mi piace, mi fa sentire come uno che cammina su un filo sospeso tra due grattacieli e quasi nessuno laggiù si accorge di questo e vive la sua vita, ma questo non toglie niente alla mia concentrazione e alla mia intenzione di arrivare dall'altro capo del filo, sedermi un attimo e poi tornare indietro, senza perdere la concentrazione.

L'altro giorno un produttore di hip hop italiano mi ha detto che quando i rapper ragazzini scoprono certi miei pezzi del '90 o del '92 cascano dalle nuvole e restano stupiti che 20 anni fa io abbia fatto quello che loro fanno ora, magari con meno parolacce e con più ingenuità ma comunque lo abbia fatto, e questo però non toglie nulla né a me e nemmeno all'autenticità di quello che loro fanno adesso.

Insomma ti scrivo questo per dire che non è vero che ORA è un gioco di rimpianti ma che ha dentro un diamante che brilla se lo esponi al sole, e questa perdita di memoria che in molti lamentano non è una vera perdita di memoria perché nulla si perde davvero e se si perde va bene così.

Io credo nel valore enorme di certe tradizioni di conoscenza antiche, mi emoziono a leggere Omero o Gilgamesh, ma sono sicuro che guardando un bel film di oggi o leggendo un bel libro di oggi Omero vive anche se non lo sai.

Lorenzo,

F so che mi piacerà tantissimo che tanti mi leggeranno per la prima volta in questo libro con te.

Appunto perché è ORA. Io mi sento questo qui, non quello che c'è stato fin qui, che non rinnego affatto, ma che è semplicemente il prologo di ora. Quando qualcuno mi chiede cosa leggere di quello che ho scritto, a me viene irresistibilmente da dire il prossimo libro, quello che sto scrivendo.
In questo presente, c'è dentro tutto, e non soltanto come citazione. C'è a nostra disposizione tutto quello che è stato fatto e prodotto in ogni tempo e in ogni spazio e in ogni cultura, e c'è che ognuno può desistematizzarlo, proiettarlo appunto al di là del proprio tempo e spazio e cultura e giocarselo in una serie di combinazioni impreviste, diverse da quelle di chiunque altro magari soltanto per una molecola, per un filo di dna o per un suono particolare. Questo è un presente che strabocca di passati e futuri, che contiene tutti i tempi possibili.

12 luglio

Cosa ci piace della musica? Ci piace l'energia che

L esprime e l'energia è contenuta in un insieme inseparabile fatto di molti elementi che possono essere riassunti nel concetto di «sound». Della

musica ci fa innamorare il «sound» che non è traducibile con «suono» a meno che non intendiamo il «suono» come «sound». Mozart ha un sound, i Public Enemy hanno un sound, Miles Davis e Coltrane hanno un sound, Lady Gaga ha un sound, io ho un sound, quando la mia roba arriva arriva attraverso il sound che è fatto di testo ma non è il testo, è fatto di timbro ma non è il timbro, è fatto di melodia ma non è la melodia, è fatto di armonia ma non è l'armonia.
Insomma sto ribaltando completamente il mio disco, anzi no, lo sto iniziando, fino a ora non l'aveva nemmeno iniziato, avevo semplicemente svuotato il bagaglio con quale sono tornato dal viaggio di *Safari*.
Una parola gira nella mia mente ma non devi pensare a quella parola e a quello che significa in generale: DANCE. Io vengo dalla dance ovvero dalla musica fatta per alzare il volume, per essere trascinati via, per gasarsi, galvanizzarsi, sentirsi trasportati in una iperzona.
Sono a un punto di svolta. Sono rimasto in studio da solo con Michele Canova e con le macchine. Né io né lui siamo musicisti in modo canonico ma in questo momento è quello che ci vuole. Michele è un grande conoscitore di macchine musicali e di software e il suo studio esplode di ogni tipo di marchingegno analogico e digitale in grado di emettere e manipolare suono. È quello che ci vuole. Un modulo spaziale per allontanarci dalla civiltà ed entrare in un'orbita diversa. In questo momento anche i migliori strumentisti rischierebbero di portare la musica in zone anche belle ma prevedibili per troppa co-

noscenza, per troppa esperienza, per troppa «bravura». Ho bisogno di disordinarmi un po', di uscire dalle chitarre dai bassi e dalle tastiere e di riscoprire la mia attitudine di dj. È il richiamo della foresta.
In questo viaggio mi aiuta l'idea di essere libero da condizionamenti di ogni tipo, voglio fare una musica che mi faccia piacere sentire, che sia proiettata verso il futuro in modo ingenuo, povero, espansivo, una musica senza finezze, senza concetti, senza costruzione, senza impalcatura. I «selvaggi» costruiscono le loro capanne senza impalcatura, le tirano su e basta, con il fango o con il legno o le pietre, la struttura sostiene se stessa. In certa architettura moderna questo accade, gli edifici sono allo stesso tempo struttura di sostegno e spazio e questo vorrei fare anche io.

Lorenzo,

Fa conquistarmi è sempre stato proprio il sound, la capacità di concentrare tutto un mondo in un tocco: gli attacchi della tromba elettrica di Miles, le distorsioni hendrixiane, il tono della voce di Johnny Cash e perfino quello di Dylan. Ecco, forse la mia scarsissima affinità con i cosiddetti cantautori nasce proprio dal fatto che non ci ho mai trovato un suono capace di impossessarsi di me al primo appuntamento.
Il tuo sound io lo percepisco innanzitutto nel modo in cui tu porgi le parole, nel timbro e nel ritmo e nella credibilità che metti in quello che canti e in come lo canti. Per questo adesso puoi affrontare questa

metamorfosi, perché – per fantastici che siano Saturnino, Riccardo e i tuoi musicisti – il tuo sound non è così legato alla musica in senso stretto. A me prendono tantissimo anche certi autori che fanno sempre la stessa cosa: pensa ai film di John Ford, è sempre lo stesso film, ma ti arriva con una potenza epica terrificante. Tu invece sei davvero flusso, divenire, metamorfosi, metterti in gioco. Per questo ora puoi liberarti di *Safari* senza minimamente rinnegarlo, e per questo puoi reinventarti la tua identità nel modo in cui la stai reinventando. Ora sei tu e il mondo, faccia a faccia, senza mediazioni. Ed è proprio perché del mondo tu senti sempre il polso, la pulsazione, che ora puoi giocarti questa dimensione semplice (almeno apparentemente), «sporca» e selvaggia, dove contano i risultati energetici e non la ragione o il torto.

13 luglio

L

Oggi ho preso una decisione. Ho annullato il periodo di registrazione a Los Angeles, andremo lì per i concerti e per spassarcela in giro, ma non mi chiuderò in uno studio perché non ha nessun senso per questo disco. Ha più senso che io stia un pomeriggio a Malibu con in testa l'iPod tra un concerto e l'altro. È il disco a suggerirmi questo, è la mia musica che non vuole andare dove è già stata e io la seguo. Andrò a Los Angeles con l'intenzione di scrivere canzoni e di farmele girare in testa, ma in questo album non voglio il suono di un grande studio che ha prodotto la grande musica dei decenni passati ma qualcosa di diverso. Come ti dicevo l'altro giorno, vorrei che questo disco andasse in diffusione dagli altoparlanti dei centri commerciali, vorrei sentirlo per le strade, vorrei che fosse una musica liberatoria e nella musica pop tutto questo non va d'accordo con le megaproduzioni. Voglio un suono di «plastica» nel senso più sexy del termine, voglio un suono di questo tempo e in questo tempo i dischi si fanno in un altro modo (che poi è il modo in cui li ho fatti per una vita ma ero un pischello e non ne sapevo nulla). Ieri abbiamo fatto un pezzo che vive solo di un pianoforte e della mia voce, e invece di usare un grancoda (quello di *A te* per intenderci) abbiamo usato un piano verticale e il risultato funziona, funziona un sacco, mi spacca il cuore questo pezzo fatto così, caro Franco.

Poi se più avanti avremo bisogno di fare delle sovrincisioni allora si prende e si va dove ci sarà bisogno di andare, ma adesso sarebbe una cosa forzata.

Oggi è venuto qui il presidente della Universal, la mia casa discografica, e gli abbiamo fatto sentire un paio di cose ed era proprio sorpreso e contento. Si è commosso!!! Giuro, si è commosso e io con lui. Meno male, ci voleva, è importante che loro sappiano che mi sto facendo in quattro e non ho nessuna intenzione di abbassare la guardia. Forse dopo i 50 anni mi dedicherò ad altro se non avrò più voglia di

passare mesi in studi di registrazione sempre più intasati di macchine, ma ora non sono mai stato così determinato e combattivo. Credo nella forza di una canzone, credo davvero che possa portare gioia, stimolare le giornate e la vita stessa e non mi pongo il problema del fatto che i dischi stanno scomparendo e il mercato è in crisi. Quello è solo un passaggio, una canzone ben fatta avrà sempre il potere di mettere in moto un mondo e io voglio provare a scrivere canzoni che facciano questo. Sono sicuro che se in una canzone c'è energia vera, poi uno se la vuole comprare, la vuole avere tutta per sé, la vuole consumare. La visione va continuamente messa in discussione e poi messa a punto e non fermarsi mai.
L'altro giorno guardavo il dvd di *Ti ricordi di Dolly Bell?* il primo film del grande Kusturica e lui in quel film usa *24000 baci* di Celentano come un filo conduttore nella storia di questo gruppo di ragazzi al tempo della Jugoslavia comunista. Allora pensavo che davvero in un certo tempo un pezzo come *24000 baci* aveva il potere di far cadere un regime, è così, è chiaro che è così. Se oggi un pischello o chiunque tira fuori una *24000 baci* di oggi avrebbe lo stesso potere dirompente, non ho nessun dubbio, nessuno.
Con *24000 baci*!!!!!! Sai cosa dico vero? Non c'è bisogno di spiegare nulla. Non c'è politica che tenga, non c'è cultura che tenga e nulla può resistere a una canzone romantica su un ritmo che si balla.
Questa convinzione si è rafforzata dopo essere stato in Iran e dopo tanto viaggiare. La musica pop è il vero linguaggio della libertà. Quella più plasticosa,

quella fatta con pochi mezzi, quella fatta di talento e idee, quella innovativa eppure ripetitiva, quella lì insomma, sai cosa intendo.
Io voglio dire a tutti che la vita è una cosa meravigliosa e non c'è nemmeno un attimo da perdere dietro ai dietrologismi e alle analisi, bisogna baciarci, fare a botte, affrontare il bene e il male, essere disposti a morire per un brivido di eternità.
L'altra sera ero con la mia mamma in ospedale e le tenevo la mano e le accarezzavo il viso, non lo avevo mai fatto in tutta la vita, noi siamo una famiglia in cui l'affetto si esprime un po' all'antica senza troppo contatto. Ebbene in quel presente sospeso insieme a lei sentivo chiaro il fatto che nella nostra vita quelle «gocce di splendore» che solo il presente riesce a distillare sono il vero e unico oro possibile. Io in quel momento ero finalmente con la mia mamma, colei che mi ha fatto nascere ed eravamo insieme, in un momento di vera eternità, circondati da letti di sconosciuti con l'odore di disinfettante e il caldo di un luglio micidiale che piega le arie condizionate migliori. Ero lì con la mia mamma e imparavo ad amare di più anche la mia donna e mia figlia. Quando sono uscito da lì e ho preso la macchina per venire a Milano pensavo che la mia vita vorrei che fosse fatta di momenti presenti, e che la leggerezza di una canzone, che è il mio lavoro e forse il mio talento, ha a che fare con tutto questo, decisamente.
24000 baci!!!!

Lorenzo,

Fquella che stai facendo è una scelta dannatamente forte, radicale, ma mi sembra assolutamente inevitabile. Niente megaproduzione, niente virtuosismi, niente estetismi, niente stilismi, niente di tutto quanto rende la musica perfetta e artificiale. L'imperfezione vitale è molto più compiuta e ricca della perfezione artificiale e controllata.

Per arrivare più in alto si deve in certi momenti avere il coraggio di scendere più in basso. Il passaggio dall'adolescenza alla maturità, o dalla giovanile scemenza all'intelligenza, sono necessari, non si può restare eternamente ragazzini. Ma la maturità e l'intelligenza non sono un punto di arrivo, niente affatto. È proprio quando conosci tante cose, che devi metterle in gioco. Per seguire l'evoluzione, per essere l'evoluzione, devi proiettarti al di là dell'intelligenza e della cultura e avere il coraggio di recuperare la sciocchezza adolescenziale, l'energia pura e senza condizioni. Prendi Tarantino, che proprio perché conosce tutto quanto il cinema sa che quello adrenalinico eccitante è molto più importante di quello «intelligente» e poetico e colto. Perché l'energetico slancio adolescenziale, il contatto con la vita che pulsa, che brucia, che spreca, che prolifera, è una condizione evolutiva. Quando qualche anno fa ho scritto *Cartesio non balla* (che se ti ricordi aveva come sottotitolo *Definitiva superiorità della cultura pop*) sono partito proprio da qui: all'inizio, da ragazzino, mi sono formato su quelle esperienze – il rock, il basket, i film d'azione e così via – che avevano al centro l'eccitazione energetica, poi sono passato – deviazione discretamente inutile – per le avanguardie raffinate, e infine finalmente boooom ho capito che quell'eccitazione energetica era la condizione più avanzata, più globale, più intelligente dell'intelligenza. In questo senso il pop se rimane alla sua fase iniziale è divertente e sciocco, ma se scopre il suo potere vitale, se abbraccia le spinte inventive, allora è molto più colto di qualunque cultura.

Tu stai facendo un disco che non si misura con gli altri dischi, che non si misura neanche con i tuoi stessi dischi, ma che si misura appunto con gli slanci, con la vitalità umana e biologica, con le vittorie che ti conquisti con le ginocchia sbucciate, con la pulizia che senti dopo aver sudato in allenamento, con il coraggio di sporcarsi le mani, con i liquidi e gli odori del corpo, e con la gioia che c'è in tutto questo. È Casillas che bacia la sua fidanzata intervistatrice, superando i rispettivi ruoli. È Robert Rodriguez che è così strepitosamente intelligente da non aver bisogno di dimostrare la sua intelligenza, e che fa *Dal tramonto all'alba* e *Machete*. È Dylan che mentre lo eleggono a simbolo della protesta fa *Nashville skyline* e fa *Lay lady lay*. È Nietzsche che elogia i «superficiali per profondità» e cerca la «spavalda tenerezza» e dice di essere «acerbo e mite, rozzo e raffinato, bizzarro e familiare, puro e sporco». È Ikkyu che racconta di trovare il Buddha nelle taverne e fra le gambe delle fanciulle. È quando l'altra settimana Manuela e io siamo andati a prendere le nostre fedi al mall dove le avevamo comprate – campagna lom-

barda – e ce le siamo messe seduti sulla panchina mentre mangiavamo il gelato, roba che Moccia è Bergman.
Qualche tempo fa mi avevi detto di voler fare un disco «tuo», ma che sei così abituato a condividere e a tentare di fare felici quelli intorno a te che nemmeno sapevi come fosse fatto un disco «tuo». Ora mi sa che lo sai. È inevitabile che tu sia dove sei ora.

16 luglio

L Valentino che domenica va in pista dopo solo un mese come lo vedi? L'altro giorno gli avevo scritto un sms dicendogli che stavo facendo lo sciopero del motogp senza mettermi davanti alla tv, e ieri ho ricevuto la sua risposta: ciao lorè, domenica puoi riaccendere la tv.
Fantastico, non cammina ancora e si rimette in moto. Un paio d'anni fa abbiamo fatto un'uscita con le moto da enduro sul crinale dell'Appennino a metà strada tra Cortona e Tavullia, e Valentino è arrivato con Simoncelli con un furgone con due 250 loro da soli, come due pischelli fissati con i motori. Ed è stato proprio così, dopo due minuti erano ingarellati e si divertivano come se fossero in mondovisione ed eravamo in quattro da soli in mezzo alla neve dell'Appennino. Per farti capire il tipo.

Valentino ha un fisico che racconta molto del suo talento. È tutto lanciato in avanti, come se fosse sempre affacciato verso qualche tipo di strapiombo, ha una specie di naturale posa aerodinamica.
Sono a casa, lunedì partiamo per la California.

Lorenzo!!!

F

Noiose le colazioni senza di te...
L'altro giorno ho messo in rete una cosa sulle droghe, ed è stato come versare benzina sul fuoco. Si è scatenato un dibattito impressionante – mi hanno accusato anche di essere moralista, è la prima volta nella mia lunga carriera – e mi è toccato intervenire più volte per spiegare una cosa che a me sembra così semplice da darla per scontata: per superare la fascinazione per le droghe dobbiamo non fare prediche morali né tantomeno vietare, ma proporre modelli di vita più eccitanti, più vitali. Mostrare che ci sono decine, migliaia, di esperienze più espansive delle droghe. In questo senso abbiamo bisogno di evidenziare persone e progetti che – al di là del talento – hanno un grande fuoco, una missione eccitante.
Ecco, la cosa che tu racconti di Valentino va proprio in questo senso: è lo slancio, il vento della tua stessa forza vitale che ti soffia nelle vele.
Grande abbraccio, vai e conquista la California!

L

Ho letto ora il tuo pezzo sulle droghe. È una vecchia storia, probabilmente vecchia come il mondo e per me risale almeno ai miei anni del liceo in cui presi la decisione di starne fuori, dalle droghe intendo. Per puro spirito anticonformista, mi sembrava che l'argomento «canna della sera prima» fosse una di quelle cose sulle quali tutti devono avere una storia da raccontare e invece a me semplicemente non interessava, era la solita omologazione verso il basso, non ne volevo sapere, se devo essere un mediocre voglio esserlo in modo unico, l'ho sempre pensata così. Poi ho avuto la fortuna di iniziare presto a fare tardi la notte con la passione di voler essere un grande dj, e le droghe, molto presenti intorno a me, mi sembrarono un ostacolo più che una scorciatoia. Non sono contrario alle droghe, non me ne frega nulla delle droghe, ma sono cresciuto con la mia mamma che prendeva la pillola per dormire, la pillola contro l'ansia, la pillola per il mal di testa, la pillola per il mal di schiena e questa storia non mi tornava, e continua a non tornarmi. Se per dormire ho bisogno di una pillola, quel dormire è mio nemico, se per godermi la vita ho bisogno di una pillola di mdma, quella goduria non fa per me, magari va bene per un altro, e non perderà il mio saluto il mio affetto e il mio rispetto, ma non per me. Anche io mi drogo, eccome, mi piace la fatica di una scalata in bicicletta, sono dipendente da quella sensazione che monta quando si fa un disco, si prepara uno spettacolo, quando ci si fonde completamente con un ritmo a volumi altissimi, mi drogo pesantemente di

nuovi traguardi da superare, mi perdo dentro a un poema scritto 500 anni fa e mi estraneo completamente dalla realtà che mi circonda. Ma queste sono tutte chiacchiere.
La verità è che la droga non è vero che fa bene Franco, ci sono ottime persone che si drogano, spesso le più sensibili tra loro le più attratte dalle droghe in genere, ma non venitemi a dire che è tutto ok perché non è tutto ok. La droga rende paranoici, monomaniaci, la droga non ti libera da un bel cazzo di niente, è questa la merdosa verità. Ti rallenta, ti rincoglionisce, ti disumanizza, e va benissimo così perché la vera faccenda è che dalle droghe si pretende proprio questo anche se spesso ci si racconta il contrario. C'è un senso di morte molto forte nelle droghe, non raccontiamoci palle, e il senso di morte è il parente più stretto del senso di colpa. A me i libri di Burroughs fanno cagare, mi dispiace, pura self indulgence travestita da chissacché. Hai ragione tu, le droghe dovrebbe usarle solo chi non ne ha bisogno. Come quasi tutte le cose, è il bisogno che ci frega. Il bisogno è un'invenzione di qualcuno, lo sappiamo bene. Tra bisogno e desiderio nella nostra società ci passa una parete sottile, a volte invisibile, una frontiera, e quella è un'altra di quelle frontiere da spingere in là verso il lato del desiderio. Noi siamo la società del desiderio, ma ci fa paura accettare questa cosa e allora preferiamo pensarci legati al bisogno, ma stiamo mentendo quando è così.

F

Lorenzo, il vecchio Frank la cantava (meravigliosamente) guardandosi indietro, mentre tu e io il nostro *I did it my way* probabilmente lo abbiamo scelto come manifesto programmatico fin dall'inizio, quasi inconsapevolmente. Forse la molla che ci ha tenuto lontano dalle droghe (e pure dal fumo e dall'alcol) è stato l'orgoglio, la voglia di dimostrare – a noi stessi prima che agli altri – di poter conquistare estasi e illuminazioni con i nostri mezzi, con quell'inestimabile fonte di meraviglie che è il corpo, e anche con il lavoro sporco, con una certa sorridente durezza verso se stessi.

Se c'è una cosa che mi disturba è l'espressione «fuori di testa». No, accidenti, io voglio allargare allungare – come se fosse la forma di un supereroe – testa e corpo, non uscirne. Ho scritto a mia volta di essere assolutamente dipendente dall'adrenalina, di non riuscire più a stare scollegato da questi media qui (mail, web, Facebook), e di avere ancora oggi una feroce dipendenza da mio figlio. Ma in tutte queste cose c'è un'azione, un ruolo se non altro coevolutivo.

Di questa cosa ho parlato abbondantemente con Tom Robbins, che è davvero un essere umano meraviglioso: lui mi diceva che le sue esperienze con le sostanze psicotrope lo hanno aiutato enormemente a diventare chi è, gli hanno se non altro confermato intuizioni che altrimenti avrebbero potuto restare latenti. Io gli obiettavo che è lui che ha reso importanti le sue esperienze con le sostanze psicotrope, lui come è, la sua attitudine verso la vita. La questione è che se quelle esperienze le fa uno come Tom Robbins allora funzionano, se le fa un altro invece hanno grandi, troppe possibilità di finire dannatamente male. Prendi appunto Burroughs: a differenza di Tom non era affatto una bella persona, e come dici tu i suoi libri sono paranoici ossessivi, per nulla vitali. Vorrei che altri, tanti, provassero lo stesso bruciante orgoglio di avere un fuoco e bruciare con esso, di avere una missione gioiosa e vitale e di vederla realizzarsi, di misurare se stessi – con tutte le contraddizioni, le fragilità, gli errori – non in base a mancanze da colmare ma a pienezze da espandere.

17 luglio

Ripensavo a questa faccenda della droga e a quante cazzate ho scritto ieri. Perché io della droga in realtà non penso niente perché non so niente e non mi piace questo dover avere un'opinione su tutto, io sulla droga non ho opinioni come non ne ho sull'ippica o sulle asole dei cappotti o sul vetro di Murano o sul parto in acqua o sul balsamo per il pelo dei cani. Non ho opinioni su quasi nulla a pensarci bene e anche le opinioni che ho sulle cose sulle quali ho opinioni sono opinioni alle quali non sono affezionato per niente. Le opinioni sono una droga pure loro a pensarci bene, la poesia non è mai opinione e la buona letteratura e la buona musica non lo

sono mai, e in fondo la vita stessa non è riducibile a una faccenda di opinioni non credi? Abbasso le opinioni e viva le visioni. Rischiamo di barattare le visioni con le opinioni e nello scambio ci si perde parecchio anche se ci si guadagna in quieto vivere.
I media sono intasati di opinioni ma così poveri di visioni tanto che quando arriva una visione subito si affollano intorno a lei gli eserciti delle opinioni a tentare di disinnescarla.
La droga? Non ne so nulla, ma non sono sicuro che nella mia vecchiaia non ci sia posto per un viaggio psichedelico, magari dopo gli 80 anni.

Lorenzo,
Fho tali forti intrattabili certezze sulle questioni vitali, da potermi permettere di non nutrire opinioni su tante cose, oppure di avere tranquillamente opinioni assolutamente contraddittorie. Ma quella sulle droghe non è un'opinione: credo ferocemente che ci sia un modello vitale più ricco, più pieno, più coraggioso, e credo che le cosiddette droghe non ne facciano parte, anzi siano semmai un ostacolo. Sai che quando parlo di modelli vitali non intendo minimamente regole uguali per tutti: mi appassiona anzi l'idea, la possibilità, che ci siano eccezioni fra tante eccezioni, che ognuno si faccia da sé le sue regole, il suo mutevole kit di sopravvivenza e di evoluzione, e poi se lo giochi nella rete delle condivisioni. Se qualcuno ci riesce servendosi delle sostanze, buon per lui. Se qualcuno lo fa con idee e materiali diversissi-

mi dai miei, non ho certo nulla da eccepire. Mi appassiona la più ampia biodiversità umana e antropologica, non certo le uniformità. Però non posso non notare che i casi di umani che possiedono un rapporto forte con la vita anche attraverso le droghe sono rari, laddove i casi di umani per i quali le droghe accentuano le debolezze sono preponderanti. Quanto alla tua posizione di ieri, ecco, a me sembra molto più di un'opinione.
Vorrei tanti vedessero come l'essenza di questo libro è la visione della vita come unità di misura, l'espansione della vita, la dinamica mutevole entusiasmante eccitante rischiosa energia umana biologica tecnologica fisica comportamentale. È viva tutto!

20 luglio

Ciao Franco, eccoci appena arrivati in California!
La luce della California è sempre uno spettacolo, sono tante le volte ma fa ancora effetto arrivare in una terra dove lo stacco tra luce e ombra è così netto, questo è uno dei motivi per cui il cinema qui è fiorito come da nessuna altra parte: la luce tagliata, precisa. Sono contento di essere a Los Angeles, anche se siamo tutti fusi dal fuso e ci sveglieremo nel pieno della notte come succede sempre.
Viva tutto ma specialmente Los Angeles oggi!

Lorenzo,

Fstavo pensando qualche tempo fa che della California noi celebriamo il senso delle opportunità, la vastità degli orizzonti davvero a perdita d'occhio, il surf e le fanciulle, il rock, Steve Jobs e le nuove tecnologie, Kobe e i Lakers, Tarantino, e tutte quelle altre cose che lì sono nate e cresciute e dilagate. Ma dovremmo anche celebrare quello che lì non c'è: lì non c'è, non è mai nato e non è mai dilagato, il concettualismo, né Freud, né lo strutturalismo, né tutte quelle altre artificiose elucubrazioni devitalizzate. Tutto quello che non è vitale, in California non funzionerà mai. Semmai possiamo essere certi che lì continuerà a pulsare il cuore di quella sensibilità per il mutamento, per la frontiera, per la creazione inventiva, che dà slancio a tutto l'organismo evolutivo. Lì è dove le eccezioni singolari sono da sempre la regola naturale, dove il senso dell'impresa lo respiri e lo tocchi, dove per l'innovazione ci sono soltanto braccia aperte e occhi che si illuminano e mai nessuno sguardo sospettoso e diffidente.

Lì c'è quel senso dello spazio, che ti entra nella mente e nei sensi, ti spinge a pensare in grande e poi più in grande ancora. Ci sono al mondo posti così grandi che ti senti più piccolo, invece lì ti viene da modellarti sulla vastità degli orizzonti. Lì nel codice genetico c'è la frontiera di chi non si è fermato prima, di chi voleva andare fino in fondo, e che poi ha combinato un continente alle spalle con l'oceano davanti, e dopo ancora si è trovato a esplorare il confine fra occidente e oriente, finché quella frontiera si è spostata dentro, nei comportamenti e nelle forme di vita. A Los Angeles il Viva tutto! è davvero la condizione naturale, il metabolismo.

In the highly turbulent, quickly reforming environment of the new economy, the competitive advantage goes to the nimble and malleable, the flexible and quick. Speed and agility trump size and experience. Fast to find the new is only one half the equation; fast to let go is the other important half. Of all the lessons that biology has to offer us as we begin to assemble a network economy, the necessity of abandoning our successes will be the hardest to practice.

Velocità e agilità hanno sostituito dimensioni ed esperienza come caratteristiche fondamentali per ottenere il «famigerato» fratello successo. Lo scrive stamattina Kevin Kelly sul suo blog. Stamattina che sarebbe stanotte visto che alle quattro sono già sveglio come un grillo.
La faccenda del fuso orario mi ricorda ogni volta come sia una cosa eccezionale che io in un giorno possa passare da un capo all'altro del pianeta anche se ormai è un dato acquisito e sarebbe eccezionale impiegarci due mesi per arrivare in nave in California, o forse un mese, non so quanto ci si mette. Ma che dico un giorno, in fondo in California ci sono in simultanea mentre sono a casa a Cortona attraverso una connessione. Ma non è la stessa cosa, perché non è mai la stessa cosa, nulla è mai la stessa cosa,

per questo il mondo è un posto niente male. Velocità e agilità, esattamente le doti del pirata e non dell'imperatore, il futuro e il presente ci ripresentano la solita questione di sempre con i ruoli invertiti.
Il fuso orario ci aiuta a restare legati a un fatto ancestrale, le cellule si comportano ancora come qualche migliaio di anni fa. Osservo il mio corpo sottoposto allo stress del jetlag e mi riconcilio con lui come se fosse il mio animale preferito, mortale, abitudinario, tendente alla conservazione, contrario al resto di me, ma comunque parte di me.
Da Los Angeles, città magica, passo.

Lorenzo,

Fogni tanto ci sono salti evolutivi, mutamenti di paradigma, che sono tanto più entusiasmanti quanto più sono fisici. Dimmi tu se il passaggio valoriale dalla staticità all'instabilità, i computer che da uno immenso che occupa un'intera stanza diventano milioni e personali, la nascita di «armi totali» dove ci sono scrittura video navigazione info musica telefono tutto quanto, il tramonto delle frammentazioni meccaniche e l'inizio del tutto che si connette con tutto, e presto al posto dei grandi laboratori i kit con cui ti leggerai il tuo stesso dna, dimmi tu se tutto questo alla fine non è come l'estinzione dei dinosauri, pesanti, massicci, e la proliferazione di forme di vita più scattanti, più dinamiche, più flessibili, «fast to find the new, fast to let go». È come negli sport, d'altra parte: se guardi il basket degli anni ottanta,

spettacolare, meraviglioso, ti accorgi però che oggi sarebbe impraticabile perché nel frattempo il gioco è passato nelle mani di giocatori più versatili, più «questo e anche quello», più grandi e grossi che si muovono veloci come se fossero piccoli.
Nel suo imperscrutabile mistero il jet lag ti spiega la mia riluttanza ai viaggi: il mio corpo si ribella, subisce gli spostamenti come una violenza, implora il teletrasporto (come vorrei schioccando le dita essere lì a fare colazione a Rose cafè a Venice, portare la piccola Isabella al parco, e poi rischioccando le dita tornare istantaneamente qui), e d'altra parte lui e il mio Mac sono alleati nel ricordarmi che si può ormai fare come diceva il tao migliaia di anni fa «non esco di casa e conosco l'universo» (il tao prevedeva il web? non mi stupirei). Ma per essere lì a Los Angeles anche il jet lag è un prezzo risibile da pagare, no?

21 luglio

L

Sono stato a fare due passi su Sunset all'alba con in testa le cuffie con un po' di hip hop old school, e mi sono seduto a un diner aperto 24 ore a prendere un caffè da mezzo litro quasi trasparente come piace a me.
Quello che dici è vero, verissimo. Un ruolo importante lo gioca anche il terremoto, il Big One che fa in

modo che la California e questa città in particolare sembrino appoggiate sul corpo di un gigante che dorme e prima o poi si sveglia e allora bisogna giocarsela subito tutta. Il senso di impermanenza genera energia, qui sono tutti arrivati e tutti prima o poi ripartiranno, è una terra dove le cose avvengono e le idee in movimento sono la moneta più preziosa.
Domenica mattina prima di andare a Roma a prendere l'aereo ho detto alla mia mamma che partivo per l'America e lei per la prima volta da quando la conosco con un filo di voce che ho fatto fatica a sentire mi ha sussurrato «un giorno mi piacerebbe venirci anche a me», io le ho detto ti ci porto mamma, un giorno quando stai bene ti ci porto e dentro il mio cuore esplodeva di tutto. E ora ogni cosa che vedo mi fa venire in mente quella frase che mi ha detto.
Qui sembra tutto sempre sull'orlo di qualcosa che sta per succedere e questa sensazione è molto forte in me ogni volta che ci vengo. A volte, tante volte in questi miei 25 anni di musica, ho pensato che quello che stava per succedere ero io e questa sensazione mi porta bene.
Andare in giro per negozi in America è come visitare gli Uffizi a Firenze, sono i veri musei di questo posto.

Lorenzo,

Fche bel segnale, quello della tua mamma! Si è data un obiettivo, forse è stato il fuoco di un momento, forse invece è davvero una luce, un orizzonte dove vuole spingersi.

Quello che i luoghi comuni sulla California non ti dicono mai è che sì, lì tutto sembra un grande party, tutto è colorato e pop come una bolla di sapone, e tutti si muovono con questa specie di «coolness» naturale, di senso di predestinazione, poi però tutti sanno che il successo che sembra sempre a portata di mano te lo devi guadagnare con il lavoro, che nessuno ti regalerà niente se non sei tu il primo a crederci e a lottare e a reinventarti anche anzi innanzitutto quando tutto sta andando bene. Se togli Sunset, a Los Angeles la sera si va a dormire presto, e le palestre le trovi piene alle sei del mattino. Lì davvero senti di essere dove tutto sta accadendo, di avere il vento che ti soffia nelle vele, e il bello è che questa cosa la senti nell'aria, la vedi negli sguardi e nei corpi, anche quando magari non è vero: è come l'onda per i surfer, magari ci impiega ad arrivare più di quanto pensassi, però sai che arriva, e sai che non devi mai nemmeno per un attimo smettere di prepararti al suo arrivo. È così che alla fine davvero – se ci metti del tuo – è probabile che ti vada bene qui più che altrove.
Los Angeles credo che ti farà sentire ancora più limpidamente, ancora più prepotentemente, che con il disco hai davvero preso l'onda perfetta, la «tua» onda. Los Angeles ha per molti aspetti il metabolismo che sta modellando il tuo disco, quella vitalità, quel senso di essere in missione in maniera danzante ed eccitante. Los Angeles è come Teresa che – profonda saggezza vitale – sa che quello che ti appassiona di meno deve essere al servizio di quello che ti appassiona di più.

23 luglio

Los Angeles, siamo nella casa che abbiamo affittato a Griffith Park, bellissima zona, molto «David Lynch». Ieri sera al molo di Santa Monica abbiamo iniziato a suonare davanti a un migliaio di italiani e italoamericani venuti lì apposta, e dopo un paio di pezzi il pubblico ha cominciato a moltiplicarsi e dopo venti minuti c'erano 10.000 persone e gli organizzatori alla fine del concerto mi hanno detto che non l'avevano mai vista una roba del genere, credimi gli americani sembravano conoscermi da una vita, ci mancava poco che alla fine cantassero *Ragazzo fortunato* come se la conoscessero.

Mi sono divertito molto, alla Viper room era una cosa diversa, un tipo di emozione bella che ho già vissuto nei concerti della East Coast, ma a Santa Monica mi sono proprio divertito un mondo. Parlavo inglese perché di fronte a me il novanta per cento della gente ignorava chi fossi e li ho fatti ridere e abbiamo stretto amicizia. E poi ballavano, ballavano e se la spassavano e noi pure.

La Teresa ora è grande e autonoma e andare in giro io lei e la Fra è una bomba.

Inizia a volersi scegliere i vestitini da comprare e ieri le ho regalato una collanina con un cavalluccio marino che le piaceva, una cosa molto chic, ha buon gusto la ragazza. Va pazza per tutto quello che ha un'aria un po' fifties alla *Happy days*, è proprio una cosa sua, senza una ragione speciale, le piacciono i

vestiti alla *American graffiti,* stai a vedere che ci diventa una rock'a'billy.
A me piace il rockabilly, da ragazzino anche io andavo pazzo per quella roba, mi ricordo quando vidi gli Stray Cats a Sanremo andai subito a comprare il 45 giri, poi mia zia ci portò l'Lp di *American Graffiti* dal Canada e io lo consumavo, ero un bambinetto senza nessuna educazione musicale e quella roba fu la prima scossa musicale ricevuta e mai più dimenticata anche se poi il bagnasciuga della mia vita venne occupato dall'ondata hip hop che spazzò via il resto. Ma qualcosa rimane si sa.
A proposito di hip hop. In macchina giriamo con una radio di solo hip hop (le radio tematiche... I love them) e ascoltare l'hip hop su quelle strade lo fa suonare totalmente diverso. Certi pezzi che qui trovo esaltanti, quando li ascolto in macchina in Italia mi fanno un effetto diverso, minore, ma questo è positivo, assolutamente positivo non toglie nulla al valore dei pezzi e al valore delle strade italiane: è solo che la molteplicità significa anche e specialmente molteplicità delle diverse combinazioni e connessioni. È una questione di fisica molecolare. Mi colpì quando la prof di scienze ci spiegò che l'atomo lo si può osservare solo attraverso le relazioni con gli altri atomi, le teorie subatomiche sono sviluppate in base alle relazioni tra gli elementi. È come la città di cui parla Borges che si può definire solo in base ai suoi confini non alla sua sostanza che è indefinibile. È la stessa cosa di Google, anche Google funziona così, un sito è rilevante in base a quanti siti sono linkati a lui.

Ieri siamo entrati in un negozio che vende magliette di merchandising originali storiche a prezzi esorbitanti. Esempio, una maglietta originale dei Ramones pagata a un concerto del 1981 non più di 3 dollari la vendono a 450. Il rock è storia, punto. Storia, come la Rivoluzione francese.

Io avevo bauli di magliette del genere, averlo saputo invece di buttarli via ci avrei fatto i soldi! Una maglietta degli Iron Maiden originale usata e consumata 350 dollari, fantastico. Il rock è storia, come Bisanzio.

E ora? E dopo Bisanzio che c'è? Questa è la domanda più bella del mondo, Franco, ancora più bella perché la risposta non si può sapere.

La risposta siamo noi, giorno per giorno, momento per momento.

Los Angeles, cinema musica scienze informatica e una marea di chiese dedicate a ogni tipo di culto e di sottomarca di religione, dalla chiesa cattolica romana alla chiesa di Elvis Presley passando attraverso tutte le declinazioni della forma spirituale. Oyeah, questa sì che è vita. Il caos, bello puro terribile splendente scintillante agghiacciante terrificante meraviglioso... semplice.

Lorenzo,

F se c'è un posto al mondo fatto su misura per te è Los Angeles, che è sempre stata e ora è sempre più molteplice aperta dinamica paradossale sovrabbondante di possibilità di scelta, come un enor-

me supereroico organismo vivente dove c'è più forza che in ogni altro posto e c'è anche il lato oscuro della forza.
Ecco, la sensazione dominante di questo momento – esaltante, vertiginosa – è che tutti siamo dove dobbiamo essere, che siamo arrivati a un qui&ora che è senza precedenti perché da adesso in poi non ci può essere altro che il qui&ora, questo qui&ora che contiene tutti quanti i prima e i dopo. So che sto abusando della metafora del surf, ma è proprio così che mi sembra di essere: l'evoluzione è l'oceano, e noi ora siamo dove l'oceano evolutivo continua a generare grandi onde, e noi dobbiamo intuire e sentire qual è l'onda da cavalcare e poi salirci sopra e imprimerle il nostro slancio, la nostra spinta. Come poteva Santa Monica non accoglierti come ti ha accolto?!

24 luglio

Non si può essere esperti di innovazione, questo è

L

sacrosanto, ma si può mantenere la tensione verso l'innovazione con un po' di allenamento, facendo un esercizio continuo di entrare e uscire da se stessi per guardare da fuori con occhio il più possibile freddo quello che invece abbiamo appena costruito con lo spirito infuocato. Il fuoco si può osservare solo da lontano per evitare di bruciarsi, ma il fuoco, lui brucia e basta. Forse una delle mutazioni più notevoli di questi anni è proprio questa. Quando si dice che nel passato le vite degli artisti si bruciavano in una fiammata potente era perché gli artisti erano nel fuoco senza essere anche fuori dal fuoco. È possibile essere dentro e fuori dal fuoco? Deve esserlo per forza, questa cosa deve essere scritta nell'occhio, fa parte delle sfide di oggi.

Qui tutto bene, al mattino fa freddo ma poi esce il sole e la California è anche questo, un clima bello senza troppe tenerezze. Siamo ospiti in una casa a Los Feliz proprio sotto all'osservatorio, e fa effetto vedere orsetti lavatori e scoiattoli gironzolare nel giardino in mezzo alla «megalopoli» considerata giungla d'asfalto tentacolare. La verità è che stare qui un po' chiarisce molte cose sul nostro secolo, sul nostro tempo. Intorno a casa, vedo tutto da un finestrone di fronte a me, crescono pini del Mediterraneo, una quercia, una palma da dattero, un banano, rosmarino, rose, un faggio, un acero… e altre piante di cui ignoro il nome. La biodiversità si esprime attraverso tutto, dalle persone alle piante alle idee.

In realtà l'America abitua il suo pubblico a una certa rigidità: anche se questo è il paese degli slanci, la verità è che è permesso in genere un solo slancio iniziale, poi qui tutto deve in qualche modo derivare da quello slancio iniziale tranne rarissimi casi di gente che ce la fa a reinventarsi in corso d'opera. Io però non la vedo così, io penso che uno non debba reinventarsi nel corso di una carriera ma addirittura nel corso di una giornata, di una canzone, di un concerto stesso. Un concerto deve contenere continui slanci, deve avere una dinamica vertiginosa, deve sempre farti domandare «e ora che succede?» e io tento di fare questo e a loro questo piace. Non sono sicuro però che se dovessi approdare a una zona di popolarità superiore in un paese come questo sarei in grado di mantenere questa cosa, perché mi rendo conto che lo posso fare finché gioco nel cortile ma non sarebbe possibile farlo nel salone delle feste principale. Ho questa impressione. Ti spiego, ieri sono passato davanti al Palladium dove c'era il concerto dei Rage against the machine, sold out con nessuna possibilità di prendere un biglietto, però mi sono goduto uno show non meno interessante, quello del pubblico in fila, e il pubblico in fila era composto di persone che sembravano uscite da una fabbrica di persone con caratteristiche comuni nello sguardo, nei vestiti, nell'atteggiamento e anche nell'età. Cioè i Rage against the machine, una delle band più innovative degli ultimi vent'anni, continuano a riproporre quel modello che fu innovativo e che invece è diventato maniera, e non è riuscito per esempio a conquistarsi una generazione più giovane di quella che era giovane quando ebbero il loro slancio creativo. Ma questa è l'America e non dipende dai Rage against the machine ma proprio da un modo che questo paese ha di relazionarsi con il piano simbolico. Se i Rage venissero in concerto in Europa, ancora di più se venissero in Italia, insieme ai quarantenni ci troveresti anche ragazzini di diciannove anni. Qui solo quarantenni. Lo stesso vale per i

Beastie boys e lo stesso vale per tutti o quasi tutti.
Questo paese cerca simboli di appartenenza, ne ha bisogno come dell'aria, io ho sempre cercato il contrario, diciamo dai diciannove anni in poi.
Questa cosa però sta cambiando anche qua e presto esploderà tutto, in senso positivo.
Le idee sono una benzina troppo potente e nulla resiste.

Lorenzo,

Forse anche il tuo possibile pubblico americano sarebbe un pubblico di genere: il «genere» di chi non vuole stare dentro ai generi, agli stili. Il «genere» che cerca pluralità.
Chi ha una vera e propria vocazione per le identità espanse, fluide, per le reinvenzioni in diretta dal vivo «addirittura nel corso di una giornata», non si ritrova con chi in qualunque campo va in cerca di una qualunque uniformità. Anche le culture alternative, anche il rock, se non li reinventi fanno in fretta a sedimentare, a produrre i loro tristi specialisti, le loro autoreferenzialità. Oggi c'erano su «Repubblica» due interviste che mi hanno indispettito: in una Battiato diceva che «oggi Gaber rinuncerebbe a cantare questa Italia marcia», nell'altra Giuseppe Genna lamentava che «tutti desiderano un suv» e che «Milano è l'avanguardia della decadenza». Ora, Battiato e Genna sono persone degnissime e rispettabilissime, ma questa loro attitudine invettivo-lagnoso-apocalittica mi ammorba. Ma dove vivono? Ma cosa

guardano? Ma chi frequentano? Se questo – il marciume generalizzato – è quello che vedono intorno a sé, imparino a guardare altrove, oppure cambino amici (forse i loro amici non sono fra quelli che desiderano i suv, ma è gente che si sente tanto intelligente perché lamenta che tutti desiderano i suv...). Lorenzo, tu quanti ne conosci che desiderano i suv? Io frequento un sacco di umani, qualcuno il suv ce l'avrà anche, ma non ho mai sentito nessuno sbavare per il suv. A me sembra che i fustigatori, gli indignati, quelli che lamentano l'appiattimento, siano alla fine quelli che appiattiscono più di tutti, che generalizzano in una specie di notte indistinta in cui tutte le vacche sono nere. Questo è il conformismo intellettuale, quello del pensiero critico, quello che a furia di concentrarsi sulle volgarità del mondo non riesce a vedere l'evoluzione, l'allargamento delle opzioni, la vita che si espande, neanche quando come ora l'evoluzione, l'allargamento delle opzioni, la vita che si espande, stanno aprendo le ali come mai prima è accaduto nella storia degli umani.

L Comunque, a parte tutto, che male c'è a desiderare un suv? Non mi sembra che tra i dieci comandamenti ce ne sia uno che recita «non desiderare un suv», poi magari ti fai un mazzo per comprarti un suv e quando ce l'hai ti accorgi che il suv non ti dà la felicità che speravi, ma questo è un altro discorso, magari te lo vendi e ti compri una uaz. Io conosco alcuni che hanno il suv che sono simpatici, e cer-

ti con la macchina ibrida che li strozzerei, non mi rompano le palle con queste cazzate please.
Proprio l'altro giorno ascoltavo Gaber in cuffia mentre pedalavo dentro ai miei boschi, mi ero messo nell'iPod una sua raccolta e ho passato tre ore con lui e la macchia appenninica. Gaber è stato uno dei nostri migliori artisti, su questo non ci piove, uno attentissimo a ogni parola, a ogni scelta, a ogni gesto scenico, un poeta, un corpo danzante, una voce tuonante, un osservatore, uno bravissimo. Ha scritto e cantato pezzi bellissimi e amarissimi, la musica popolare italiana senza Gaber sarebbe più povera, ma lo sarebbe anche senza i Ricchi e poveri e lo sarebbe anche senza i Nomadi o senza Alberto Camerini o senza l'orchestra Casadei, ognuno fa la sua cosa, qualcosa poi resta, qualcosa si dimentica, qualcosa diventa altro, qualcosa non diventa nulla. Gaber è un gigante ma noi dobbiamo andare avanti, dobbiamo godere di Gaber ma non pensare che dopo Gaber il diluvio, perché dopo nessuno c'è il diluvio, le cose vanno avanti, tutto va avanti, non sempre ci piace il modo in cui va avanti ma se non ci piace credo che esista un solo modo per fare qualcosa e questo modo consiste nell'essere la cosa che ci piace in mezzo a tutto quello che non ci piace.
Battiato è uno dei miei artisti italiani preferiti, è un fuoriclasse vero, un maestro, uno che può dire tutto quello che vuole dopo la musica che ha scritto. Ma non solo, sono riconoscente verso di lui perché dischi come *La voce del padrone* o *Gommalacca* sono regali, regali al mondo e io sono nel mondo. Quando

incontro artisti come Battiato mi genufletto. Gli artisti sono presenze preziose e le loro opinioni non sono così importanti, quello che è importante è la libertà di esprimerle e la mia libertà di farmi ispirare da loro o di dissentire.
Battiato è un uomo colto, non è uno in balìa del mondo, è uno che fa un cammino di conoscenza profondo senza mai perdere il contatto con la forza di una canzone popolare. È facile che gettando uno sguardo al mondo da certe posizioni spiritualmente evolute tutto sembri decadente. C'è chi dice che la nostra civiltà è in decadenza da circa tremila anni con brevi periodi di controtendenza. Però potrebbe anche essere una questione di sguardo.
Io da parte mia ho deciso di provare con ogni mezzo a coltivare uno sguardo non decadente. Non è facile, c'è di mezzo l'età, la vita che mostra aspetti dolorosi, le delusioni, gli errori che si fanno. Ma voglio provarci.
Come si fa a coltivare un occhio non decadente? Io non lo so e forse non si può, però al mondo gli si deve voler bene, cavoli, gli si deve voler bene a questo mondo del cavolo, mannaggia.
Sono appena tornato dal museo di storia naturale, c'erano dei minerali pazzeschi, scheletri di dinosauri, aquile reali, pappagalli dai colori strabilianti. Non sono preoccupato per la presenza dei suv. I suv sono dei giocattoloni.

Lorenzo,

Fse c'è – fra tante – una cosa che mi piace e mi appassiona di questa cosa che stiamo scrivendo è proprio l'estensione del tema della biodiversità dalla natura al mondo degli umani. Pensare che la via di uscita dalla fine delle «grandi narrazioni» ideologiche fosse il postmoderno è stato un madornale errore: la grande, meravigliosa novità del mondo connesso e globale è proprio l'incondizionata proliferazione delle biodiversità, di possibilità di scelte senza precedenti, dove tecnologia e scienza si modellano – per espanderlo – sul metabolismo biologico.

Ecco, quello che trovo tremendo nelle dichiarazioni e in generale nell'attitudine di persone peraltro eccellenti (anzi, proprio il fatto che siano persone eccellenti mi appare come un'aggravante) è che in un momento in cui c'è un dannato bisogno di familiarizzare – soprattutto da parte di tanti ragazzi giovani – con questa ricchezza e pluralità della vita, di imparare a usare le infinite possibilità di scelta che ci ritroviamo fra le mani, non avere occhi che per il marcio e la decadenza non serve a offrire alcuna soluzione, non aiuta a capire come orientarsi, e anzi alimenta i peggiori sentimenti umani – risentimento, rassegnazione, giudizio critico. Ed è curioso che proprio chi denuncia l'appiattimento e l'omologazione sia poi il primo a generalizzare, a non vedere l'estensione delle biodiversità. È davvero una questione di sguardo, di punti di vista: nel mondo globale c'è tutto e il contrario di tutto, c'è tanto omologazione quanto valorizzazione delle eccezioni, tanto possibilità senza precedenti quanto pericoli senza precedenti, tanto perdita di valori quanto costruzione di valori nuovi: sono la direzione e l'ampiezza del nostro sguardo a fare la differenza. Ecco, il nostro sguardo – questo che stiamo scrivendo, che ci fa dire che ora è meglio di prima – non è affatto ottimista, non ci sto a questa restrizione: andare con lo sguardo a tutto quello che innova e che evolve non è ottimismo, è relazione viva con il mondo. Credo che non sarà facile per tanti capire al volo il senso di questo «viva tutto!»: però tu – più di me – stai mettendo a fuoco la forza energetica, la grande ricchezza di tutto quanto insieme, anche di tante cose che singolarmente possono non entusiasmarci.

26 luglio

L

Ieri a San Francisco c'erano 8000 persone! Favoloso, è stato divertente e come sempre a San Francisco faceva un freddo micidiale. La gente è letteralmente impazzita e non ci lasciavano più scendere. Era un festival di quelli tipici da città americana organizzati da un gruppo di benintenzionati amanti della musica e un po' hippy nell'anima, ma sai che qui gli hippy sono in grado di fare impresa e questo fa la differenza. Di fronte a noi c'era una va-

rietà di tipi umani che forse così varia non l'avevo mai vista, dai rockettari alle vecchie con i capelli rosa. In mattinata ho fatto un incontro con il pubblico in uno stanzone e sono venuti in tanti incuriositi da questo cantante italiano che non fa la lirica. Domande interessanti e per niente scontate su un sacco di cose. L'idea di suonare a due passi dalla Silicon Valley mi ha messo addosso una certa allegria.
E comunque è vero Franco, hai ragione, nessun posto ha le caratteristiche sociali, ambientali, e non so cosa, della California. Non c'è un luogo al mondo che raccoglie una concentrazione di proposte attive come questo.

Lorenzo,

Fun'altra prova che ci deve davvero essere qualcosa di assolutamente particolare lì in California è che gente che arriva da culture molteplicissime – coreani, messicani, italiani, tutti quanti – ci impiega giusto un istante a diventare californiana. Sì, ci sono comunità che a Los Angeles si comportano come se fossero a Mexico City, però in generale qui tutti si lasciano andare all'idea che le proprie origini sono l'origine ma non la destinazione finale, e che ognuno è il risultato di infinite connessioni. Non sembrano esserci fondamentalismi, lì, ma identità aperte espanse plurali. Essere californiani non è una questione di simboli ma di metabolismo. C'è un codice genetico dello spazio, dell'aria, delle relazioni, dell'energia, che abbraccia tutto, si irradia dappertutto

– il codice genetico della incondizionata proliferazione vitale – e che raccoglie e moltiplica milioni di molecole umane che lì dentro si sentono non frammenti parziali ma enzimi vivi. È così che si può essere californiani continuando a essere coreani, messicani, italiani, e tutti gli altri. Questa informalità californiana, questa spontanea irregolarità, non è uno stile, è la natura stessa della vita biologica.
Essendo californiano nella condizione percettiva e cognitiva puoi essere ancora di più italiano. È la stessa cosa che ho visto accadere con Daniele. Ogni inizio di corso al college racconta davanti ai suoi nuovi studenti attoniti che quando è arrivato a Los Angeles il suo inglese era molto migliore di adesso: poi gli hanno detto che le fanciulle erano attratte dal suo accento esotico e così ha deciso di privilegiare le lusinghe femminili alla corretta pronuncia.

28 luglio

Grande Franco,
Lieri sera è stato qui Daniele e ci siamo fatti una pasta e abbiamo passato una bella sera californiana. È forte Daniele, hai ragione, è unico.
La sua conoscenza profonda delle arti marziali finisce sempre per catalizzare l'attenzione di tutti perché dentro di ognuno c'è nascosto il desiderio di

mettere a terra uno con una mossa esperta, o di sapersi difendere da un attacco. Si tratta di una cosa ancestrale, il bisogno di protezione di sé e degli altri, e ieri sera tutti eravamo lì a interrogarlo sulle mosse segrete e su come fare a rendere innocuo un forzuto in due mosse.

Lorenzo,

F sono il più fanatico adepto di un culto assolutamente monoteista, quello dedicato a mio figlio. Una storia come quella di Daniele credo sarebbe importante evidenziarla, così come vorrei evidenziare – in una specie di grande mosaico – tutte le storie inventive, coraggiose, vitali degli umani che – ne conosciamo tanti – sono pienamente eccezioni fra tante eccezioni, sono veri prototipi pop evolutivi. È in questo stesso senso che leggo la voglia di Francesca di evidenziare la pienezza del tuo valore: è perché è il solo modo per mostrare che ci sarà certamente un mondo tremendo e volgare ma ce n'è anche uno – appassionante, esemplare – che si slancia, che eccelle, che evolve le vite singolari e quelle condivise. Dobbiamo farcela, è una vera gioiosa missione antropologica.

29 luglio

L

Basta farsi un giro per le famose «strade della California» e praticare l'italica usanza del cambio continuo di corsia: non te lo permettono, devi scegliere dove stare e quando arriva la tua uscita segnalare molto tempo prima e fare molta attenzione. È la loro forza, e non gliene faccio una colpa e nemmeno mi azzardo a dire che non va bene, per loro funziona benissimo, e quando si è qui dopo qualche giorno ci si adegua e se ne scoprono i vantaggi. Si fa molta meno fatica, si sceglie una corsia, un mestiere, un brand e hai meno problemi, per lo meno non hai quello dell'identità. Qui a due passi da questa casa, su Sunset, c'è una sede di Scientology che fa impressione, c'è il viale Hubbard e un edificio enorme a metà strada tra il castello di Disneyland, una cattedrale e un grande ospedale. E proprio a due blocchi c'è un altro grosso edificio che fa capo a Yogananda e un'insegna che dice «la religione di tutte le religioni». Insomma per dire che, ok fatti la tua «own religion», ma non dimenticarti di dargli un nome, dei testi di riferimento, un formulario da compilare, magari una quota da versare. Questo è il tipo di libertà che viene concepito e si capisce bene perché e perché funziona. Quello a cui non puoi dare un nome qui non può esistere, eppure io che lavoro con le parole posso con certezza affermare che alle cose più importanti nella vita non puoi dare un nome. Gli ebrei questa cosa la sapevano bene e quando al loro

Dio danno un nome impronunciabile fanno bingo. Noi di tradizione cattolica romana e prima ancora greca invece frammentiamo la realtà in infiniti nomi che sono l'effetto della luce che passa attraverso il prisma. Ieri sera con la Teresa ci siamo visti su un canale satellitare *Troy* che è la storia hollywoodiana dell'*Iliade*. Quella storia funziona benissimo anche in questa forma superpop, regge la storia mi spiego? Non è difficile credere alla potenza di Apollo mentre si guarda quel film, e siccome ogni cinque minuti veniva interrotto da uno spot, non è difficile credere in simultanea alla potenza di Apollo e alla bontà del pollo fritto di Kentucky fried chicken. Mi ricordo *La Pentecoste* di Manzoni, che non so recitare a memoria, ma che mi colpì quando parlava della luce che si stende sulle cose e le colora ognuna in modo diverso, ma si tratta sempre della stessa luce.

La verità è che la religione è come una lingua, si nasce e si impara una lingua e quella è la nostra «lingua madre». Poi uno può decidere di impararne altre cento e di scoprirne le meraviglie oppure può continuare a vivere usando le mille parole imparate prima dei suoi dieci anni e sopravvivere benissimo. Il problema nasce quando quello che sa mille parole si trova in mezzo a tutta gente che conosce cento lingue, ma è proprio lì che inizia il bello e che inizia il mondo moderno, dove districarsi non è un gioco da ragazzi e solo chi gioca di agilità ha qualche speranza. Forse.

Però resta il fatto che io mi considero un animale «narrativo» e le belle storie mi seducono e mi acchiappano, e in fondo la forza di una religione rivelata sta nella sua capacità di raccontarmi una grande incredibile storia, e chi racconta storie vince sempre.

Lorenzo,

F questa questione dei nomi è davvero centrale. Il problema è che nella sua genetica propensione al paradosso Daniele alla fine è assolutamente taoista, e il tao comincia proprio con «il tao che può essere detto non è il vero tao». Fantastico per viverci, complicato se devi «venderlo». Non a caso il tao diceva: se non ce la fai con me, nessun problema, prendi pure il confucianesimo. Tutte le esperienze più ricche e più essenziali – tanto più quelle più inventive – non hanno un nome. Alla fine a fare la differenza è il potere narrativo delle storie. Manuela è induista, e ogni tanto mi racconta accoratamente alcuni squarci della loro mitologia, che a me diverte un sacco proprio perché è quanto di più simile a *Guerre stellari* o a *Lost* o anche a Disney. Questo è, tanto per me quanto per Daniele, il tremendo limite delle religioni monoteiste: le loro storie non soltanto non mi prendono ma semmai mi respingono. Non perché non sono credibili – neanche *Lost* lo è, eppure mi ha conquistato – ma perché non ci ho mai visto alcun fascino, alcuna forza seduttiva. Se da piccolo mi avessero proposto una religione che raccontava come Omero o come John Ford, probabilmente sarei diventato un fervente devoto. La «mistica» di Steve Jobs sta proprio nell'aver proposto una grande narrazione vitale, e poi nella capacità di aggiungere ogni volta un nuovo capitolo della stessa saga.

L

Scrivo a tutti e due, padre e figlio, perché sto leggendo il libro di Daniele. Nella sede dell'Onu di NY negli anni 60 si posero il problema di come costruire una «cappella» che andasse bene per tutti e alla fine si optò per una stanza buia attraversata da un raggio di luce singolo che dal soffitto colpiva il pavimento. Non ci andava quasi nessuno, giusto qualche curioso per niente intenzionato al raccoglimento.

Tempo fa avevo voglia di fare un viaggio, e io per fare un viaggio ho bisogno di una specie di ispirazione, una parola, una foto, una frase letta in un libro, un ricordo, un motivo anche il più assurdo ma che non sia come dire turistico (considero il turismo una specie di piaga planetaria, pur essendo io un fottuto turista anche ora che sto scrivendo). Allora in internet avevo trovato notizia di una religione affascinante, il bahaismo, mai sentita vero? Nemmeno io ne avevo mai sentito parlare, eppure ha qualche milione di fedeli sparsi nel mondo. È nata nella Persia di alcuni secoli fa e in pratica fa una sintesi di tutte le religioni rivelate affermando che i profeti, tutti i maggiori profeti, sono uno l'upgrade dell'altro e che tutti hanno a che fare indistintamente con un cammino di verità. Questo detto a grandissime linee. Comunque a me interessava l'aspetto utile alla mia vicenda, ovvero che venni colpito dalla foto di un loro tempio costruito a Panama dall'architettura spaziale, una specie di astronave a forma di uovo atterrata su una collina. Allora decisi di fare il mio viaggio nell'America Latina partendo da Panama e da quel tempio e così andò. Arrivai lassù su quella collina portato da un taxi che si metteva in moto unendo i fili dell'accensione e che aveva tutti, giuro tutti, i vetri rotti. Panama City è un posto che fuori dalla zona ricca non è proprio raccomandabile, però io non mi faccio mai questo tipo di problema e il taxi mi lasciò di fronte al cancello del tempio. Non c'era nessuno nei paraggi e presi il vialetto verso il grande uovo, e solo quando fui dentro incontrai una signora anziana, una di quelle che trovi anche da noi e che magari danno una mano a tenere pulita la chiesa.

Io e la signora parlammo una decina di minuti e le dissi che non ero un bahaista ma ero incuriosito da una religione che crea una sintesi tra i differenti culti «mainstream». Lei era proprio una brava nonnina molto rilassata e la sensazione era proprio positiva: però, e qui vengo a noi, mi rendevo conto che intorno a me tutti i segni tendevano alla sottrazione. Il tempio era vuoto, senza simboli, senza segni, senza santi, senza fuochi, senza nemmeno le vetrate colorate. Una grande stanza circolare percorsa dal vento dei tropici, una cosa molto bella, molto suggestiva, ma poco adatta a essere «venduta». Quello che intendo dire è che mi pare che ogni tentativo di sommare le religioni presupponga una sottrazione decisiva e l'uomo, io penso sia così, non ama le sottrazioni, ma procede per aggiunte continue. Non siete d'ac-

cordo? La sottrazione è per i saggi, e i saggi sono pochi e spesso poco interessanti, il mondo punta all'espansione, la natura è così, l'universo è così e io pure mi sento così.
Quindi alla fine concludo che il bahaismo, per esempio, non è in grado di fare una sintesi delle tradizioni religiose ma si aggiunge alle tradizioni rafforzandole, indebolendole, minandole, celebrandole ma comunque sempre come un elemento in più.
È questa la vera sfida del nostro tempo: gestire e relazionarsi con l'espansione esponenziale.
Mica male no?

E in tutta questa faccenda di religioni, ideologie, sistemi, metodi, tifoserie, ecc. ecc., la cosa che sempre mi colpisce è come tutte queste cose siano alla fine roba da maschietti. Le donne guardano (non tutte, ma generalizzando) con poco trasporto a queste faccende poco pratiche, se ne stanno per conto loro, fanno la maglia e hanno ragione perché alla fine della giornata noi abbiamo prodotto chiacchiere e loro hanno prodotto un maglione che servirà per il prossimo inverno.

Lorenzo,

Fleggevo ieri che l'inglese è passato da cinquantamila parole della lingua di Shakespeare a un milione oggi, e che ogni giorno ci sono in rete un miliardo e mezzo (and counting…) di post scritti in rete e nei social media. E poi ci sono tutte le cono-

scenze alle quali noi abbiamo l'opportunità di accedere in pochi secondi, praticamente tutto quanto l'umanità ha prodotto e sta producendo.
Ecco, di fronte – anzi dentro – a tutta questa abbondanza, ci sono due reazioni, due attitudini antropologiche e comportamentali e mentali: una è l'entusiasmo, la spinta ad abbracciare quanti più materiali possibile, l'altra è l'ansia se non la paura. Se pensiamo che in passato gli umani si sono attaccati a credenze di ogni tipo per paura non soltanto di cosa c'era o non c'era dopo la vita ma anche di cosa ci poteva essere al di là della valle o del mare, possiamo figurarci quanto per tanti la sovrabbondanza delle scelte sia oggi traumatica e ansiogena. Tutto questo spinge molti a cercare rifugio in un'identità apparentemente rassicurante, in una qualche formula che riduce la complessità e la responsabilità personale, in una qualche cosa che abbia un nome chiaro, un simbolo, una formula facile da imparare e ripetere.
In questo senso credo che si stia sempre più determinando una vera e propria separazione fra chi nella possibilità di scelta ci si ritrova e magari ci sguazza, e chi invece vuole essere sollevato dall'ansia di scegliere, di decidere in diretta, dal vivo, senza reti di protezione. La meraviglia è che chi sta imparando a scegliere da sé è mille, un milione di volte superiore a quanti erano soltanto pochi anni fa, non è più una nicchia d'avanguardia.
Il problema del bahaismo, così come quello dell'esperanto e di altre cose così, è proprio la loro natura positivista e razionale, è che la loro proposta è

artificiosa, studiata a tavolino. D'altra parte anche *Lost* – ovvero la più grande sceneggiatura di ogni epoca – quando nel finale ha cercato di offrire una visione religiosa al di là di tutte le religioni non ha trovato di meglio che mostrare una vetrata con i simboli di tutte le religioni. Daniele fa molto meglio di così, perché davvero connette e combina, però sto cominciando a pensare che forse debba cambiare lo splendido titolo del suo libro: *Create your own religion* è forte, suggestivo, motivazionale, ma appunto troppo «avanzato». Continuo a pensare che soprattutto in America ci sia un'area vastissima di umani che fanno dell'assenza di identità convenzionali la propria identità forte: il problema è che per arrivarci si deve passare dal collo di bottiglia di editori agenti e librai, che hanno una particolare predilezione per le classificazioni. Ma ce la faremo!

D'azzo, se non è male!... Sembra un paradosso zen. Se crei nomi e simboli per un'esperienza che va oltre nomi e simboli, la snaturi e hai perso in partenza. Se non lo fai, non la snaturi ma hai perso in partenza comunque. Come dicevano nello zen? Come fai a tirare fuori da una bottiglia un'anatra viva, senza fare male all'anatra o rompere la bottiglia? Risposta: è già uscita. Se capisco come applicare questo alla situazione presente, magari ne vengo a capo.
Abbracci rinnovati.
Daniele

Lorenzo, noi – questo libro qui che stiamo facendo, quello di Daniele sul farsi da sé la propria religione – stiamo producendo non un maglione (il femminile sarà sempre un metro sopra) ma se non altro una fantastica t-shirt, di quelle che si mettono per allenarsi o per un concerto rock, pronte per il sudore ma con una gran bella scritta sopra…

1 agosto

L

Stasera abbiamo suonato al Central Park. Un successone. Una barca di gente entusiasta di noi e noi entusiasti di loro. Bel concerto, divertente e carico. Poi sono rientrato dietro al palco tutto sudato da buttare e come sempre alla «fine» di qualcosa di importante, un film, un disco, qualcosa, mi viene il groppo in gola: ma non perché qualcosa è finito ma per l'esatto contrario. Il mio lavoro è così, lo faccio da tanto e ogni volta è così: mi sembra sempre di stare a cominciare. Mentre tutti intorno a me festeggiano e tirano le somme, a me sale questa sensazione forte di essere di nuovo all'inizio di qualcosa, è una sensazione che vivo in una grande solitudine anche se per esempio stasera l'ho comunicata alla Fra e lei ha capito perché lei sa, e mi ha detto che devo considerarla la mia più grande fortuna. È così, davanti a me 8000 persone contente che mi applaudono e a

me pare di essere all'inizio di un altro viaggio senza mappa e nemmeno una meta precisa. Tutto può succedere. È una sensazione malinconica e adrenalinica allo stesso tempo, in simultanea (ritorna la magica parola «simultanea» che mi accorgo essere sempre nella mia bocca ultimamente).
Di fronte a questo disco nuovo mi sento esattamente così. Ho fatto un sacco di dischi, una quindicina e forse di più, e anche stavolta e più di sempre mi sembra di essere all'inizio di qualcosa che non so che forma avrà e cosa mi riserva, dove mi porterà. E allora è tutto un equilibrio folle di progettazione e improvvisazione, tecnica e istinto, ispirazione e lavoro duro, compiacimento e spietatezza verso se stessi, un equilibrio che non so se riuscirò a sostenere per sempre perché ogni volta mi sembra più precario, più instabile.
Ciao maestro.

Lorenzo,

Fè il lato oscuro di vivere per continui rilanci. Capita sempre anche a me, alla fine di un festival o di un libro o di una conferenza particolarmente sostanziosa: è come se quello che è accaduto lo avessi già mangiato e assimilato, come se fossi già distante e vedessi tutto quanto nel retrovisore mentre saluto con affetto e me ne vado, già proiettato verso un nuovo inizio
Non è incontentabilità, niente affatto: sono affezionato alle cose che ho fatto – almeno alle più vissu-

te –, ma proprio perché le sento così vitali è altrettanto vitale passare a un altro respiro, a un altro slancio. Senza pensarci, senza perdere tempo né a bearsene né a rifletterci criticamente: tanto l'essenza di quello che hai fatto ce l'avrai dentro per sempre, solo che ogni volta le basta un istante per depositarsi nel sangue, nei neuroni. Adoro questa sensazione che tu dici, adrenalinica e malinconica insieme, mi sembra che ci sia dentro tutto. Non è una sensazione comodissima ma – ha ragione Francesca (che ha una sostanziosa tendenza ad avere ragione) – è una fortuna inestimabile. Credo si chiami vita.

L

Stasera dopo il concerto siamo stati a cena con il boss della mia casa discografica arrivato apposta dall'Italia per il concerto. Mi ha fatto piacere, io faccio dischi e i dischi poi si devono pure vendere e dà soddisfazione lavorare con quella parte della faccenda quando di là c'è gente in gamba.
Comunque a metà della cena, come sempre o quasi sempre quando si sta con gli italiani, si finisce a parlare di politica e di Berlusconi, che da vent'anni è al centro della questione. E di questi tempi, ma non da oggi, qualcuno finisce per dire che Berlusconi e la politica modellatasi intorno alla sua figura hanno portato il nostro paese in una condizione negativa, senza più un immaginario, senza più sogni, senza più un'idea di futuro ecc. ecc. le solite cose che si dicono, ok. Però poi a metà mi sono alzato come un invasato e ho detto a voce alta «e allora cosa dobbiamo

fare? Dobbiamo continuare a dirci questa cosa? Abbiamo bisogno di Berlusconi per dirci questa cosa? Per adeguarci a questa visione? No, amici miei, non ci sto, io non ci sto e rispondo con il mio lavoro, il mio entusiasmo, i miei mulini a vento, la mia onda, non posso fare altrimenti, la vita è troppo breve per spendere anche un solo secondo a lamentarmi anche se le ragioni per lamentarsi sono sotto gli occhi di tutti. Noi che siamo qui, che lavoriamo nella musica, noi che siamo qui possiamo essere il cambiamento attraverso le cose che facciamo, come le facciamo, la forza, la leggerezza e il rigore che siamo in grado di infondere alle cose che produciamo. Perderemo, forse perderemo, ma non possiamo far vincere quella visione del mondo al ribasso. Non possiamo. Punto. Anzi no, concludo… non perderemo affatto. Abbiamo già vinto».

Lorenzo,

Fnon voglio certo assolvere Berlusconi, ci mancherebbe: però se qualcuno si fa prosciugare da lui (o da altri come lui), se ne è ossessionato, se a maggior ragione non riesce a elaborare grandi visioni, è perché la sua personalità, le sue visioni, i suoi valori sono spaventosamente deboli. Se hai carattere, se il tuo progetto vitale ha cuore e muscoli e sguardo, neanche Hitler te li può togliere. Berlusconi ha colonizzato l'immaginario di tanti perché questo immaginario era misero e perdente anche prima che Berlusconi imperversasse. Punto.

Chiaro che se uno intorno a te fa danni, non puoi certo far finta di nulla. Qualcosa per impedirglielo, per difenderti, lo devi fare. Ho sempre pensato che se uno è tuo nemico lo devi battere costruendo una strategia migliore, creando un progetto più forte del suo. Tutto il resto sono chiacchiere.

È una questione di unità di misura: quando ti limiti a resistere e a opporti a qualcuno, quel qualcuno ha già vinto perché ti è entrato nella testa, perché è lui a essere unità di misura. La resistenza è soltanto il lato ringhioso della rassegnazione, ma è altrettanto impotente, come un vecchio leone in gabbia. Pensa che si è arrivati – per opporsi a Berlusconi – a difendere una cosa vecchia, retorica, ridicola come la costituzione: accidenti, per superare il piano a suo uso e consumo di Berlusconi devi essere tu a mutare la costituzione e ogni altra cosa in senso più ampio, più innovativo. Quelli che predicano che l'unica cosa importante è liberarsi di Berlusconi, «poi si vedrà», sono identici – forse sono proprio gli stessi – a quelli che ti vogliono sempre legare al passato, alla storia, che ti dicono che il nostro problema è lo smarrimento della memoria. Questa gente credo sia ossessionata da Berlusconi, ossessionata dal passato e dalla memoria, perché non ha niente da dire sul presente, sul qui&ora, sul mutamento, perché non ha alcuna forza inventiva e innovativa. Invece di raccontarmi cosa non funziona, mi dicano cosa vogliono fare loro, qual è il loro progetto vitale, la loro onda, la loro proposta per cavalcare il mutamento, per essere dentro l'evoluzione!

2 agosto

L

Per caso ho riletto una mail che ti ho mandato una ventina di giorni fa in cui ti parlavo di *24000 baci*, di quel tipo di pezzo da luna park che però è in grado di far crollare un regime, di stimolare la vita. Allora mentre sto facendo un back up del mio hard disc in piena notte a NY ti propongo un gioco. Tiriamo fuori qualche esempio di cose che hanno il potere alla *24000 baci*... Allora inizio io.
Dieci canzoni:
I gotta feeling dei Black Eyed Peas
Wanna be starting something Michael Jackson
Tom Traubert's blues Tom Waits
National anthem Radiohead
Hot pants James Brown
Volare Domenico Modugno
Rock the casbah Clash
Could you be loved Bob Marley
Fight the power Public Enemy
Take me to the moon Frank Sinatra
Film:
Amarcord
Apocalypse now
Pulp fiction
Big fish
Underground
Avatar
Lo squalo
Saturday night fever

Fitzcarraldo
Kill Bill 1 e 2
Libri:
Cuore di tenebra
Orlando furioso
Il piccolo principe
Le città invisibili
L'Aleph
il Vangelo di Luca ex equo con Apocalisse Giovanni
Il grande Sertão
Cent'anni di solitudine
Delitto e castigo
Chronicles (di Bob Dylan)

Queste cose mi sono venute di getto in uno stato vicino al crollo da sonno, dài dammene dieci tu…

Lorenzo, mi ci tuffo.
F Canzoni:
Radiohead, *Everything in its right place*
Beatles, *Strawberry fields forever*
Jimi Hendrix, *Bold as love*
Led Zeppelin, *Stairway to heaven*
Elvis, *Can't help falling in love*
Rhcp, *Scar tissue*
Pearl Jam, *Alive* oppure *Immortality*
Be my baby, Ronettes/ Phil Spector
Dylan, *Forever young*
e poi – posso permettermelo perché sai che non è piaggeria – *Mi fido di te*

Film:
Un mercoledì da leoni John Milius
Apocalypse now Coppola
Kill Bill 1 e 2 Quentin
Un dollaro d'onore Howard Hawks
Sentieri selvaggi John Ford
Il mucchio selvaggio Sam Peckinpah (ok, ora basta western: d'altra parte mi ci sono formato)
un Rodriguez non posso non mettercelo: *Sin city* oppure anche *Dal tramonto all'alba*
Guerre stellari, George Lucas
una vecchia commedia sofisticata, tipo *Scandalo a Philadelphia* (Kathryn Hepburn, Cary Grant)
e poi *Pulp fiction* (pensa che la prima volta che l'ho visto mi aveva indispettito: credo fosse l'effetto dissuasivo che mi faceva un certo tarantinismo postmoderno… in ogni caso, molto stupido da parte mia)
Libri:
Zarathustra
il Tao
Orlando furioso
Shakespeare, direi *Romeo e Giulietta* (oltre all'amore c'è dentro il tema del superamento delle identità)
Tom Robbins, *Natura morta con picchio*
valgono anche i saggi, vero? *Out of control*, Kevin Kelly (dove c'è tutto su bio e tecno)
poi ci metto la sceneggiatura di *Lost*, anche se non è tecnicamente un libro
gli altri tre ci devo pensare: proprio come con i western nei film, ci metterei un po' di thriller, che sono stati essenziali per la mia formazione.

4 agosto

LNY clima amazzonico spinto e sbalzi di temperatura di venti gradi appena si entra in un posto. Gli americani sono in fissa con l'aria condizionata. D'inverno fuori si gela e dentro si muore di caldo, d'estate il contrario. È il loro delirio da «tool», hanno uno strumento per qualsiasi cosa e la vertigine dello strumento offusca la funzione. Amano l'idea di governare la temperatura più di quanto amino una temperatura giusta. Sono nervosi su questa cosa, si perdono una parte preziosa, quella che deriva dal cercare il fresco nel caldo, non opponendosi al caldo, ma dentro di lui, nelle sue pieghe. Comunque contenti loro.

Ieri sera sono andato a vedere *Fela*, il musical di Broadway dedicato a Fela Kuti, prodotto da Jay Z e diretto da Bill T Jones, con la musica dal vivo di Fela suonata dagli Antibalas, una band afrobeat di New York. Considera che a me il musical piace quasi zero, e quelli che ho visto mi hanno tutti deluso, anche se aspetto sempre il grande giorno in cui qualcosa mi farà cambiare idea. Comunque *Fela* non è male, e ancora di più vale lo spettacolo offerto dal pubblico, fatto all'ottanta per cento dalla borghesia afroamericana orgogliosa e intenzionata a valorizzare ogni cosa adatta a rafforzare il senso di identità. Fela era un geniale musicista che inventò una roba pazzesca che io ne vado matto, ma aveva anche una marea di difetti di carattere che lo hanno portato a fare più danni che bene alla sua gente nonostante le sue buone intenzioni. Ma erano altri tempi e ancora lo spirito ribelle non riusciva a conciliarsi con un progetto evolutivo vero e sensato, e alla fine Fela divenne l'ennesimo giullare di corte anche se si trattava di una corte di ribelli politicamente impegnati dalla parte giusta sparsi per il mondo. Comunque il suo spirito sopravvive, e per gli afroamericani – e non solo – è giusto che lui resti un riferimento importante se non altro per via della sua musica, che fu veramente innovativa portando l'Africa al centro della scena, dove tra l'altro merita di essere. Mentre vedevo lo show, fatto di danze belle anche se molto addolcite a uso di Broadway, e di contenuti mediatissimi per non mettere in difficoltà nessuno, riflettevo sul potere «ribelle» della musica che spesso ha bisogno di individuare un nemico e quasi sempre su quel nemico si fa i muscoli che quasi sempre le serviranno per strozzare prima di tutto se stessa. Che ci debba essere sempre la morte prematura alla fine di un percorso di «ribellione» è una storia che non mi convince fino in fondo e mi lascia sempre un forte amaro in bocca. Ieri in un negozio di abbigliamento alla moda c'era una linea di magliette dedicate ai morti del rock and roll, a Kurt, a Jim, a quello dei Joy Division ecc. ecc., e io credimi mi sono sentito così strano lì dentro, non so perché, anni fa non mi avrebbe fatto questo effetto, e adesso invece non so perché mi fa pure un po' incazzare che un ragazzino di sedici anni si metta la maglietta con la faccia di un morto che faceva il lavoro più bello del mondo. Cosa c'è dietro

questa roba? Perché invece di commuovermi mi lascia perplesso?
Domani con la Fra andiamo a sentire gli Arcade Fire, ho trovato due biglietti, lasciamo la Teresa con i nostri amici che vivono qui e ci facciamo una serata di indie rock.
Viva tutto!

Lorenzo,
F questa storia dei grandi morti del rock credo abbia fatto sostanziosi danni. Sai, non ho mai amato – nemmeno quando ero adolescente – l'idea romantica dell'eroe destinato a morire. Non mi ha mai preso in generale l'idea dei «fiori del male», da Rimbaud al dark. Pensa che quando è morto Hendrix – che era il mio vero primo grande eroe – ho provato un profondo senso di malinconia ma anche di distanza, come se non potessi neanche concepire che la morte – quella morte – facesse parte del suo ineguagliabile slancio creativo. E a ogni morte ho accentuato questa separazione fra l'assoluta condivisione del senso vitale del rock e il totale distacco da quella vena autodistruttiva che mi appariva niente affatto affascinante ma semplicemente stupida. Credo che ci sia sempre stata una lacerante contraddizione fra l'importanza evolutiva fondamentale del rock – davvero l'esperienza inventiva e antropologica più importante fra la fine della seconda guerra mondiale e la nascita del web – e la scarsa consapevolezza che di questa importanza paradigmatica

hanno avuto tanti dei suoi protagonisti. È il limite stesso della ribellione, solo che nella sua essenza il rock è stato ed è molto più che soltanto ribellione. La lettura soprattutto europea del rock come protesta, come ribellione, è stata davvero scentrata, assolutamente sconclusionata.
Sai che non sento grande affinità con le musiche non angloamericane: però Fela mi piaceva, devo avere ancora dei vinili suoi. Mi piaceva musicalmente, con quelle lunghissime «canzoni» ritmiche afrofunky, e mi piaceva la sua idea condivisiva di una musica che includeva tutto. Forse sei troppo piccolo per aver visto Sun Ra: lui era nella stessa dimensione, anzi esasperava gli elementi scenici e comunitari fino a trasformarli in una divertentissima tenerissima «setta», lui piccolissimo agghindato con mantelli astrali circondato da belle donne nere che cantando lo introducevano come una specie di divinità.

5 agosto

L

Meraviglioso Sun Ra, ho un sacco di suoi dischi, ho anche dei vinili originali che comprai in un posto magico di Londra e credo di avere anche un suo film in dvd, un delirio pieno di spunti futuristici.
Mi piace molto l'idea di futuro che si aveva nel passato, quella in piena epoca di esplorazioni spaziali,

con quel bel futuro pieno di nuove prospettive. Il «futuro» e l'idea di spazio associati alla psichedelia, ma tu sei il maestro di queste cose, a me piacciono e basta, come la maggior parte delle cose che mi piacciono, mi piacciono e basta perché in qualche modo luccicano ai miei occhi. Sono attratto dalle cose che brillano.

Ho visto che anche i giornali italiani stamattina parlano di Barnes & Noble che sta per chiudere, io me ne ero accorto due giorni fa entrando in una di queste celebri librerie e trovando quell'atmosfera da finestagione, quando si sta per partire e ormai con il cuore si è già partiti. Certo che ora che anche il libro di carta piano piano fa ciao ciao i giochi sono proprio fatti, siamo passati di là. E io sono contento, nostalgia zero, zero spaccato.

Cambierà anche il modo in cui si scriveranno i libri, ma una cosa non cambierà mai: quelli che sanno raccontare storie continueranno a farlo e avranno ancora più sguardi incantati intorno a loro per essere portati via, in altre dimensioni.

È proprio così, Franco, sta finendo un'epoca anzi è già finita e la bandiera di «VIVA TUTTO» sventola in cima ai campanili di tutte le parrocchie.

Yo!

Mi correggo Franco, non sta finendo un'epoca, sta iniziando un'epoca.

Sta iniziando.

Lorenzo,

F è buffo ripensare a tutte le idee di futuro immaginate dal cinema, dalla letteratura e anche dalla musica. Non ne hanno indovinata una, mai. Il futuro freddo e robotico e asettico, le pillole al posto del cibo, i viaggi su Marte e quelli nel tempo, le fusioni bioniche uomo-macchina, i replicanti, il controllo della mente, e gli stessi vestiti soprattutto quelli delle ragazze. Non ne hanno davvero indovinata una, perché tutte le loro ipotesi nascevano da un'applicazione fantasiosa della mente logica. Però ci hanno tenuto allegri, almeno quelli più vivaci. Mai nessuno ha previsto l'iPhone e i milioni di personal computer, e la lettura del dna individuale, e i social network, e che ognuno di noi ormai è un network, e tutto il resto. Per fortuna nostra il futuro è sempre paradossale, non va mai nella direzione che la mente binaria ha previsto.

Anche io ogni volta che qualcosa scompare – in questo caso le librerie, prima le vecchie botteghe e tutte quelle altre cose lì – non riesco mai a provare nostalgia: ho sempre pensato che se una cultura, o una qualunque situazione sociale, scompare è perché aveva ormai fatto il suo tempo. Per dura che sia, è la legge dell'evoluzione, e ho sempre trovato molto più appassionante impadronirmi delle nuove possibilità che si aprono invece che rimpiangere quello che abbiamo perso. In questo senso tutte le cose che posso aver vissuto dagli anni sessanta in poi sono contento di averle vissute ma sono anche – anzi di più – contento che siano dietro le spalle. È eccitante vivere in

un'epoca dove il futuro lo si prevede meno di prima perché il futuro è più veloce a prendere corpo di quanto noi a pensarlo, e dove ormai abbiamo la consapevolezza che qualunque futuro cambierà rapidamente.
Mi appassiona anche che le storie vadano sempre più verso un'irresistibile combinazione fra inconcepibile complessità degli elementi e assoluta essenzialità vitale. E mi appassiona che Teresa e quelli come lei in queste storie ci si ritrovino con totale naturalezza. Ecco, forse l'atteggiamento da avere è proprio questo: non fingere di essere ragazzini – perché non lo siamo, soprattutto io – ma assumere il loro punto di vista.

6 agosto

L

Siamo stati al Madison Square Garden al concerto degli Arcade Fire. Mi è piaciuto moltissimo. Seduto a due file da me c'era David Byrne, mica bruscolini, David Byrne! Se penso a *Life in the bush of ghost* o solo a una nota dei Talking Heads mi gira la testa. *Remain in light* che disco è! Gloria a David Byrne. Ogni tanto leggo il suo blog, è sempre uno che quando apre bocca è bello starlo ad ascoltare. Comunque bellissimo concerto e band che lascia pensare di aver trovato una vera band di rock per questi tempi. Vero rock senza via di scampo e magnifico allestimento. Loro mettono in piedi una specie di festa tra la scampagnata e l'apocalisse, qualcosa che ti disorienta decisamente, ma il cuore accelera i battiti. È quello che mi piace quando succede con il rock, gli U2 erano in grado di far succedere questo, che a un concerto non sai bene se ti trovi a una messa o in una specie di orgia. Non sai bene se ti trovi di fronte a qualcosa di ancestrale e rituale o se ti stanno prendendo in giro. Questo non sapere corrisponde però a una certezza sul piano dell'esperienza: ti rendi conto di essere al centro di una esperienza. Ti piacciono gli Arcade Fire? A me piacevano abbastanza ma senza trasporto particolare ma dopo il concerto sono diventato un fan.

Il concerto per me è sempre il momento della verità con un artista. Un artista che amo può fare dischi bellissimi ma se non mi convince in concerto farò fatica a continuare ad amare i suoi dischi, e viceversa se un artista che non mi scalda del tutto su disco in concerto mi porta via con sé lo amerò per sempre anche se farà dischi sottotono. Lo show è il sesso del rock, vanno bene i corteggiamenti e le lettere d'amore poi però c'è bisogno di infilarsi sotto le lenzuola, o anche sopra va bene lo stesso, e di passare la prima notte insieme, di risvegliarsi abbracciati, di fare pure colazione.

Ieri mi sono fatto un tatuaggio, così un po' per passare il pomeriggio e un po' perché mi piacciono i tatuaggi, mi sono sempre piaciuti fin da quando mi facevo quelli che trovavo nelle gomme da masticare e che mi dispiaceva vedere che si cancellavano quasi subito. Mi sono tatuato un veliero in stile old school, tipo i vecchi tatuaggi dei marinai. È un modo per ricordarmi di mantenermi in mare aperto.

Lorenzo,

Fè davvero una questione di chimica, di scatenamento delle sostanze che ti danzano dentro. E se – per riprendere la tua metafora – un disco è come il colpo di fulmine, lo sguardo che ti folgora trasmettendoti in un istante migliaia di impulsi, allora sì, il concerto dal vivo è proprio come il sesso, la prova del fuoco, la vera fusione a caldo. Gli Arcade Fire non mi dicono granché, però dal vivo non li ho mai visti. Con i Talking Heads sono andato un paio di volte ad accalcarmi sotto il palco – era il tour di *Remain in light*, credo fosse l'ottanta – a prendermi ogni sussulto di quella loro energia febbrile e lucidissima: poi però non mi è più riuscito di ascoltarli, non riesco davvero a sentire i suoni anni ottanta, provo un vero fastidio fisico. Anche a me è successo – mi vengono in mente due cose totalmente differenti come Lou Reed e i Calexico – di distaccarmi per sempre, senza mai più tornare indietro, dopo un concerto ammosciante. Proprio come con una fanciulla, anche con un live non ci può essere distanza critica. O ti innamori, e allora non metti limiti e ti entusiasmano anche i difetti, o non ti prende, e allora te ne vai e basta, in ogni caso non stai lì a soppesare e misurare e giudicare. Come sono tristi, i «tiepidi»!

Pensa che a me accade la stessa cosa anche con le conferenze: per buone che possano essere le idee di un pensatore e di uno scrittore, se dal vivo non sa conquistarmi anche quelle idee mi decadono. Quella suggestione di Nietzsche, che un pensiero deve essere una festa anche per i muscoli, è diventata per me una vera e propria unità di misura. Una volta ho sfidato gli intellettuali concettuali a fare una conferenza correndo sul treadmill.
Quando presenteremo il libro, potremmo fare qualcosa così. Però dovrei allenarmi un sacco, molto più di quanto sto facendo: gli intellettuali accademici li batterei ridendo, ma non me la posso giocare con te.

7 agosto

L

È il problema di quasi tutto l'indie rock degli ultimi anni. Il problema sai qual è secondo me? È che ormai con i social network che hanno modificato la percezione della realtà nessuno vuole più essere mainstream e sta bene attento a non camminare mai nella «via principale», quella con grandi negozi e con le sale giochi e i fast food perché gli va benissimo starsene lì dove hanno il loro pubblico di riferimento. Ma così non ci sono più le grandi canzoni che spaccano tutto e il mainstream giustamente se lo pappa tutto Lady Gaga, e ha ragione lei,

perché non ha paura di starci. Una volta i Clash erano sia combat che mainstream, gli U2 stessa cosa o Bruce o anche Neil Young o Dylan o i Talking Heads (che sono con te sui loro anni 70 anche se la sbandata latina di David io l'ho amata). Insomma gli Arcade Fire sono bravissimi ma la musica però, la MUSICA, fa scintille quando parte da un angolo e invade il centro, come tutto del resto, come tutte le cose, e invece a loro va benissimo stare nel loro angolo anche perché questo sta diventando un mondo di soli angoli, non più quattro ma tanti angoli quanti sono gli umani, e questo è di sicuro un bene, ma il centro resta libero e aspetta un Joe Strummer, un Bob Marley, come sempre.
Il rock è una cosa piccola (pensa al Cbgb… alle sue dimensioni) che diventa enorme. È come le religioni (Budda stava sotto all'albero con una manciata di simpatizzanti, al discorso della montagna di Gesù c'erano poche centinaia di persone, dicono, certo non uno stadio pieno), quando Maometto ha scritto il Corano sotto dettatura era da solo, poi prova ora vai a farti un giro alla Mecca. Il rock and roll è una cosa piccola che esplode in milioni di schegge, una cosa appuntita che buca il grande telo della realtà.

Lorenzo,

Fè il lato oscuro della proliferazione delle eccezioni, ed è lo stesso fenomeno che si verifica in altre aree della nostra esistenza. La nascita di cinquecento canali tv specializzati – tutti quelli di Sky – la-

scia le tv storiche a totale disposizione del generalismo più mediocre. La rete – molteplice, plurale – allontana tanti dalle identità sociali e politiche convenzionali: condizione entusiasmante, ma è chiaro che in questo modo, ad esempio, alla politica si dedicano le personalità più mediocri.
Con la musica tutto questo è ancora più accentuato, perché già storicamente – diciamo da fine anni sessanta – l'esplosione di possibilità senza precedenti ha generato migliaia di ruscelli, non soltanto fra i musicisti stessi ma anche nel «pubblico»: ogni ragazzino minimamente brillante per distinguersi dagli altri snobbava tutto quello che diventava minimamente pop e diventava esperto di qualcosa di sconosciuto che apparteneva soltanto a lui e a pochi altri. Oggi questa cosa è dilagata, ci sono migliaia di nicchie con i loro relativi esperti. Il problema è che in questo modo l'«alternativa» fa in fretta a diventare un cliché, a non uscire mai dal suo particolare perimetro. Qualcuno c'è, che non si accontenta di restare marginale e che dilaga fino al centro: prendi i Red hot chili peppers, loro sì che sono passati dalla scena alternativa losangelina al pop adrenalinico (senza perdere la scena alternativa losangelina), però non sono arrivati al centro delle classifiche e delle tv, e comunque pensa che tanto la crisi adolescenziale – quella dopo *Blood sugar sex magic* – quanto quella di oggi di John Frusciante sono nate proprio dall'insofferenza a stare al centro. Ci sono passati anche i Radiohead, che solo recentemente si sono riappacificati con *Creep*, dopo aver fatto di tutto per liberarsi dal suo

successo quasi pop. Ecco, dei Radiohead mi appassiona l'equilibrio che li porta a non restare alternativi e a non cercare il centro, a coinvolgere un'area molto ampia ma non un'area generalista.

8 agosto

Da una New York affollata da sabato sera estivo ti scrivo prima di andare a dormire.

L

Dopodomani torniamo in Italia e sono contento, ho voglio di vedere la mamma e ho voglia di rimettermi a lavorare.
Però qui è bello e stasera abbiamo portato la Teresa al suo primo show di Broadway.
Stavolta sono impazzito anche io, mi sono commosso alla grande, con lacrime ben nascoste nel buio della sala. Non è un vero musical ma un colpo a tradimento inferto a uno come me. In pratica si tratta di uno show di danza costruito sulle canzoni di Sinatra: una big band vera che suona e la voce è quella vera di Sinatra presa da sue registrazioni originali. Una cosa perfetta, con tutta l'estetica del suo mondo, una cosa che sulla carta non c'è nulla di più acchiappaturisti in giro ma io quando è partita *Come fly with me* con voce vera di Sinatra e i ballerini vestiti di tutto punto e le luci perfette e il suono impeccabili e luci e scenografia assolutamente precisi, io

non ho resistito e mi sono sciolto come un ghiacciolo al sole.
Che bellezza Sinatra, il più grande, per me in assoluto il più grande cantante di tutti i tempi dall'epoca delle registrazioni. In una classifica dei più grandi cantanti Sinatra occupa le prime dieci posizioni, senza dubbio. Nessuna voce è in grado di creare una condizione di leggerezza assoluta associata a un senso di verità assoluta. Nessuno più di lui merita il soprannome «The Voice». Lo si scopre a una certa età, ma è irreversibile, non c'è mai stato un interprete come Sinatra e per un arrangiatore scrivere per lui deve essere stato come per un sarto fare i vestiti per Afrodite in persona.
Comunque ho scoperto di avere un debole per le cose di questo tipo: fatte bene. Che ne pensi? Mi devo preoccupare? Mi piacciono le cose ben fatte, che fanno sognare. Mi piacciono le cose che ti portano via, che non devi pensare a un cazzo, che ti lasci andare e voli via, e ti senti come sorvolare la vita con tutte le sue cose, le sue vicissitudini, le sue meraviglie, sei semplicemente su un altro piano, sei volante, sei leggero. Quando un artista fa questo è un benefattore, è come lo scopritore di un vaccino, è come un santo, come un sole, come un vento.
Basta, ho già pronto l'iPod, domattina ci svegliamo con Sinatra. Sinatra domenica mattina a New York.
Poi ti dico.
Yo!!!!

Lorenzo,

Fcredo di poter concludere che alla fine in tutte quante le cose mi appassiona il più alto e il più «basso». In un amore mi appassionano il senso di infinito e le piccole sciocchezze. Nelle grandi scelte e nei progetti mi appassionano le innovazioni più ardite e la pura e semplice eccitazione adrenalinica. Mai quello che c'è in mezzo. Come dicevano i latini, *in medio stat virtus*, cioè ci sta soltanto la virtù, non tutta la vita che c'è sopra e sotto. Allo stesso modo, nella musica c'è Hendrix, il Miles selvaggio, gli assoli di Jimmy Page con l'archetto del violino sulla chitarra, le costruzioni a più strati dei Radiohead, e poi le canzoni semplici, irresistibili, leggerissime. Quello che non sopporto è l'artificio – la canzone che senti costruita a tavolino – e la pretenziosità intellettuale. Pensa che se voglio sentire una canzone contagiosa, non metto mai le «mie» canzoni, quelle da metà anni sessanta in poi (mi hanno già dato allora tutto quello che potevano darmi), ma quelle anni cinquanta e inizio sessanta. Bacharach, più di tutti: Bacharach è il prototipo di quelle canzoni lì. Poi *Be my baby*, Astrud Gilberto, Elvis, i Beatles di *And I love her*. E Sinatra, naturalmente. Lui ti fa davvero volare un palmo sopra le cose, e nello stesso tempo ti trasmette questo senso di indiscutibile verità. Anche quando per crescere mi sono dovuto liberare proprio del modello Sinatra, non sono stato così stupido da gettar via anche le canzoni e il tono. C'erano due cose che non sopportavo: una erano gli arrangiamenti orchestrali, tutti quei fiati similjazz troppo invadenti.

L'altra era il contesto: quei vestiti ingessati, i locali notturni, il fumo, il whisky, quelle cose lì. Per me – l'ho raccontato in *Con il cuore e con le palle* – è stato determinante costruirmi con le mie mani un'identità lontanissima da quell'intero modello comportamentale che sentivo incompatibile, artificioso, troppo stereotipato. Ma anche allora quella sublime leggerezza, quel sentimentalismo, mi sembravano molto più profondi delle canzoni impegnate: perché allora come oggi l'impegno ti fa capire i problemi, le ingiustizie, ma le soluzioni sono vitali, sentimentali, energetiche. Le soluzioni non si trovano nello stesso cassetto dove ci sono i problemi. Con l'impegno entri in contatto con chi vuole migliorare il mondo, ma con quell'essenzialità leggera entri in contatto con chi il mondo lo vivifica e lo migliora ogni istante, ogni respiro.
Grande, volatile, abbraccio!

11 agosto

L

Eccomi a seimila km di distanza da ieri ma nello stesso spazio elettronico di una mail. Arrivare a Cortona dopo qualche giorno che non ci sono mi rinnova lo sguardo su questo posto e allora capisco perché gli americani quando vengono qui impazziscono nello stesso modo in cui io impazzisco ogni

volta che rimetto piede a New York. È un gioco di attrazioni e di equilibri di bellezze diverse e complementari.
Ieri sera ho fatto in tempo a fare un salto a Siena all'ospedale, la mamma era contenta di rivedermi e sorrideva molto, le ho raccontato dei successi americani e oggi le porterò qualche giornale e qualche filmato sull'iPad. Non riesce a parlare da una settimana ma siamo riusciti lo stesso a comunicarci delle cose importanti.
Il resto bene, i nostri cani quando ci rivedono saltano altissimi per leccarci la faccia ed è una gioia che fa proprio piacere. Ho imparato un sacco di cose dai cani in questi anni in cui ci frequentiamo, sono dei grandi maestri davvero, non è un luogo comune. Non cerco di antropomorfizzarli, non dico che sono come persone, ognuno con il suo carattere, le sue fissazioni, i suoi automatismi, ma comunque in grado di mandare in scena la vita in modo da essere di aiuto anche alla mia vita.
La cosa che più mi affascina dei cani e dei gatti, anche i più domestici tra loro, è quella capacità di usare il corpo in modo armonico, come solo certi danzatori o in certi mestieri si riesce a fare. Da piccolo mi fissavo a guardare certi lavoratori presi dalla loro attività affascinato senza una ragione. La ragione però c'era: l'armonia dei movimenti, il gesto puro, funzionale e dinamico.

Lorenzo, bentornato!

F Stiamo andando verso un'identità espansa – diversi fra noi ci sono già arrivati, alcuni perché ce l'hanno connaturato ed è proprio quando il superamento delle identità originarie arriva a una sintesi superiore che riusciamo anche a valorizzare il meglio delle identità originarie.

Ieri pensavo alla filosofia americana: un paese che in quasi duecentocinquanta anni ha inventato e reinventato tutto quanto, avrà pure prodotto anche un po' di filosofia, no? Invece di filosofia americana non si sente parlare mai. Un po' è perché noi chiamiamo filosofia – cattiva abitudine, pigrizia mentale e provincialismo – quella europea e basta: l'università e i tristissimi filosofi di mestiere non contemplano l'esistenza né di una filosofia americana né di quelle indiane, cinesi e giapponesi. Ridicoli loro, e ridicolo chi non mette a nudo la totale assurdità di questa mappa e la tremenda ignoranza di questo modello di pensiero.

D'altra parte è la filosofia americana stessa che non si pensa come filosofia: primo perché nel suo genetico pragmatismo è completamente refrattaria a ogni concettualismo e poi perché è vitale e non mentale, fisica e non metafisica.

Per loro – Kevin Kelly, Stewart Brand, Steven Pinker, Steven Johnson e come loro molti altri – la filosofia è inseparabile dalla scienza, dalla tecnologia, dall'economia, dall'ambiente, inseparabile da tutte le manifestazioni dell'esistenza umana e della sua evoluzione.

Io credo che questo modello filosofico funzioni proprio perché è la versione mentale del nostro corpo – e di quello degli animali –, del progetto vitale nel suo complesso e nelle sue infinite manifestazioni. In questo senso, anche le cose che stiamo scrivendo e il disco che stai facendo sono filosofia. Niente affatto una filosofia minore, perché anzi anche chi fa filosofia in senso più stretto dovrebbe imparare a desistematizzare la filosofia, a prenderne l'essenza – dove c'è tantissima sostanza – e toglierle quella pretesa di sistematicità che era forse già artificiosa un tempo e che oggi è un ostacolo al dinamismo del pensiero.

12 agosto

Yo Franco!

L

Stamattina mi sono svegliato prestissimo per impormi di riallacciarmi al fuso orario in fretta. In Usa ho preso un bel po' di dvd e sono riuscito a «craccare» un lettore italiano per sbloccare le aree (assurda questa cosa delle aree dei dvd) così da poterli guardare dopo averli regolarmente acquistati. Comunque ho ritrovato in dvd *Heart of darkness*, il documentario fatto dalla moglie di Coppola durante la lavorazione di *Apocalypse now*. È bellissimo, uno dei documenti più efficaci su cosa sia un'impresa nel senso più vero del termine, più pratico e anche filo-

sofico, atletico ed economico, poetico ed energetico. Un film da far vedere nelle scuole insieme al film vero e proprio, che forse è tra i cinque film più importanti di tutti quelli fatti. Incredibile come un uomo, in questo caso il vecchio Francis Ford, riesca a mettersi al centro esatto dell'uragano di forze che lo attraversa e a dichiarare la propria sfida al destino, alla forza di gravità, senza rinunciare nemmeno a un secondo di destino e a un grammo di forza di gravità. Vedere quel gruppo di persone al lavoro è una gioia per gli occhi, e a un certo punto c'è la ripresa di una festicciola fatta per i cento giorni di riprese e si sente in sottofondo un gruppo di macchinisti che cantano uno stornello da osteria romana, un dettaglio che gli americani non possono cogliere ma che io ho amato molto. *Apocalypse now*, il Vietnam del cinema, il più psichedelico dei film, ha dentro anche l'energia di qualche stornello romanesco. Favoloso.
Tre anni fa prima di iniziare a fare *Safari* andai a San Francisco a registrare un mio intervento vocale sul disco dei Negramaro e appena arrivato portai subito la Francesca a mangiare nel ristorante di Coppola che è sotto alla sua casa di produzione. Non è che si mangi benissimo ma glielo dovevo al vecchio Francis, per tutta la roba buona che ci ha passato in questi anni. Ci sono pochissimi film che se per caso in qualsiasi ora del giorno o della notte li incrocio sul satellite in qualsiasi punto essi siano io devo restare a guardarli fino alla fine. Tra questi pochissimi ci sono i suoi due *Padrini* e naturalmente *Apocalypse now*, che è il massimo proprio.

Ho preso anche il dvd di un documentario su un altro making di un altro capolavoro del mio pantheon: *Fitzcarraldo*. Che film incredibile. Sono due film molto diversi ma in entrambi accade quello che sempre accade in ogni cosa ma qui con più evidenza: la pellicola riesce a registrare tutto, anche quello che non si vede. La pellicola, come un hard disc o un nastro, registra anche lo slancio che è stato necessario alla creazione di una determinata immagine, è come se nella pellicola che filma un iceberg rimanesse impressa anche la parte sommersa leggibile alla parte sommersa che c'è in ognuno di noi.

F

Lorenzo, *Apocalypse now* ha avuto su di me ai tempi lo stesso effetto di Hendrix, mi ha folgorato. Prima ancora del video, la moglie aveva fatto un libro che mi ero divorato: la scena in cui lui getta gli oscar del *Padrino* dalla finestra è emblematica dello spirito di chi ha una missione da compiere ed è disposto a pagare qualunque prezzo. Il soldato che ha l'elmetto con i colori dei Cincinnati Bengals che al ponte di Do lung ascolta in trincea un similhendrix e poi si alza e senza dire una parola fulmina al primo colpo lo sniper vietcong è stato per anni come un amico di famiglia. Kilgore e il suo surf in mezzo alla battaglia è stato il prototipo di quell'attitudine sfrontata e paradossale che solo gli americani possiedono. *Apocalypse now* mi ha insegnato due cose: la prima è che i soldati americani – molti di loro – non erano come li dipingeva la propaganda di sinistra – che vedeva non esseri umani ma simboli – sporchi imperialisti ma gente come me, che andava in estasi per il rock, il surf, le coniglietté di Playboy, l'adrenalina in ogni sua declinazione. È stata la botta definitiva al mio già esile pacifismo: non certo perché io – o loro nel film – ami la guerra, ma perché mi infastidisce la retorica pacifista, l'incapacità di prendersi vere responsabilità. E poi *Apocalypse now* mi ha mostrato quanto l'epica sia la condizione atmosferica con cui mi sento più in sintonia, da Omero ad Ariosto a John Ford (anche Herzog e *Fitzcarraldo* abitano lì). La cultura intellettuale al massimo parla di epica ma non la fa, non la crea, non la vive. Per me quella combinazione – potenza epica e irriverenza scanzonata – non era una scoperta postmoderna, ma il mio stesso modo di essere. Come Coppola, volevo nel mio piccolo fare – a ogni costo – soltanto cose di cui andare prepotentemente orgoglioso. Quando mi hai detto che vuoi fare un disco «tuo», per te stesso, ho sentito che stavi rispondendo a quel richiamo lì.

13 agosto

Non ho mai letto *Apocalypse now* come un film sulla

L

questione del pacifismo. Pacifismo è solo una parola, si è pacifisti solo ed esclusivamente nelle parole perché poi è sempre con i fatti che dobbiamo verificare le parole che stanno comode sulla nostra lingua e che si lanciano da quel trampolino verso piscine quasi sempre sicure e riscaldate. Il mio «pacifismo» è sempre e solo relativo alle questioni specifiche, non si può essere contro la «guerra» perché quello è proprio il momento in cui arriva la nostra guerra, quella che non avevamo previsto e che siamo pronti a combattere con una ferocia che non pensavamo di avere. *Apocalypse now* è il film dei film proprio perché supera le parole e ogni tipo di definizione possibile di quello che siamo, entra in una zona che Coppola chiama la «twilight zone» e lì le parole non significano più nulla e non ci sono concetti e nemmeno idee, in quella zona ci sono solo i nostri demoni, e con quelli bisogna fare i conti e nessuno può sapere con cosa torneremo indietro se torneremo indietro. Tutta la grande arte tenta di entrare in quella twilight zone, che non è solo una zona di oscurità ma anche il suo esatto contrario, ci si può entrare anche ballando nella twilight zone. In fondo le centinaia di migliaia di ragazzi che sono andati a Berlino alla Love parade volevano entrare lì dentro, farsi il loro viaggio, e qualcuno ci è rimasto intrappolato. Ogni generazione va a cercare la propria, probabile che il Vietnam sia stata la Love parade di una generazione di americani, e Coppola è riuscito a dire questo, ovvero che la guerra non c'entra nulla, che la guerra non c'entra quasi mai nulla. La guerra c'entrava solo per i vietnamiti, che difendevano un pezzo di terra, ma non per gli americani, che erano lì a giocare con il fuoco, e con il fuoco ci si brucia, come

minimo, anche se qualcuno lo userà per farsi un po' di luce nel buio.
È che quando uno legge Conrad la vita non è più la stessa, a me è successo così. A una certa età, solo a una certa età precisa che varia da persona a persona, si legge Conrad, una lettura da maschietti senza dubbio, con tutti i limiti del caso, e non si torna più indietro. Conrad prende le tue certezze di buon cittadino occidentale e le fa saltare in aria e te le ritrovi in mille pezzi, e Coppola è riuscito a prendere Conrad e a farne una cosa pop senza che perdesse nemmeno una briciola di potenza di fuoco anzi migliorandolo, in quanto a efficacia dirompente.
Io amo Conrad, ed è pazzesco che forse il più grande scrittore moderno in lingua inglese sia un polacco che scrive in una lingua che non è la sua, guadagnando in sintesi, creando di fatto una nuova lingua più moderna dell'inglese ottocentesco. Meraviglia.
Quando mi sono fatto tatuare un veliero sul braccio, l'ho fatto come omaggio a Conrad, proprio a lui. Guardo il mio veliero e sono in un suo racconto all'istante e questo mi serve a tenermi acceso. Potrei parlarti ore di Conrad e di quello che ha generato di bello la sua scrittura, ma mi fermo qui anche perché ho una giornata da mettere in piedi.

Uno pensa di sapere cosa sta accadendo e invece eccomi qua: mi trovo in mezzo a un disco sul quale non ho nessun controllo e che ogni giorno mostra una faccia di sé che non avevo previsto, per non parlare del resto della vita che puoi immaginare. Ieri in ospedale una infermiera mi ha chiesto di andare a trovare un ragazzo in una camera vicino a quella della mia mamma, un ragazzo che quando ha saputo che ero lì era contento e allora sono andato e c'ho fatto due chiacchiere. Caduto in moto, danni neurologici agli arti inferiori, una cosa complicatissima. Eppure quel ragazzo era contento di vedermi capisci? Era contento di fare due chiacchiere sulla musica e anche sulle moto, era contento che a New York avevo suonato davanti a molta gente, era contento per me, insomma Franco, la vita è una cosa enorme, è un abisso e allo stesso tempo una vertigine assoluta di altezze e grandezze e nessuna parola può riuscire ad avvicinarsi. Conrad ci prova con la sua «l'orrore… l'orrore» e Coppola la lascia lì come chiusura del suo film lasciandoci in consegna immagini che però negano quella stessa parola e la ribaltano addirittura in un gioco di specchi e di sensi. Invece Conrad che non ha disposizione le immagini usa lo stratagemma del racconto riportato e fa bingo a modo suo e ci dice una cosa grandiosa. Quando il protagonista del viaggio si trova alla fine del racconto di fronte alla fidanzata di Kurtz e lei chiede qual è stata la sua ultima parola prima di morire, lui non le dice la verità, ovvero «l'orrore», ma le inventa una palla e le dice «ha pronunciato il tuo nome» e in questa bugia sta la verità del mondo, per me, se ce n'è una. Una verità grandissima da qualsiasi parte si decida di leggerla.

Lorenzo,

Finfatti, la mia battuta sul pacifismo leggila nel senso che stai dicendo: in ogni grande avventura umana non ci può essere unilateralità, nel carattere ci sono tanto la virtù quanto il lato oscuro, nell'essere ci sono tanto il benessere quanto il suo contrario. Negli anni settanta – che non rimpiango proprio perché erano ideologici e binari – o eri contro la guerra (e pensavi che chi la combatteva – i soldati americani – era malvagio) oppure eri – pochi – a favore. In questo senso Coppola e Milius frantumarono fragorosamente quel muro mentale, scompigliando le identità, mostrando la multiforme ricchezza umana dei personaggi e non il loro ruolo.
Mi diverte che parlando di Conrad vai a toccare uno dei nodi per me più aggrovigliati e più appassionanti, quello del rapporto fra codice genetico ed educazione&ambiente, quello che gli americani chiamano *nature or nurture*. Conrad è maschile, come è maschile Jack London, come è maschile Nietzsche, come sono maschili *Apocalypse now* e *Un mercoledì da leoni*, come sono maschili Tarantino e Rodriguez, e prima di loro John Ford e Peckinpah e Jack Bauer in *24* e *Conan il barbaro*. Insomma, tutte le cose che da sempre mi conquistano. Sai quanto adoro il femminile, quanto ne ammiro l'essenza, il valore vitale. Proprio oggi leggevo un articolo di Maureen Dowd sulla spiacevole scomparsa delle commedie sentimentali, e io film come *Susanna*, *Scandalo a Philadelphia*, *Colazione da Tiffany* non posso fare a meno di guardarli ogni volta che passano in tv. Qualche settimana fa mi

sono perso guardando *Orgoglio e pregiudizio*. Però poi sento immancabilmente l'essenza maschile che mi chiama, come fosse davvero il richiamo della foresta, assolutamente irresistibile. Adoro tanto il peculiare senso della vita e la peculiare forza femminile, ma non c'è niente da fare, appartengo – detestandone gli stereotipi – a quelli maschili, alla sfida, alla competizione, alla accettazione stessa di tutto quello che si rischia e si perde per un'impresa. Come ho scritto in *Con il cuore*, anche aver fatto il babbo iperprotettivo a tempo pienissimo non ho mai pensato fosse l'espressione della mia parte femminile ma semplicemente l'orgoglio di fare il padre in un modo che stupidamente il maschile tradizionale e limitato non contemplava. Il maschile è rubare il fuoco agli dèi, e poi tenere sempre acceso il proprio fuoco, anche quando si rischia di bruciare con esso.
In tutto questo però ho un dannato bisogno che tu faccia in fretta il tuo disco: sto ascoltando ossessivamente *California girls* di Katy Perry, e capisci bene che non posso andare avanti così...

Però sarai d'accordo con me che la rappresentazione contemporanea del maschile fa acqua da tutte le parti. Come quella del femminile del resto, però oggi il femminile stravince in quanto a rappresentazione (e infatti le eroine di Tarantino negli ultimi suoi film sono donne). Tento di spiegarmi. Cosa c'è di meno maschile di un «vero maschio»? Il maschile messo in scena da Coppola in *Apocalypse now*

è l'ultima rappresentazione possibile, dopo di lui il diluvio. Io sono cresciuto con certi modelli di femminilità, esempio: Edwige Fenech, Gloria Guida, Ornella Muti sul fronte nostrano, la tipa di *Saturday night fever*, Brooke Shields in *Laguna blu* sul fronte international (ma io non facevo distinzioni). Ebbene dopo di loro entra in scena la chirurgia estetica e la palestra e la donna cambia di segno, ma io resto attaccato a quel vecchio segno in cui per intenderci le parti intime femminili uno le immaginava coperte di una morbida peluria e non come la Barbie. Insomma altri livelli, parliamoci chiaro. Sul piano maschile è successa una cosa simile e la trasformazione fisica di Sylvester Stallone tra il *Rocky 1* e il *Rocky 5* racconta bene questa virata verso una idea di maschio quanto meno buffa. Insomma quello che voglio dire è che non c'è nulla di più femmina di un macho contemporaneo, e io che sono un eterosessuale praticante trovo che l'immagine maschile che «vende» sia tremenda, e che bisogna operare un vero e proprio upgrade del sistema operativo. Che si vada verso una sempre più vaga distinzione dei sessi è una cosa positiva, penso proprio che sia così, e le scorie di questo processo sono visibili a tutti perché si depositano nel mainstream dando vita a icone ipermaschili o iperfemminili che sono la conferma del processo in atto. Una possibilità è essere se stessi e andare a recuperare remixandolo il maschio che non ha nessuna paura di mostrare la sua parte femminile (Marlon Brando in *Apocalypse now* è la punta più alta).
Ma forse sto scrivendo delle gran cazzate.

Lorenzo,

F credo che la questione sia questa: il maschile tradizionale non funziona più, non ha più alcun senso, ma non siamo ancora stati in grado di elaborare modelli maschili più avanzati, anzi nella transizione abbiamo finora perso qualcosa di sostanzioso e guadagnato ben poco. Forse è così anche per il femminile, però mi sembra che il femminile sia comunque in fase espansiva, e che per ogni prototipo ridicolo che vedi in giro ce ne sia un altro più pieno, più ricco di prima. Voglio dire che – forse perché frequento splendide compagnie – vedo intorno a me più donne vere, consapevoli di se stesse, di quante seguono modelli addomesticati. È il riflesso della contraddizione fra ampliamento delle possibilità di scelta e pensiero omologante: aumentano sia le donne che scelgono di essere se stesse sia quelle che si appiattiscono su formule che le mortificano.

Per essere più completi, per non restare soltanto figurine stereotipate, tanto il maschile che il femminile hanno bisogno di ampliarsi, di uscire dal perimetro ristretto di un tempo. Solo che probabilmente siamo ancora in una fase in cui la perdita delle identità non si è ancora generalmente tradotta in costruzione di identità espanse. A me tanto l'ostentazione dei segni esteriori del machismo quanto il maschile più sensibile ma incapace di grandi scelte e grandi slanci sembrano patetici. Nel primo caso si ripropone un'identità apparentemente rocciosa ma assolutamente anacronistica. Nel secondo si è buttato via il bambino della forza maschile con l'acqua sudicia dei suoi vecchi, inaccettabili limiti. Quello che voglio dire quando parlo di richiamo maschile è che c'è comunque un'essenza – maschile e femminile – che sta non nelle abitudini e nei ruoli sociali ma nel nostro stesso corpo, nella formazione delle nostre sostanze chimiche, e che guai se ce ne allontaniamo. Anzi proprio questa consapevolezza di chi siamo geneticamente è essenziale per poi poterci allargare, espandere senza troppi effetti collaterali. È proprio quanto più uno è consapevole di essere maschile che può tranquillamente permettersi di esplorare una parte femminile. Poi è chiaro che quello che fa tutta la differenza del mondo è il remix singolare, è l'unicità maschile così come l'unicità femminile. Credo sia il tema più appassionante, perché li abbraccia tutti quanti, la genetica, l'identità, il sesso, le relazioni, l'evoluzione.

17 agosto

Bisognerebbe provare ad amare il mondo con tutte le proprie forze.

L

Ma per amare il mondo c'è bisogno di rivolgersi a lui come al corpo di una donna amata, bisogna amarne la mortalità e allo stesso tempo l'idea immortale che evoca. Perché avvenga questo bisogna decidere di amare la commistione di elementi che generano il frutto di questa passione.

Senza rinunciare a nulla. In questo sta la modernità come evento sempre trionfante sullo cose passate. Le cose cambiano e la natura delle cose è il cambiamento e noi cambiamo mentre le cose cambiano.
Oggi sentivo un servizio in un tg dove si parlava di Costituzione Italiana. C'era uno che diceva che la Costituzione Italiana non deve essere cambiata né ora né mai. E giù applausi. Ok, premessa: io amo la nostra costituzione, per quello che è costata a questo nostro paese e anche perché se sto scrivendo su questa tastiera di computer liberamente stamattina dicendo quello che mi pare la costituzione mi difende. E io ne difendo con tutte le forze i principi. Pensa che se leggo i principi fondamentali io mi commuovo. Però mi domando: perché non può essere cambiata? Non cambierei mai i principi di base della costituzione e sono disposto a battermi contro chi volesse provare a farlo ma certi articoli scritti più di mezzo secolo fa magari oggi andrebbero aggiornati al mondo che non è più quello di quando è stata scritta. Dico magari, insomma mi pare una cosa sulla quale si può discutere. Ha più di cinquant'anni e una cosa scritta più di mezzo secolo fa da un gruppo di uomini politici e di cultura non solo può essere cambiata ma DEVE essere continuamente verificata, modificata, migliorata, adeguata ai tempi. *Guerra e pace* non può essere cambiato, ok, l'ha scritto Tolstoj e magari dovremmo chiedere a lui il permesso, ma una costituzione non è una poesia, è uno strumento del vivere quotidiano proiettato nel vivere futuro e non c'è motivo per cui non si debba intervenire se

vale la pena. Ora io non saprei dove cambiarla e forse non la toccherei nemmeno in un punto, non lo so, ma è l'idea che non si possa toccare che proprio non capisco.

È che io penso ai ragazzi, alla gente giovane, che non deve vivere la costituzione come una cosa di altri alla quale è giusto adeguarsi ma come una cosa anche loro, che li riguarda e che quindi è anche permesso discutere, come tutto è permesso discutere, perché solo discutendone si può arrivare ad amarne i principi di base, a sentirli sempre come qualcosa di vivo, di nuovo, di importante nel presente.

E poi sono sicuro che se Tolstoj fosse vivo a *Guerra e pace* darebbe una spuntatina, certe parti le renderebbe più fluide, lo farebbe perché è giusto, tutto cambia in continuazione. Michelangelo entrava nelle sale dove erano esposte le sue sculture e le ritoccava anche dopo averle consegnate e aver preso la sua paga. Non si può avere sempre paura di cambiare le cose, bisogna cambiare le cose anche per il semplice piacere di farlo, di metterle alla prova, di vedere come si reagisce ai cambiamenti, per vedere cosa accade. Mi piacerebbe se l'Italia la finisse un po' con questa tiritera delle cose da preservare e si iniziasse a parlare di innovazione davvero, mettendo l'innovazione al centro dei programmi. Nell'innovazione la memoria gioca un ruolo importante ma senza spinta innovativa anche la memoria diventa lettera morta. Non si tratta di sviluppo ma di innovazione e l'innovazione è più dello sviluppo, perché lo sviluppo è un processo mentre l'innovazione è uno slancio, l'inno-

vazione si prende dei rischi, l'innovazione mette in conto la perdita di qualcosa, anche di qualcosa che ti sembrava irrinunciabile ma poi ti accorgi che non lo era affatto, era solo abitudine.
Innovazione non vuol dire sostituzione di parti, innovazione NON vuol dire cambiare macchina o fidanzata, innovazione vuol dire rinunciare alla vecchia macchina per una cosa più avanzata di una macchina, magari un teletrasporto o un veliero a energia solare, rinunciare a una fidanzata per avere una moglie, non so se mi spiego, e magari sono la stessa persona.
Innovare non vuol dire buttare una cosa vecchia per averne una nuova dello stesso modello o quasi, ma passare a un livello superiore, più evoluto.

Lorenzo,

sono sempre più convinto che la cosa più complicata nei processi di conoscenza – fin da quel primo attimo in cui la mente comincia a elaborare le informazioni ricevute – sia per tanti accettare l'idea che le cose non siano a senso unico, che siano attraversate e tenute in vita da spinte diverse. Evidentemente la mente di tanti non ce la fa, ha bisogno di ridurre a qualcosa di più definito e facilmente spiegabile: questa cosa già prima era alla fonte di tanti problemi, ma ora che il mondo è davvero connesso, rotondo, globale, tutto che si combina con tutto, il pensiero unilaterale e binario è una vera e propria catastrofe antropologica.

Lo splendore della vita è proprio che è al tempo stesso fragilissima e onnipotente, e quello splendore ci sfugge se le nubi dei problemi offuscano la maestosa forza di fondo. Dovremmo imparare che in ogni cosa ci sono forze contraddittorie eppure inscindibili, come nel nostro corpo, e nel corpo di una donna che amiamo, dove non puoi distinguere le meraviglie dai «difetti». Allo stesso modo, la creatività contiene i vuoti, le incertezze, gli errori, e nello stesso tempo si nutre di tutti quei momenti e quei gesti quotidiani tecnicamente non creativi. Chi davvero capisce il metabolismo della cosiddetta creatività, i processi che la attraversano, chi davvero comprende che la creatività non è banalmente questione di genio estetico ma di relazione con la vita, non avrebbe problemi a concepire l'idea che Tolstoj anni dopo avrebbe certamente voluto aggiungere o togliere o cambiare qualcosa di *Guerra e pace*, e così Shakespeare, Caravaggio, chiunque altro così. Delle grandi opere del passato a me disturba proprio la museificazione, l'immobilizzazione che tanti ne fanno beatificando la forma statica e rimuovendo la continua spinta dinamica.
È questo bisogno di fissare le cose, il movimento delle cose, il vero ostacolo, il nemico da battere.

18 agosto

L

Mi sembra che oggi le persone che catturano la mia attenzione abbiano in comune il fatto di non ragionare attraverso le categorie di «destra e sinistra». È un discorso complesso e si rischia di passare per qualunquisti, e io non sono un qualunquista, non cedo mai a quei pensieri che recitano «sono tutti una banda di ladri», «è tutto uno schifo», «sono tutti uguali». Non è tutto uguale, non lo è per niente. Però è proprio così, oggi solo chi supera le categorie, e non lo fa perché gli conviene ma perché gli viene naturale, perché è così e basta, solo chi fa questo oggi esprime una visione degna di attenzione. Pensavo a Stewart Brand, che oggi ho guardato in un video di Ted. Lui nonostante una veneranda età che gli permetterebbe di assestarsi su posizioni stabili invece incasina di nuovo tutte le carte e fa dichiarazioni che non hanno più una collocazione nell'arco parlamentare e nemmeno extraparlamentare, sono semplicemente affermazioni ricche di vitalità. Si può non essere d'accordo su quello che dice a difesa dell'energia nucleare e delle centrali di prossima generazione (io non ho un'opinione forte sul nucleare perché non ho abbastanza informazioni), ma il modo in cui lo dice, il punto da cui lui parte per esporre le sue idee, non è ideologico, è semplicemente umano. Stewart Brand è un esempio ma ce ne sono mille altri in giro di uomini e donne che stanno ribaltando il modo binario di pensare (nel senso proprio dei binari del treno). Io mi sento vicino a loro, e il resto è carne da talk show, mi pare. Che ne pensi?

Lorenzo,

Fse proietti quello che tu dici su un orizzonte globale ne consegue che quegli umani, quei progetti, quelle forme di pensiero che abbracciano tanti punti di vista e tante spinte diverse non sono proprio per nulla relativisti. Prendere e connettere tutto quello che puoi prendere e connettere non significa che tutto sia tutto uguale e indifferente (questo è il postmoderno, che volava basso): anzi, è proprio chi è forte, che può abbracciare tutto non perché è giusto ma perché è così che sei fatto. Se c'è una cosa eccitante è proprio questa danza di enzimi mentali comportamentali e vitali, alcuni sostanziali e inderogabili, altri più leggeri e magari soltanto momentanei, che si corteggiano, si mescolano, coevolvono. È un altro dei ritornelli forti e ricorrenti di questa cosa che stiamo scrivendo, questa emergenza e valorizzazione di un modo di essere dinamico, rotondo, connettivo, globale in un mondo che è sempre più dinamico, rotondo, connettivo, globale. Stewart Brand è un esempio emblematico: anche io non ho la più pallida idea se il nucleare sia più o meno maneggiabile, però mi affascina che lui lo pensi in un modo che non c'entra nulla con i classici fautori del nucleare, mi affascina la combinazione che lui fa fra visione e sensibilità ambientale e superamento di una certa unilateralità della visione e sensibilità ambientale.

20 agosto

L

Uno degli infermieri del reparto di neurochirurgia è un tipo con qualche chilo di troppo ma appassionato di balli latinoamericani. Appena stacca dal lavoro va a prendere lezioni di merengue, salsa, bachata, mambo e cha cha cha. Questo gli permette di muoversi tra i letti nelle camere accennando brevi passi di danza tra gli immobilizzati, i catatonici, i comatosi e quelli che stanno meglio. Sono sicuro che questa cosa contribuisca non poco ad aumentare le possibilità di recupero. Mia madre quando lo vede entrare se ha gli occhi aperti accenna un sorriso e lui fa una giravolta. Nel reparto c'è una stanza che funziona un po' da camerino del personale. Ormai sono in confidenza e vado spesso lì dentro a firmare autografi per qualche parente lontano. Lì dentro si preparano il caffè con la moka, alcuni fumano come turchi, hanno riviste scandalistiche e c'è anche una tv. Perché in certe situazioni conservare la normalità è l'unico modo per non diventare completamente pazzi. Me ne sto accorgendo anche io, se uno frequenta assiduamente un posto come un ospedale ha bisogno di aumentare le dosi di normalità per compensare, e certe cose alle quali di solito non dedico tempo prendono piede. Penso che in molti casi la vita, il mondo, il lavoro prendano una piega tale per cui c'è bisogno della «stanza degli infermieri», per compensare e spesso la musica pop ha a che fare con quella stanza.

F

Lorenzo, la stanza della normalità per me è stata essenziale, a mio modo. Credo di averlo scoperto grazie a mio figlio: da quando lui è nato, mi è sempre sembrato essenziale, assolutamente prioritario, far ruotare tutto intorno a lui, alle sue nanne e pappe, tutto molto pragmatico, molto quotidiano. Da lì in poi ho imparato e praticato che proprio per poter essere pronto agli slanci creativi e vitali a rispondere alle mie missioni, avevo assoluta necessità di avere poi un'esistenza per nulla dispersiva, tantomeno trasgressiva. L'ho fatto prendendo a modello i leoni: se si mettessero a inseguire ogni cosa che si muove, disperderebbero inutilmente tutte le loro energie, mentre invece se ne stanno lì, e poi all'improvviso ecco il balzo, la conquista. È così esco pochissimo la sera, non vado nei locali, dormo tanto, mi vizio molto attraverso essenziali sciocchezze. Ho bisogno della mia stanza della normalità, se voglio poi vivere di slanci.

21 agosto

L

Truffaut dice in un'intervista «i film belli sono film brutti fatti meglio». Mi è piaciuta molto questa frase e te la passo. È forte. Truffaut me lo ha fatto scoprire la Francesca perché io pensavo fosse un po' una roba francese che parla dei problemi della borghesia di Parigi e a me dei problemi della borghesia parigina non me frega nulla e invece... tah-dah!!! Truffaut.
E mi sono ricordato che da bambino avevo visto un

film di Truffaut in tv una sera, *I 400 colpi*, e non sapevo nemmeno che il film li facesse un regista, e mi era piaciuto così tanto che appena l'ho ritrovato in dvd e ho capito che era lui alla prima inquadratura, ho pianto.
È interessante che crescendo scopriamo che le cose le fanno le persone ma da bambini non è così, le cose sono lì senza un perché e senza un artefice, come montagne, nuvole, alberi, facce. La Teresa ha 11 anni e solo da poco ha realizzato che la stessa persona può essere Forrest Gump in un film e un assassino in un altro. Prima per lei Forrest Gump era Forrest Gump e la scoperta dell'esistenza di Tom Hanks non è stata una cosa del tutto positiva, non so se mi spiego.
Comunque Truffaut… scopro l'acqua calda, lo so, ma il tuo americocentrismo va messo a confronto con questi giganti che parlano altre lingue. Un giorno guardati *L'uomo che amava le donne* oppure *Gli anni in tasca* o *Effetto notte* o *Le due inglesi* o *Sparate sul pianista* o *L'ultimo metrò*.
A proposito di americacentrismo, il tuo amico Stewart Brand dice che è finita l'èra del mondo occidentale, il baricentro della storia si sposta da altre parti, Mumbai, Shanghai, San Paolo e compagnia bella. Cosa gli rispondi al caro Stewart?

Lorenzo, mi provochi!

F Che da altre parti del mondo possano arrivare non soltanto correnti ma vere maree creative e inventive, è possibile e me lo auguro. Ma non è così facile, tantomeno automatico. Prendi tanti paesi tutt'altro che poveri: Giappone, Germania, il nord Europa, la stessa grande Russia che sono vent'anni che non è più arroccata su se stessa. Ecco, da questi posti e da tutti quegli altri sono uscite cose importanti, ma non sono mai diventate vere, continue, inesauribili sorgenti inventive. I computer colorati e l'iPad, il rock, le ricerche sul dna, gli scienziati che arrivano dal surf, i supereroi, i social media, i grandi sport, e un milione di altre cose, ci sarà un motivo se continuano a nascere e crescere sempre fra l'Atlantico e il Pacifico, no? Ho l'impressione – anzi no, ho proprio la certezza – che il senso della frontiera e la continua ricerca dell'opportunità ci siano soltanto là, e che occorrano decenni perché prendano forma e si espandano. Personaggi e idee e opere fantastiche nasceranno sempre di più in ogni angolo del pianeta (quasi in ogni angolo), ma se parliamo di una vera attitudine, di un vero terreno fertile, accidenti, queste non sono cose che si formano in poco tempo. Sai che vorrei tanto fare una specie di summit italiano dell'innovazione: lo faremo, perché qui ci sono grandi personaggi e progetti. Però, Lorenzo, lo sappiamo bene tutti e due che questa cosa sarebbe decisiva per l'Italia ma ci vorranno anni perché possa acquistare un senso per il resto del pianeta. Perché il mondo è globale, ma si tratta di esserci portati, a muoversi nel mondo globale e a parlarci.

Il primato compiuto da una massa è il contrario esatto del prevalere del singolo individuo. L'America nei suoi valori «medi» è il contrario dell'American dream ma l'American dream non è una bufala e infatti laggiù succedono cose. Per questo i «popoli» sono interessanti ma è quando si affranca dalle caratteristiche di un popolo che poi fa la differenza. Il «viaggio dell'eroe» di cui scriveva Joseph Campbell dice proprio questo. È sempre UNO che riceve la chiamata e si stacca dalla sua gente per tornare con un dono che servirà alla sua gente a fare un salto in avanti. Per questo è interessante, non trovi? Rispetto alle cose che accadono tra l'Atlantico e il Pacifico sono d'accordo con te e pure con Stewart perché voi dite la stessa cosa. La differenza è che lui parla di luoghi e tu parli di persone. L'America stravince perché offre uno spazio alle persone e continuerà a prevalere se continuerà a farlo anche rispetto agli spazi digitali del futuro. La realtà è che continua il flusso di anime verso il nuovo mondo ma spesso queste anime non sono più costrette a spostarsi fisicamente verso l'America, oggi può bastare raggiungere un posto con una buona connessione internet. Per questo le città diventano sempre più grandi e, nonostante tutto, sempre più ricche.

L

Lorenzo,

F

sì, sta tutto nel rapporto fra eccezioni e mainstream. Le eccezioni ci sono sempre state, pensa appunto agli sciamani, ai cavalieri, ai poeti romantici, a quanti hanno mostrato all'umanità che il mondo era più largo di quello che c'era intorno. Il grande merito dell'America sta proprio nell'avere non soltanto consentito ma incoraggiato le eccezioni, finché – soprattutto ora con l'evoluzione tecnocomunicativa – l'eccezionalità è diventata un fenomeno di massa. Ok, non è vero: non si tratta di maggioranze, però sono milioni di esseri umani. Non tutti eccellenti, ma tutti curiosi, dinamici, con una loro personale ambizione. La moltiplicazione delle eccezioni è davvero un fenomeno senza precedenti. Al punto che l'America ha attratto da ogni angolo del mondo chi aveva voglia di giocarsela. Ora come dici tu è probabile che il web consenta a tanti di connettersi senza necessariamente cercare di mettere le mani sul graal del passaporto blu. Finora dietro ogni grande scoperta americana ci sono stati indiani, irlandesi, messicani, coreani. Ora ci sta che tutti questi comincino a produrre i propri progetti fuori dal grande ombrello americano. Forse l'eccezionalità non diventerà mai maggioranza, però è fantastico che si estenda e si compia a tutte le longitudini e latitudini.

Franco!

L

Sono arrivati in studio due grandi musicisti padre e figlio. Alessandro Alessandroni e suo figlio omonimo. Il figlio vive a L.A. da quasi trent'anni, è un grande arrangiatore e ci dà una mano su alcuni pezzi. Il padre è il fischio più famoso del west, è quello che ha fischiato tutte le colonne sonore del western anni 70. È venuto a fischiare sul ritornello di un pezzo che si chiama *Quando sarò vecchio* ed è una specie di ballata western dove racconto una serie di immagini e chiudo dicendo, un attimo prima di tirare le cuoia, «A TUTTI I PREPOTENTI DIRÒ ANCORA: CON ME VOI NON L'AVRETE VINTA MAI!» Il maestro ha 85 anni e ha la vitalità di un pischello, vive in Namibia con la moglie da 15 anni e ogni giorno suona il piano e si esercita con la musica. Un piacere starlo a sentire. A pranzo mi sono fatto raccontare un baule di storie. Lui ha attraversato tutto quel dopoguerra in cui Italia voleva dire De Sica, Mastroianni, Fellini, Rossellini, Morricone, Rota, Sergio Leone e company. Facevano queste colonne sonore registrandole in una settimana e lasciavano di stucco anche gli americani. Mettere il flauto di Pan sotto alle immagini di un duello nel west è stato rivoluzionario, ha cambiato tutte le regole di un alfabeto espressivo rinnovandole e rilanciando un genere che in America dava segni di stanchezza. Mi ha raccontato della semplicità di Mastroianni quando lui gli dava le dritte per migliorare il suo canto nell'interpretare Rodolfo Valentino nel musical *Ciao Rudy*. Mi ha raccontato di come è nata l'idea del fischio, che è venuta a Fellini perché sentendo un flauto scritto da Nino Rota non era convinto e pensò che ci volesse qualcosa di più simile a un fischio, anzi proprio un fischio. Chiesero ai musicisti in sala se qualcuno sapesse fischiare e Alessandroni che era lì come chitarrista disse «ci provo io» e da lì in poi ha fischiato in più di cento pezzi. Mi ha raccontato che quando Totò arrivava

sul set si faceva un gran silenzio e lui nel vuoto pronunciava un «buongiorno» che faceva esplodere tutti in una risata liberatoria e poi si cominciava a girare. Mi ha raccontato di Morricone che ha sempre preteso i migliori musicisti senza accontentarsi mai di «quello che passa il convento».
Anche io credo che sia importante cercare sempre di lavorare con i più bravi e che più si acquisisce esperienza più bisogna andare a cercare gente nuova e bravissima per realizzare i propri progetti. Spesso si tende a fare l'esatto contrario e più uno procede nel percorso più tende a restare da solo e centralizzare tutte le funzioni, ma io penso che la strada opposta sia la migliore. È proprio quando uno è bravo che ha bisogno di una mano, che ha bisogno di cercare il confronto, di mettersi in pericolo condividendo le proprie esperienze con altri. È una cosa che richiede sforzo perché a nessuno, specialmente a una persona «di successo», piace trovarsi di fronte ai propri limiti e preferisce crearsi una corte, ma guai. Guai!!!

Lorenzo,

F ho rivisto proprio poco fa un documentario con Tarantino che parla di quel cinema italiano lì, e manifesta la sua ammirazione per Umberto Lenzi, Fernando Dileo, per non parlare ovviamente di Sergio Leone. Ecco, capisco che ormai è diventato di moda, ma è qualche anno che vedo e rivedo i polizieschi e anche i western italiani di quell'epoca, e ci trovo veri diamanti nella polvere, grandi attori poco considerati, colonne sonore splendide (Bacalov in *Milano calibro nove*). Sai, allora – orribile tempo di ideologie – questo cinema veniva considerato fascista, come d'altra parte il Callahan di Clint Eastwood: a me sembrava una vera scempiaggine, però non avevo davvero capito il grande valore di questo cinema che non faceva nulla per mostrarsi intelligente, che non cercava estetismi, che si sporcava le mani con i sottogeneri, ma che alla fine è stato – ancora più della musica di quel periodo – la prima vera esperienza pop italiana. Non voglio disprezzare gli autori più considerati di allora, ma quando mi capitano sotto gli occhi gli psicologismi di Bertolucci, la pretenziosità di Visconti e anche tante cose di Pasolini o di Antonioni, li trovo inesorabilmente datati, cercano ostentatamente lo status di «autori», non capiscono che l'«intelligenza» e la «cultura» sono una parzialità, non certo il senso di tutto. Sarà soltanto quando troverà una sua dimensione pop inventiva, che la cultura italiana finirà di essere così provinciale.

26 agosto

California boy!!!!

L Te la stai spassando lì tra figlio nipotina e California eh?

Qui a Cortona abbiamo iniziato il laboratorio di

teatro musicale con ottanta ragazzini. È una cosa bella, bellissima direi, escono trasformati da questa cosa, sono tutti più alti di dieci centimetri almeno. L'opera è una figata, un po' difficile per l'orchestra ma alla fine ce la fanno e crescono.
Ieri pomeriggio ho caricato un iPod con le più grandi arie d'opera e l'ho portato a Siena e ho messo le cuffie alla mamma che ultimamente si sveglia pochi minuti al giorno, però con Pavarotti che canta *Nessun dorma* si è svegliata, era contenta. Oggi ci torno e ho scelto anche altra musica, quella dei suoi vent'anni, Elvis Presley, Celentano (che lei ama), Modugno, e anche qualcosa di mio che so che le piacerà. È dura Franco, ma non possiamo mollare adesso.
Il resto è un turbinio, come sempre. Il disco mi piace un giorno e il giorno dopo lo butterei e premerei erase, poi però il giorno dopo mi ripiace di nuovo e così sia. Mi sento come uno di quelli sull'isola di *Lost*.
Sei in America e ne avrai da leggere, ma oggi Baricco ha scritto un bel pezzo su «Repubblica». A me *I Barbari* era piaciuto molto, mi era piaciuto anche nei punti dove non ero d'accordo. Ma così sono fatto, a volte mi interessano cose che non mi piacciono completamente. Non cerco consolazione, non l'ho mai cercata, se è possibile cerco il contrario, cerco disordine, cerco sfide, cerco qualcosa che mi metta alla prova.

F

Lorenzo,
ho letto Baricco, mi sembra estremamente importante. Il mutamento dei nostri modelli cognitivi implica naturalmente una rarefazione, se non una perdita, di profondità: però la nostra capacità di abbracciare ed elaborare informazioni si sta estendendo come mai avremmo pensato in orizzontale. Perdiamo qualcosa per conquistare qualcosa, come sempre accade ogni volta che ci evolviamo. Baricco ha il grande merito non soltanto di non demonizzare, ma anzi di mostrarci che nel cambiamento c'è opportunità.

Quando dico che dal vivo e/o in rete vorrei evidenziare la progettazione e il pensiero innovativo che c'è in Italia, è proprio questo che intendo: mettere a fuoco e condividere quanti e quanto vedono e vivono nel mutamento una possibilità che prima non avevamo.

Milano avrebbe tutto per essere una città pop: ci sono la comunicazione, i media vecchi e nuovi, le nuove tecnologie, il design, e tutto il resto; il corpo è dinamico e mutevole, è la testa che è pesante. Dobbiamo cominciare a evidenziare tutto questo, smetterla di pensare che una volta c'erano grandi menti creative che si incontravano mentre ora no. C'ero allora – sia pure da ragazzino – e ci sono adesso, e posso garantirti che ora c'è molta più spinta, molta più vitalità a tutto campo. Dobbiamo semplicemente cominciare a raccontarlo, a evidenziarlo. In questo senso la cosa che ha scritto Baricco può essere essenziale.

La differenza è proprio che qui – California in particolare – il senso di opportunità e di naturalezza del mutamento non te lo devi neanche conquistare perché è nell'aria. Se *Lost* qualcuno l'avesse congegnato in Italia, non sarebbe arrivato da nessuna parte: mi sono scocciato di questa cosa, vorrei tanto che il tuo disco servisse a sbloccare.

L

Sono appena tornato da una mangiata in una buona osteria di Cortona con la Fra e una coppia di nostri amici, lui è un professore di «economia della cultura» alla Bocconi. La sua analisi è molto accorata e allo stesso tempo degna di riflessione. In sostanza lui dice che Viva tutto ok, ma non in quanto tutto è uguale ma in quanto tutto è necessario. Il rischio, sostiene il prof è che nell'elevare «l'esperienza» a valore indistinto e intercambiabile si va verso qualcosa che assomiglia al nichilismo che per definizione è il contrario di «viva tutto». La «egotizzazione» dell'esperienza rischia di annullare la possibilità di avere uno sguardo poetico verso la realtà e lo sguardo poetico è possibile solo quando ci si spoglia di sé per fondersi con l'oggetto della nostra osservazione. Se tutto è soggettivo, allora siamo solo animaletti che si «divertono» e in questo c'è il rischio di un prevalere di un vero e proprio progetto di schiavizzazione. Insomma una cenetta niente male.
Siamo partiti anche noi dal pezzo di Baricco per arrivare a dire che ok Baricco ha ragione ma…
Poi ho chiesto a lui come sarà l'Italia tra vent'anni e lui ha detto che una delle possibilità è che tra ven-

t'anni l'Italia sia un parco a tema e che tutti gli abitanti lavoreranno in questo parco a tema, uno dei migliori del mondo. Interessante. Ma è solo una delle possibilità, perché in realtà nessuno sa cosa saremo non tra venti anni ma tra venti minuti, grazie al cielo. Ti ricordi l'Italia in miniatura? Pensa che bello un parco a tema «l'Italia a grandezza naturale» dove per entrare paghi un bel bigliettone salato e puoi fare un sacco di cose, anche andare su una vera gondola o assistere a una vera opera alla Scala. E c'è pure il wi-fi.

Lorenzo,

Fino, «viva tutto!» non vuol dire affatto che tutto è uguale o indifferente. Cole Porter fece una canzone che si chiamava *Anything goes*, che Paul Feyerabend elesse a slogan del suo *Contro il metodo*. Ma se da una parte è vero che qualunque cosa è buona se serve a nutrirti e a farti star bene, dall'altra ciò non significa minimamente che tutto sia sullo stesso piano. «Viva tutto!» vuol dire che non si può, non si deve, più distinguere secondo una logica binaria, e che si può, si deve abbracciare la pienezza delle cose, la loro biodiversità, la loro totalità piena di spinte diverse. «Viva tutto!» è un manifesto vitale, non certo una indifferenza postmoderna, ci mancherebbe. Anzi, credo che possa segnare proprio il definitivo superamento del postmoderno perché fa riferimento all'assoluta centralità della forza vitale.
Quanto all'egotizzazione dell'esperienza, parliamo-

ne: ma prima dobbiamo chiarire di quale ego stiamo parlando. Perché gli ego non sono tutti uguali. Ci sono gli ego arroccati su se stessi e ci sono invece gli ego che condividono. Ci sono gli ego egotici e quelli generosi. Ci sono gli ego senza i quali non si fanno grandi imprese ed ego con i quali non farai mai una grande impresa. A me che gli umani prendano consapevolezza di sé in quanto singole eccezioni sembra fantastico: naturalmente poi ad appassionarmi saranno sempre quelle eccezioni singolari capaci di coevolvere. Non vedo alcun buon motivo per spogliarsi di sé: semmai si tratta di espandere se stessi, di condividere. Ci riusciremo? Alcuni sì – molti più di prima –, tanti altri no. Ma che tanti possano non essere all'altezza dei mutamenti non è mai stato un buon motivo per rinunciare ai mutamenti o per guardarli con sospetto: ci sono diversi ritmi, diverse lunghezze d'onda, diverse gradazioni «poetiche». L'importante è che un mutamento allarghi le nostre possibilità: e il mutamento che noi stiamo vivendo non ha proprio nulla di indistinto, nulla di generalizzabile. Quello che tanti spesso dimenticano è che comunque molti più umani di prima, anche soltanto di pochi anni fa, stanno sviluppando – attraverso le abbondantissime possibilità di scelta – le proprie capacità di scelta. A me sembra tanto, tantissimo. Tanto più che ogni giorno sta diventando sempre di più.

Grande abbraccio, con la brezza che arriva dall'oceano.

1 settembre

Franco bentornato!!!

L

Qui il nostro stage di «opera» con i bimbi va benissimo, ogni giorno passo un po' di tempo con questi ottanta ragazzi e molte riflessioni mi abitano. La più ricorrente è sui sistemi di apprendimento «ufficiali» e sui loro immensi limiti. La scuola andrebbe cambiata, ma non riformata, andrebbe proprio inventata nuovamente partendo da un concetto fondamentale che è quello della partecipazione alla propria formazione con un ruolo attivo. Questi ragazzi dentro a quel teatro, che hanno tutto per loro per quindici giorni, costruiscono se stessi attraverso l'abbondanza e l'offerta della propria abbondanza a quella degli altri. Nessuno è impaurito dall'offrire la propria visione, la propria energia, nessuno è giudicato, ognuno trova un suo linguaggio, un suo codice all'interno di una cosa rigida come una partitura e un testo in rima. Nella griglia fissa di uno spartito e di un testo, ognuno scopre la propria libertà e la applica in tempo reale. È davvero una bella cosa.
Domenica si va in scena, poi lunedì vengo a Milano.
Questa esperienza mi fa riflettere sulla questione dell'infanzia, centrale nel nostro tempo. I bambini sono spesso considerati un «target» e questo mi fa inorridire.

Lorenzo,

F quando si è finita la scuola da anni, si apprezzano tante cose che magari quando c'eri dentro non consideravi.

La scuola ha troppe gabbie, troppi percorsi obbligati, troppi programmi che vanno seguiti secondo formule lineari: tutto questo non funziona più, il mondo non è fatto così. Ma ancora peggio è il concetto stesso di educazione: ogni volta che sento qualcuno parlare della necessità di educazione per i bambini, mi viene per principio da diffidare.

Non perché educare sia sbagliato, naturalmente: sono il primo a saltare per aria quando sento sbagliare i congiuntivi, e mi piacciono i bimbi – per non parlare dei grandi – che hanno consapevolezza e la migliorano. Se l'idea di educazione mi suona come gesso sulla lavagna è perché immancabilmente chi la propugna sta parlando non di educazione in generale ma del proprio particolare, prescrittivo, ristretto, concetto di educazione.

Insomma, dell'educazione non mi piacciono gli educatori (eccezioni a parte).

Prima di partire da Los Angeles, sono andato a sentire il mio bambino in cattedra al Santa Monica College: era la prima lezione dell'anno, e ogni volta mi entusiasmo proprio perché Daniele ci mette una spettacolare carica motivazionale, perché dal primo istante propone un modello di insegnamento che coinvolge gli studenti e tenta sempre di coniugare le basi della materia con l'esistenza pratica, concreta

degli esseri umani. Le sue lezioni sono un flusso travolgente, senza un attimo di tregua, tutt'altro che accomodante, di materiali «educativi».
Solo che li insegna con un'attitudine vitale, non accademica.
Come dice lui, che gusto c'è a insegnare qualcosa da cui hai spremuto via tutta la vita che c'è dentro?!
Credo che oggi lo scarto fra la scuola e il mondo sia ogni giorno più insostenibile.
Non dico che fuori dalla scuola sia tutto buono e dentro tutto cattivo, niente affatto: però che senso ha una scuola incapace di raccogliere e anzi di rilanciare tutte le spinte che arrivano dai grandi mutamenti in atto?
Se uno vuole davvero educare, deve provare a offrire soluzioni su come servirsi al meglio delle nuove forme di comunicazione e di relazione, non osteggiarle e accusarle di qualunque nefandezza, e rifugiarsi in un insegnamento dottrinale, staccato dal flusso delle cose. Tanto più che è sempre la stessa storia: oggi disprezzano e colpevolizzano Facebook, come ieri facevano con la tv e con i cartoni animati giapponesi, e prima con il rock, e prima ancora con ogni fenomeno che attirava gli studenti come loro – sempre con le debite eccezioni – non sanno fare.
È davvero *hey, teacher, leave them kids alone!*

L

Stasera io e la Fra andiamo a sentire Leonard Cohen a Firenze. Sono sicuro che non è nel tuo olimpo, ma invece nel mio ci sta abbastanza spaparanzato con almeno dieci delle sue canzoni. Penso che abbia scritto roba pazzesca, e l'ha cantata benissimo, non l'ho mai sentito live e sono contento di fare in tempo a farlo che magari tra un po' smette di girare. Cohen è del 34, ha gli anni del mio babbo, da non credere, mio padre e Leonard Cohen sono coetanei. Stai a vedere che un giorno mi mangia la balena e ci trovo dentro Leonard Cohen con la faccia di Mario Cherubini.

Rispetto alla scuola io anche qui sono un incrocio di linee, un altare del caso (mi cito... guai!!!). Nel senso che io ho un curriculum scolastico assolutamente medio, sono lo studente medio italiano, e ho idee poco raccomandabili, perché penso che Facebook a scuola non serve a nulla, in questo sono esattamente allineato con il più reazionario dei maestri da libro *Cuore*. Penso che la scuola dovrebbe, potrebbe di sicuro, proporre un «palinsesto» alternativo a ciò che trovano fuori dalla scuola. La scuola dovrebbe essere il contrario della vita. Dovrebbe essere una vera e propria messa in scena di dinamiche di conoscenza, fisiche, nozionistiche, spirituali, dottrinali, sovversive. La scuola non dovrebbe avere una sede fissa ma cambiare ogni mese luogo. I ragazzi dovrebbero passare i tre o cinque anni di ciclo scolastico spostandosi sempre, facendo lezione un mese in un teatro, un mese in un ristorante, un mese in una chiesa, un mese in una palestra e lì nella palestra, leggere Omero,

imparare le frazioni e le potenze ballando il tango. La scuola dovrebbe essere in perdita (come del resto è... ma lo dovrebbe essere per statuto), la scuola dovrebbe essere un luogo poverissimo che abitua i ragazzi a difendere i propri spazi, dovrebbe essere un non luogo fatto di luoghi. Adesso la scuola quasi sempre è il luogo dove si imparano le dinamiche del potere, della prevaricazione, della sottomissione, della furberia, e qui sta il punto, ribaltare questo concetto. La scuola dovrebbe essere espansione di sé. A volte capita che lo sia, ma sempre e solo quando uno ha il culo di trovarsi di fronte un essere umano come Daniele o come un paio di professori che io ho incontrato al liceo.
Alla fine sono sempre le persone a fare la differenza.

Lorenzo,

Esì, alla fine sono sempre le persone a fare la differenza. Sarà per questo che non mi sono mai sentito a mio agio dentro ad alcuna istituzione, squadra, gruppo, e tutte quelle cose lì.
Tu stai dicendo di fare un palinsesto che è tanto distante dall'attualità corrente quanto – anzi, molto di più – da tutte le logiche scolastiche! Perché se i bambini li porti in una palestra, e poi in un ristorante, e così via, la prima cosa che evapora è l'autorità della cattedra: o meglio, i maestri dovrebbero conquistarsi sul campo, ogni giorno, in ogni luogo, la propria autorità e credibilità. È un equilibrio instabilissimo e complessissimo, quello fra l'insegnamento a diversi

livelli dei «fondamentali» e la crescita singolare di ciascun bambino e poi ragazzo: perché l'espansione personale ha bisogno di quei «fondamentali» ma non si risolve lì dentro. E quegli stessi fondamentali nutrono ognuno in maniera diversa da ogni altro. In questo senso ho sempre pensato che la scuola debba da una parte aiutare la condivisione, le dinamiche di relazione, e dall'altra mettere a fuoco e portare alla luce e valorizzare le attitudini singolari di ciascuno. Su Leonard Cohen ho fatto anni fa una splendida discussione con Tom Robbins, che lo adora: io capisco che è notevole, ma – come altri anche totalmente diversi da lui, da Springsteen agli U2, a Zappa, Janis Joplin, Clash, Peter Gabriel – mi dice poco. Ma mi affascina arrivare a valori e sensibilità fortemente condivisi attraverso percorsi e materiali diversissimi. Mi viene in mente quando hai fatto la tua copertina di *Sergent Pepper*: nella mia ci avrai messo forse un terzo di quelli che ci hai messo tu, però alla fine la sostanza è la stessa.

6 settembre

Eccomi Franco!

L reduce da 15 giorni di stage con una barca di ragazzini appassionati di musica e teatro. L'opera nuova *Rossini!!!* è veramente bellissima e la mes-

sa in scena ha ottenuto un successo commovente. Da grande voglio fare l'opera, sicuro che voglio farla, ma non il musical o l'opera rock o l'operetta o l'operona, io voglio fare una cosa che non esiste ancora e che nascerà, un format completamente nuovo ma che potrebbe avere un grande futuro. E comunque a parte questo entusiasmo a caldo, credimi questo progetto didattico con i ragazzi è qualcosa di eccezionale, e infatti ieri siamo riusciti a portare un po' di persone che potrebbero darci una mano a trovare fondi e sono rimasti di stucco.
In due settimane i ragazzi, in questa loro età evolutiva, si trasformano, acquistano un forte rispetto di sé e si mettono in relazione autentica con gli altri. Il fatto che poi abbiano età diverse dai sette ai sedici anni nega il concetto della «classe» e crea linee energetiche non usuali che scatenano imprevedibili passioni. Siamo al secondo anno, ma con il gruppo di lavoro con il quale imbastiamo questa attività stiamo sviluppando un vero e proprio metodo didattico artistico che potrebbe diventare oggetto di studio sulla formazione dei ragazzi in questa parte di universo in questo pezzo di tempo.
Oggi è l'anniversario delle mie nozze. Ti ricordi che bella giornata? Fu proprio una bella festa. È un bel giorno per cominciare a lavorare.
Ora mi tuffo nel disco e finché non ce l'ho in mano non risalgo in superficie.

Lorenzo,

F credo di averti già detto che il tuo matrimonio ha messo le ali al mio matrimonio, che faremo una volta che ci saremo districati dai grovigli burocratici e legali. L'atmosfera che avete creato quel giorno ha dissolto la mia diffidenza nei confronti delle cerimonie. Non mi sono mai sentito a mio agio nei riti sociali perché avevo la spiacevole impressione che lì il manuale, l'abitudine, la regola, prevalessero sugli slanci. Ma evidentemente mi ero sempre ritrovato in situazioni dove gli slanci erano così deboli da farsi divorare dalle regole.

Che il disco ricominci in questa data lo leggo davvero come un segnale luminoso. Più mi guardo intorno, più ne parlo con persone di diverse età e storie ed esperienze, più cresce prepotente la sensazione di ritrovarci in un momento potenzialmente grandioso, come se i pianeti fossero a un passo dall'allinearsi in congiunzione favorevole e toccasse a noi imprimere il tocco finale, creare l'allestimento giusto. È un'occasione che sarebbe sciocco e triste sprecare. In questo senso il tuo disco è tremendamente importante, perché può agire da cometa, accendere, energizzare. La musica ha sempre avuto questa funzione, nelle sue espressioni migliori: però l'ha fatto quasi sempre in maniera inconsapevole, senza averne reale coscienza.

8 settembre

L

Ci sono anche Saturno e Riccardo in studio e stiamo jammando smanettando con i fantastici synt modulari che sono la mia passione del momento.

A volte mi sembra di intravedere il disco dietro al velo del tempo e del lavoro. Mai mi era successo di vivere attraverso il lavoro di un disco una trasformazione così grande per arrivare al risultato finale, che pur essendo ancora lontano è lì, da qualche parte.

Pop è una frontiera, un crinale tra due vallate noiose. Pop è sperimentazione mascherata da leggerezza, il contrario del suo contrario che è spesso comodità mascherata da sperimentazione e autenticità. Mi ci gioco la faccia con questo disco, perché il pubblico forse sarà disorientato, anzi ne sono quasi certo, ma poi forse reagirà all'energia che c'ho messo e scenderà in strada a ballare, e sarà un gesto altamente politico, quello di lasciarsi andare, di sentirsi vivificati da una musica.

Oggi ho seguito su internet la notizia di quel sindaco ucciso dalla camorra. Un uomo perbene, come tanti italiani che si oppongono alla distruzione dello spirito umano, di quello spirito generoso in grado di trasformare il mondo in un luogo migliore per tutti. Ebbene la sua morte addolora e fa incazzare e grida vendetta. E io che sono un artista che cosa devo fare? È una domanda molto forte dentro di me, e non ho una risposta ma non per questo resto inattivo. La mia attività prevede che io mi metta al lavoro non

per confezionare la canzone specifica sulla cosa ma per confezionare una musica che sia una forza contraria alla camorra in quanto a energia. So che queste chiacchiere possono suonare vuote e stupide, ma io oggi credo questo, credo che sia necessario fare una musica che sia musica, che parli d'amore e sia adatta alle feste, perché è da lì che bisogna ripartire. Dalle emozioni primarie bisogna ripartire, bisogna che il motore si metta in moto e ci vuole un brivido, un sussulto positivo, qualcosa che sembri arrivare da un luogo futuro, ma da un bel posto.
È una faticaccia, molto di più di un disco militante con testi *impegnati*, molto di più ma alla fine uscirà.
Tuona stanotte a Milano.
Mi piace la natura quando fa la voce grossa.

Lorenzo,
F vedi l'irresistibile forza del paradosso?
Mentre stai facendo questo libro dove ti metti in gioco su valori e orizzonti del mutamento, in simultanea, in connessione, stai facendo un disco orgogliosamente pop.
A qualcuno potranno apparire due scelte distanti, fatte per compensarsi: a questo qualcuno dovremo raccontare quanto si sbaglia. Perché il libro e il disco, la visione del mondo e l'energia pop, sono alla fine la stessa cosa, sono due forme, due ritmi, due lunghezze d'onda, due manifestazioni della stessa sostanza vitale. Non è che una nasce dalla mente e l'altra dal corpo: no, tutte e due nascono dai centri vita-

li, nascono dalla stessa voglia urgenza potenza di produrre vita.
Capisco che tante cose farebbero pensare che il pop sia pura superficie, sciocchino quanto energetico. Anche a me non piace l'intrattenimento in sé, la canzone o lo show costruiti a tavolino: non mi piacciono non perché sono superficiali ma perché sono noiosi, artificiosi. Invece il pop è questa forza primaria, la manifestazione semplice di una grande complessità. Il pop superficiale e la pretenziosità concettuale sono due facce di una stessa vecchia logica binaria, mentre tu stai mettendo al centro tutto quello che vivifica, che rafforza, che accende la consapevolezza di quanta ricchezza c'è nel tuo organismo intero.
Sai, ai tempi c'era questo dibattito fra chi diceva che era necessario cambiare il mondo perché gli individui cambiassero e chi invece sosteneva che per cambiare il mondo si doveva prima cambiare se stessi. A me non convinceva nessuno dei due. Da una parte non ho mai visto alcuna soluzione sbocciare dal terreno sociale, dalla difesa dei diritti, dalle mille cause specifiche e limitate: si deve fare, non puoi farne a meno, ma avendo assolutamente chiaro che non è così che vinci, non vinci mai se devi resistere o opporti a quello che qualcun altro fa. D'altra parte a me cambiare se stessi sembrava – così come adesso – un gesto esplosivo. Loro predicavano e predicano che è necessario staccarsi dalle illusioni, dalle passioni: accidenti no, io volevo e voglio più passioni, infinitamente di più. Ecco, il pop – il pop più inventivo, più coraggioso – mi ha nutrito proprio perché espri-

me questo groviglio, questa forza biologica. Il pop ti rafforza quando accende fuochi ma anche quando ti commuove. Il pop fa la voce grossa come il temporale di stanotte, che era una tempesta travolgente.

11 settembre

L

Abbiamo comprato una lavagna di un metro e novanta per un metro e l'abbiamo appesa dietro al divano dello studio. Ci abbiamo scritto i titoli dei pezzi sui quali lavorare e appunti di varia natura (Saturno ci ha subito disegnato un cazzo proprio come a scuola).

Lo studio sembra un laboratorio di qualche scienziato. Ieri notte abbiamo fatto le due dietro a un pezzo che risentito stamattina è davvero forte, molto molto molto elettronico, sintetico direi, ma proprio per questo molto espressivo. L'elettronica esprime sempre intimità, anche quando è usata per cose che dovranno far ballare le moltitudini. Infatti appena su una base elettronica ci metti uno strumento «suonato» individualmente (un basso o una chitarra) subito si perde l'intimità. E invece l'intimità è una delle cose che vorrei raccontare con questo disco, un tipo di intimità che ha più a che fare con l'astronautica che con l'erotismo non so se mi spiego. È l'intimità che si prova in una foresta, per intenderci, o in mare aper-

to, o in un letto sfatto con la tua donna al centro di una città di milioni di abitanti.
La sensazione di essere su una frontiera totale è molto forte. La fine di un modo di fare i dischi e l'inizio di una cosa nuova che non c'è ancora. La ricerca di una lingua della contemporaneità. Il rifiuto di riempire di citazioni e riferimenti le cose, ma di essere perso nello spazio infinito. La musica è lo spazio della formazione ma anche della regressione. Nella musica il bambino che abbiamo dentro ci parla, vuole essere ascoltato, si propone e va lasciato giocare.

Lorenzo,

Fè un'impresa piena di paradossi, questa che stai vivendo, ed è perfetta perché il mondo rotondo – non quello binario – è paradossale, la natura è paradossale, la vita è assolutamente paradossale, con i suoi miliardi di intrecci biologici chimici relazionali che poi prendono forma semplicissima.
Questo disco lo stai facendo con un progetto estremamente forte, perfino con una certa testardaggine, e d'altra parte stai lasciando che cresca da solo: lo dirigi e ti lasci portare (per la centesima volta propongo la metafora del surfer, ma dimmi tu se non ci sta). È la frontiera, appunto: quella fra sperimentazione e mercato, quella fra biologico e tecnologico, quella che c'è dentro di te, le centinaia di spinte che ti attraversano e che si spostano di continuo in tutte le direzioni generando – più avanti, più in alto, dappertutto – sempre nuove frontiere.

Sarà bello vedere cosa accade giorno per giorno su quella lavagna lì: come le trenta e passa canzoni si sposteranno, come qualcuna uscirà di scena e altre entreranno nel disco. Noi qui dobbiamo fare un po' la stessa cosa, perché come tu lì hai due o tre dischi, noi qui abbiamo due o tre libri e io che non ho problemi a selezionare e sintetizzare secondo parametri iperesigenti, mi rendo conto di essere in questo momento affezionato a ogni parola che abbiamo scritto, e guardo quelle «sbagliate», quelle che già so che non entreranno nella versione definitiva, con una specie di senso di colpa, io che mi prendo ogni responsabilità ma non conosco il senso di colpa.

Oggi è l'11 settembre.

L Pensavo a quel bischero di pastore americano che vuole bruciare il Corano in pubblico. Uno degli effetti collaterali del mondo globale e connesso è che un cretino che il buon senso placherebbe con uno scappellotto ben assestato e un «vai a cuccia scemo!» invece ha visibilità addirittura globale. È un effetto collaterale che sono ben disposto ad accettare perché dall'altra parte i vantaggi sono innumerevoli, però resta il fatto che questo qua occupa le prime pagine dei giornali di tutto il mondo in un giorno in cui si dovrebbe ragionare e magari anche pregare ognuno il proprio Dio. Da un punto di vista cinematografico e letterario il personaggio potrebbe anche essere interessante se pure è banale, ma nella realtà dei media la questione si fa seria. Sai cosa penso?

Penso che il Corano invece di essere bruciato andrebbe venduto a ogni angolo, tradotto, regalato ai bambini delle scuole, in modo da spogliarlo di questo carisma esagerato dovuto proprio al fatto che molti lo considerano un libro «pericoloso». Lo stesso vale per tutti i testi delle religioni rivelate, dovremmo parlare della Bibbia così come si parla dell'ultimo numero di «Vanity fair», e dire che quel salmo è forte ma quell'altro non mi convince mentre è una gran bella storia quella di Sansone. E Dalila doveva essere una gran bella donna, io se penso a Dalila mi sento tutto caldo.
E invece il cretino americano e quelli come lui cosa fanno? Si cagano sotto... Bruciano il Corano, ma si può essere più scemi?
Mi viene da pensare che loro in realtà sono pazzi del Corano, sono invidiosissimi di quelli lì che hanno organizzato l'attacco alle torri e lo hanno portato a termine. Vorrebbero farla anche loro una cosa del genere, passare alla storia con un attacco suicida magari alla Mecca ma se la fanno addosso e allora bruciano un libro su Youtube, mmhh sono proprio dei duri!!!
Dopo l'11 settembre sotto sotto i bigotti di ogni parte del pianeta e di ogni confessione sono diventati invidiosi. E bruciano i libri su Youtube.
Personalmente non sono invidioso di gente che spende male il proprio tempo, imparando a pilotare un aereo per schiantarsi contro un grattacielo pieno di gente. Ci sono modi molto più validi di esprimere il proprio valore. Tra chi uccide migliaia di persone e

chi brucia un libro e poi posta il video su Youtube grazie al cielo c'è un mondo di gente che sta pensando ad altro.

Lorenzo,

F è tremendo quando a calamitare le attenzioni sono spesso i più miserabili. Quelli che anelano al martirio, ma non si accontentano del loro paradiso e vogliono trascinarci migliaia di altri che non c'entrano niente. Questo povero scemo che rischia di provocare un disastro, e quelle migliaia di esseri immondi che per questo manifestano contro l'occidente ma intanto da loro non solo distruggono i libri – non li pubblicano neanche – ma innanzitutto le persone. Quello che mi fa paura è che comunque da noi capi di stato e giornali e tutti quanti (salvo gli idioti) insorgono contro il pastore, mentre nessuno nel cosiddetto Islam moderato muove un muscolo quando una donna viene lapidata o quando qualcuno si fa esplodere ammazzando umani innocenti. Mi fa effetto che Obama abbia adottato verso l'Islam l'unica possibile strategia, quella dell'apertura e del confronto, e gli abbia finora risposto un assordante silenzio. Ci vorranno decenni, temo.
È il lato oscuro del mutamento: mentre da una parte milioni di umani esplorano le nuove possibilità di scelta e così si espandono, dall'altra altri milioni impauriti dal mutamento, dalle possibilità di scelta, dal superamento delle identità tradizionali, si arroccano a ogni livello nelle loro appartenenze tribali fondate

sull'odio per chi non è identico a loro. È la rivincita dei vili, dei miseri, dei morti viventi (non soltanto islamici, naturalmente). Continuo a credere che qualcosa si possa smuovere soltanto a un altro livello, soltanto quando e dove tanti avranno la possibilità di scoprire che con il web, il rock, il protagonismo femminile, la possibilità di mettere liberamente in scena se stessi e anche quella di scegliere fra cento gusti di yogurt, non soltanto non sono strumenti del demonio ma fanno vivere infinitamente meglio.
Insomma, Lorenzo, a me l'11 settembre mi ha veramente, profondamente cambiato. Ho la stessa attitudine di prima, cioè credo a tutto quanto espande, avanza in tutte le direzioni: però credo anche – con più decisione di prima – che per aprirsi si deve essere forti, credibili. Flessibilmente forti, ma forti.

12 settembre

Ho letto più volte quello che mi hai scritto ieri.

L

Anche a me l'11 settembre mi ha cambiato, il mondo intero è cambiato dopo quel giorno, ma ricordo come fosse ora il pensiero immediatamente successivo al dolore e allo sgomento. Pensai che stavo assistendo a un evento che stava già scritto nelle cose, certo non in quei termini e in quella forma altamente «spettacolare» ma comunque quel

giorno arrivava da lontano e aveva fatto molta strada ma una strada che era sotto gli occhi di tutti.
Sono stato tante volte nei paesi dai quali sono arrivati gli attentatori e dove vivono i loro fan, e sono stato nei paesi dove quelli che tu chiami gli «esseri immondi» mettono in scena quelle brutture che si vedono. La mia impressione è che purtroppo quella «forza» di cui parli non risolve il problema. Non sarà uno scontro di forze a farne prevalere una sull'altra, non è come nei film, e quanto sono belli e avvincenti i film con Matt Damon che è bravissimo e anche quelli di *Iron man*, che io guardo con grande gioia. Non sarà nemmeno uno scontro di ragioni diverse, per quanto tutte radicate e piene di punteggi a proprio favore. Io penso, caro Franco, che se io e te fossimo nati per un caso del destino a Hebron o al Cairo o a Islamabad avremmo una visione che ci farebbe considerare normale che un nostro vicino di casa esultasse per un aereo americano abbattuto e qui sta tutto il nocciolo della questione. Osama bin Laden in certe parti del mondo è stampato sulle magliette, non ci si può non chiedere come mai. Sarà solo un vero desiderio di libertà a portarci in una posizione in cui cercare di capire le ragioni del «nemico», per quanto siano ragioni folli.
Prendi la questione femminile, cosa c'è di più allucinante? Io ho una figlia di 12 anni, dal prossimo anno se fossimo in Arabia Saudita sarebbe costretta a vivere in un ergastolo senza nessuna ragione.
Di fronte alle questioni senza soluzione l'unica soluzione è fare qualcosa, spostare per esempio la visua-

le. Esempio innamorarsi della poesia araba e persiana, ce n'è di bellissima, seguire con l'occhio il percorso geometrico delle decorazioni dentro le cupole delle loro moschee, annusare certi loro profumi. Forse in questo modo in un paio di generazioni ci sarebbero dei progressi, anzi ne sono certo. Potremmo fare canzoni che abbiano un successo irresistibile in quei paesi e allo stesso tempo permettere a certe loro cose di avere successo da noi, a certe loro visioni di avere cittadinanza nel nostro immaginario.
C'è chi dice che l'unico musulmano buono è un musulmano morto ma questa è una grande cazzata, ed è una cazzata generalizzare, si fa un servizio pessimo all'evoluzione. Il pastore americano che brucia il Corano è uno che sta generalizzando. È come quell'altro scemo che voleva bruciare i dischi dei Beatles negli anni 60.
Io in certe case di gente che pregava cinque volte al giorno sono stato accolto come una benedizione, e sono sicuro che la mia presenza pacifica tra di loro a mangiare alla stessa tavola ha portato qualcosa nei loro costumi che agirà come un seme piantato in terra fertile, molto più che se avessi costruito accanto alla loro casa una base militare provvisoria. Qualche mese fa in una zona tra Iran Turchia e Iraq mi sono fermato in una piccola città per due giorni e dopo mezz'ora avevo intorno 50 maschi (le femmine devono guardare da lontano) incuriositi da me e dai motivi misteriosi che mi portavano lì con una bicicletta carica di bagagli. Dopo qualche ora sono entrato in confidenza con quella gente e non è passato tanto

tempo prima che iniziassero a farmi vedere ognuno la propria collezione di filmati nel telefonino solo a base di balletti sexy oppure calcio europeo. Tutti sapevano la formazione dell'Inter a memoria io so a malapena il nome di due giocatori. Quelli magari l'11 settembre avevano pure festeggiato la notizia dell'attentato eppure mi stavano offrendo la cena, a me che vado pazzo per New York, proprio come loro, non so se riesco a spiegarmi. È un casino ma che vogliamo fare? Dargliela vinta sia agli integralisti che al pastore che brucia i corani? Non fa per me.

Lorenzo,

F quando parlo di forza non sto pensando certo a operazioni militari o a gesti di ostilità (quello che farei in questa dimensione è usare intensivamente l'intelligence, che è tutt'altra cosa). Chiaro che se uno vuole farmi qualcosa di tremendo, o vuole farlo alle persone che amo, o tenta di farlo in mia presenza, allora non posso permettermi di non usare la forza e di non vincere: ma questa è legittima difesa personale. La nostra forza, quella che va potenziata e mostrata e valorizzata, è quella del rock, dei social media, della ricerca scientifica, e del femminile come essenziale unità di misura. Tutte cose – vedi un po' – detestate non soltanto dai fondamentalisti islamici ma anche da quelli cattolici e pure da quelli ideologici. È questa la forza che dobbiamo usare a fondo, senza condizioni, con fierezza. È risvegliare e alimentare – non a caso già succede abbondantemente in Iran, dove le condizioni sono storicamente più avanzate – la loro voglia di vita fuori dalle gabbie soffocanti. Sai che sono refrattario a qualunque generalizzazione, e che mi appassionano i singoli esseri umani, però dobbiamo avere chiaro che qualcuno ha dichiarato una guerra santa: non a Bush o alle multinazionali, ma a te, a me, a Teresa, al nostro modo di vita. Che facciamo con questi, gli diciamo che noi siamo buoni? Temo non basti. Non sono guerrafondaio ma non sono neanche pacifista per ideologia: quello che so è che si può vincere davvero soltanto se vincono anche gli altri, soltanto se moltiplichiamo ed estendiamo i contatti, le relazioni, gli sguardi, gli scambi fra esseri umani, al di là delle ideologie, delle identità conservative e aggressive. Se islamico o cristiano o ateo o italiano o colombiano o nigeriano sono origini ma non gabbie, se sono puri e semplici aggettivi di personalità singolari che spaziano, che si connettono, che si proiettano oltre.

13 settembre

L

Ho appena aperto il mio profilo su Ping. Hai visto Ping? È bello, è un altro giocattolo a disposizione. Ho anche attivato il mio Twitter che userò per comunicare in diretta notizie sul work in progress del disco e sulle cose che farò in futuro. In pratica tutto il grappolo dei social network permette un flusso di informazioni nelle due direzioni che solo a pensarci gira la testa, ma è davvero il nuovo mondo, non ci sono dubbi. Se uno pensa cosa sta passando e passerà lungo i nervi del pianeta c'è veramente da essere euforici. Sarà interessante studiare le possibilità di questi mezzi legate alla musica e al suo racconto, anche se personalmente credo che la cosa forte sarà usare in modo «poetico» questi mezzi. Riuscire a far passare narrazione e non solo comunicazione. Vedremo, di fatto però le 24 ore cominciano a essere davvero poche, il padre eterno si dovrà decidere ad allungare i giorni di almeno 3 o magari 5 ore, basterebbero 5 ore in più, giornate di 29 ore andrebbero bene.

Lorenzo,

F detesto chi usa i nuovi mezzi come se fossero quelli vecchi, detesto chi usa i social media per promozione e propaganda. I social network sono ancora largamente inesplorati, hanno potenzialità che ancora non abbiamo messo a fuoco. In ogni caso ci si deve muovere come un network, come il proverbiale sasso che crea onde che creano altre onde e così via, e per farlo si deve essere credibili, cercare percorsi ellittici non lineari, avvolgenti come il canto delle sirene.

20 settembre

Sono a Milano, è venuta su con me anche la Fra, la Teresa ha iniziato la scuola e tutto scorre. La mamma è sempre stabile, dorme quasi sempre, ogni tanto apre gli occhi, ci riconosce, è contenta. Mi sembra serena, il suo volto è rilassato e da fuori sembra in uno stato di sospensione, un luogo dove lei non era mai stata. I pensieri si affollano e le riflessioni si sprecano sulla vita sulla morte e su cosa siamo ma poi non resta che prendere quello che arriva, comunque come un dono.

Sono in studio. Faccio il disco. Ieri abbiamo fatto una session anche con Saturno, Riccardo e una sezione ritmica per cercare cose nuove e ne abbiamo trovate un paio interessanti. Adesso ci mettiamo le mani dentro e capiamo.

Sabato sera ero invitato a una megafesta da un mio amico, il «signor Diesel» Renzo Rosso. Nel 1986 mi chiamarono a fare il dj in una sconosciuta discoteca di Marostica, io ero Lorenzo Cherubini il giovane dj di Roma e la casa era la Diesel, piccola e appena partita. Li feci ballare, erano bella gente. Poi è successo quello che è successo, a me ma ancora di più a quella piccola casa di jeans che ora se la batte con i colossi mondiali. Siamo sempre rimasti amici con Renzo e io lo considero un genio, davvero. Non puoi capire cosa ha fatto a Breganze, un paesino del Veneto. Ha aperto il nuovo centro operativo Diesel con un'idea di sviluppo industriale assolutamente nuova e pro-

iettata nel futuro. Una grande area fatta perché il lavoro venga vissuto non come un «travaglio» ma come un processo vitale.
Sabato era il compleanno di Renzo e ha inaugurato questa cosa e io gli ho regalato un concerto in nome di 25 anni di amicizia e di stima, ho suonato per i suoi invitati e per mille lavoratori della Diesel.
A cena ho conosciuto Giovanni Soldini, il navigante, e c'ho fatto grandi chiacchiere. Un uomo leggendario. Non lo avevo mai incrociato di persona e per me lui è un eroe, puoi immaginare. Ci speravo di potergli parlare un giorno per raccontargli di un mio desiderio. Gli ho detto quello che vorrei fare e ha detto ok, si fa. Poi magari non si farà, ma invece magari si farà. È un mio sogno. Io non sono uomo di mare ma l'idea di fare la traversata atlantica a bordo di una piccola barca a vela è una cosa che da sempre fantastico nei dormiveglia. Mi sono ripromesso che il giorno che salirò davvero su una barca sarà per fare una vera traversata. Soldini mi ha detto che si fa, magari anche appena ho finito il disco, io e lui, si parte dal Tirreno e si arriva ai Caraibi o a Nantucket o in Brasile, consumando in tutto tre litri di gasolio. Insomma questa sarebbe una vera figata.

Lorenzo,

F sulle barche soffro di claustrofobia però capisco che per te questa cosa della traversata. È una dimensione che ti appartiene, è il tuo personale canto delle sirene cui non puoi resistere.

Intanto venerdì è uscito su «Repubblica» una cosa intitolata *Dichiaro aperta l'Expo di Milano*, in cui racconto il progetto di Daily expo, esposizione universale delle idee (Milano-Mondo, 2010-2015) che raccoglie in web le suggestioni di studenti e progettisti di tutto il mondo sui temi dell'expo: energie per la vita, nutrire il pianeta, e poi come deve essere – urbanistica, design, trasporti, comunicazione – una città che ospita l'Expo non del 1900 e neanche del 2010 (a Shanghai hanno scelto la antichissima strada di un gigantismo efferato) ma del mondo connesso e globale, dei social network, del tutto con tutto. Mi ha divertito un sacco dichiarare aperta l'Expo, pensare che dopo due anni e mezzo dall'assegnazione a Milano, la mia è la prima cosa che accade concretamente.

Lorenzo, è un'altra prova che ora possiamo fare cose assolutamente impensabili fino all'altro ieri, e che dobbiamo farle. Dobbiamo accettare il rischio di commettere errori, perché in ogni caso alla fine il rischio peggiore di tutti è non correre rischi, è non misurarci con tutte le opportunità che saltano fuori dall'acqua, che cadono dal cielo, che ci danzano intorno, che proliferano da ogni parte.

21 settembre

L

A volte mi immagino come uno di quegli artisti tranquilli che fanno il loro disco di nove canzoni tutte precise, registrato in dieci giorni, con le gambe accavallate seduti sul divano ad ascoltare il risultato dei loro sforzi moderati con risultati eccezionali, e invece qui succede esattamente il contrario. Io ci divento matto dietro a una cavolo di ritmica e la smonto e la rimonto duecento volte.

Stamattina sono andato a correre con il work in progress del disco in cuffia: è tutto ancora così pieno di buchi, Madonna mia.

Tutti mi dicono di mollare un po', che i pezzi sono belli e ora mi devo rilassare e finirli in santa pace, ma io fino a quando il master non parte per essere stampato penso sempre che qualcosa possa essere migliorato, tagliato, ampliato, aggiunto, tolto. Perché poi quando il disco è fatto e finito, io devo passare oltre, me lo devo lasciare alle spalle, dopo mi devo divertire, pensare al futuro, ai concerti, allo spettacolo, il disco deve essere fatto e salutato, bye bye, e dopo non è più mio, è di chi lo vorrà adottare, io devo fare largo alle novità. Ma per ora è ancora qui, nella mia pancia, tra le mie braccia e dipende tutto da me, è solo mia la responsabilità, anche una nota sbagliata suonata da un musicista è un errore mio non suo.

Adesso sono proprio una specie di monomaniaco, lo so mi succede sempre in questa fase inoltrata del lavoro, non riesco a leggere nulla, guardare nulla, pen-

sare nulla, sono solo nelle mie canzoni e visto da fuori devo sembrare un pazzo. O forse lo sono.
Passa dallo studio, Franco, ti faccio sentire qualcosa della follia che è questo disco.

Lorenzo,

F questo è un disco di Jovanotti 2puntozero, la versione espansa di te. È un disco a più strati, semplice e ipercomplesso, pop e sperimentale, che ti prende al primo istante con un'impressionante potenza di fuoco e che poi va esplorato passo dopo passo. È un disco molto meno funky, è dance elettronica ma con una ricchezza di testi e di suoni e di toni sconosciuta alla dance elettronica. È un disco dove ogni canzone vive per conto suo ma alla fine è un disco estremamente compatto. Voglio risentirmi meglio i testi, ma al primo ascolto parole e suoni e voce e atmosfera generale hanno un'unità forte. Credo che spiazzerà molti, però gli stessi che saranno spiazzati ben difficilmente potranno resistere a tutta questa potenza. Sei dove dovevi essere, dove sentivi di dover essere, dentro e in cima al «viva tutto!».

23 settembre

L

Ho seguito sui giornali le vicende intorno al dito medio in piazza Affari, quello fatto da Cattelan. A me lui piace molto, anche se ogni volta che si parla di lui è sempre la solita storia arte non arte, bellezza non bellezza ecc. ecc. Però l'idea che lui metta una sua opera in piazza Affari e si animi tutto sto casino, cos'altro è se non arte allo stato puro? Certo qualcuno mi dice che manca di lirismo il suo gesto, e questo può essere vero, ma certi gesti molto lirici mancano di cattelanismo, allora. La verità è che Cattelan è un signor artista, uno dei nostri migliori, e si inserisce in una tradizione che ha dentro Giotto, Raffaello, sicuramente Bernini, e via via fino ai futuristi. Cattelan è come Giotto quando capisce che la prospettiva è la figata del suo secolo, e senza avere ancora una formula matematica vera e propria mette i personaggi di fronte a un punto di vista, in pratica obbliga chi li guarda a inserirsi nel paesaggio. Quello che sta lì di fronte a te che guardi gli affreschi di Assisi non sta avvenendo da un'altra parte, ma è lì di fronte a te e tu ne fai parte. Questo fa Cattelan e questo facevano i futuristi e questo fa Bernini quando progetta il colonnato di piazza San Pietro. Ti prende e ti costringe a essere parte di quello scenario. Hitler inginocchiato è lì con te e tu sei lì con lui, uniti da qualcosa di terribile ma di necessario, perché «vivere non è necessario, navigare è necessario» e per navigare bisogna guardarsi intorno, avere la vista allenata agli ostacoli e alle correnti e anche alla posizione delle stelle. Cattelan gioca e lo fa molto seriamente, ed è molto serio in maniera decisamente giocosa. Per me lui è uno di quegli artisti grandi che «semina» il mondo, è un seminatore, le sue opere si inseriscono nel paesaggio prima di tutto mentale come fossero semi e poi succede quello che deve e può succedere.

Lorenzo,

Fsai che non sono attratto dalle categorie dell'estetica e della bellezza, mi sembrano tremendamente parziali. Mi appassionano altri paradigmi e unità di misura. Voglio un'estetica del cuore, del carattere, dei gesti, degli slanci. Dell'arte mi incanta la potenza e mi delude la sua mancanza.
Non me ne importa nulla che le opere di Cattelan siano belle o no, o quanto siano provocatorie, o tutti quei luoghi comuni. Mi piace che sia vitale, che susciti energie. Mi piace che sia così spettacolarmente paradossale, che una sua opera puoi guardarla da venti punti di vista diversi, e che come dici tu entri nel paesaggio essendo paesaggio. È prendersi sempre assolutamente sul serio e al tempo stesso prendersi in giro. È crescere i bambini con senso di responsabilità che prende la forma di senso del gioco. Il tao potrebbe dire – mi permetto ardita parafrasi – che non si deve essere né seri né non seri, perché già distinguere è sbagliato.

24 settembre

Stanotte sono tornato a Cortona. Abbiamo percorso l'autostrada con una bozza di sequenza del disco. Le impressioni della Fra per me sono preziose perché lei resta sempre «fuori» dallo studio di registrazione in modo da mantenere uno sguardo fresco su quello che esce. C'è un pezzo romantico molto struggente che io avevo quasi perso di vista, si chiama *Un'illusione*, una cosa da crooner elettrificato, un pezzo nato in un minuto con il mio pianista, io facevo un giro armonico con la chitarra e lui ha trovato uno sviluppo originale per un ritornello e così lo abbiamo registrato per solo piano Rhodes e voce e adesso sta sgomitando per emergere tra i gradassi della prima fila, e ce la fa, ce la farà.

Quando ero pischello non pensavo nemmeno che le femmine potessero avere gusti musicali, nel senso che non prendevo in considerazione nulla che venisse da quella parte in quanto a scelte musicali. Il fatto che le femmine preferissero i Duran Duran ai Parliament Funkadelic e a Fela Kuti mi ha sempre insospettito, e c'ho messo una vita per togliermi questo pregiudizio. Ora me lo sono tolto, molto grazie alla Fra che è una super fan dell'indie rock e che i Duran Duran non le piacevano nemmeno da ragazzina, lei va pazza per gli Arcade Fire e per i Radiohead e così alla fine piacciono anche a me, mi ha fatto amare certe cose dei Blur che io consideravo fighetterie (Canova definisce quel tipo di musica «i figli dei ricchi che fanno il rock», è un grande). In effetti io ancora qualche pregiudizio lo mantengo su questa cosa del rock e i ricchi. I figli dei ricchi che fanno il rock (o il pop o qualsiasi musica popolare) li guardo sempre con un sospetto che io stesso trovo disdicevole. Il punto è che *Working class hero* di Lennon è una specie di comandamento per me, anche se cerco di non avere mai pregiudizi su niente. Nascere ricco può essere una benedizione ma anche no, ne ho visti di figli di ricchi che tentano di riconquistare uno sguardo rock'n'roll, ma è sempre impossibile, mi dispiace, non si può avere tutto dalla vita. Però ci sarebbe un gran bisogno di ricchi illuminati, che spendano nell'arte, che cosa bella quando un ricco fa qualcosa di bello che anche gli altri ne possono godere.

Comunque sì, sono ancora convinto che la musica sia una questione di vita o di morte, e non può essere affrontata da qualcuno che casca in piedi, non è possibile. La musica è per forza un'esplorazione di un mondo sconosciuto, una cosa erotica, emozionale, fatta di riscatto, di goduria, di voglia di successo, di seduzione, di voglia di incidere sulla realtà, e bisogna essere prudenti ma sapere bene che ci si gioca tutto. Per questo io non credo nei talent show, dal punto di vista musicale. Un debuttante deve passare attraverso dei fallimenti, degli errori, degli aggiustamenti di rotta, e questo non può avvenire in pubblico, perché un fallimento a vent'anni di fronte a milioni di persone può trasformarti in una persona infelice per tutta la vita. Una porta sbattuta in faccia a vent'anni può fare molto bene, ma se questo avviene di fronte a milioni di persone a quell'età l'effetto potrebbe essere devastante e io temo che questi talent show possano creare una tribù di infelici e gli infelici purtroppo spargono infelicità come fontane impazzite.

Lorenzo,

F ho sempre ringraziato il rock e lo sport per essere «nostri», assolutamente maschili (poi ci sono fanciulle che di rock e di sport sanno, capiscono, possiedono l'essenza, ma questa è un'altra storia). Quello che mi ha sempre messo in diretta fisiologica genetica connessione con il rock, è proprio che nel rock è questione di vita o di morte. Appena perde un minimo di questa sua natura, appena si fa manieristico, il rock smette di appassionarmi. Vale per ogni cosa ma per il rock ancora di più. Al rock non posso perdonare l'artificio. Al rock non posso perdonare se non si mette in gioco totalmente. Nel tuo disco si percepisce al primo suono, alla prima entrata della voce, che ti sei esposto a tutti i venti, che stai proiettandoti oltre i tuoi stessi confini. Quanto al limite del «rock dei ricchi», credo sia vero, almeno se i ricchi non riescono comunque ad avere una loro «fame», lo *stay hungry* di Steve Jobs. la fame non è necessariamente materiale, può essere richiamo, ambizione, missione, volontà di potenza. Devi accettare di farti male, devi accettare un rischio. Se guardi a molto rock americano o anche agli inventori di tecnologie, quasi sempre sono cresciuti su una frontiera, dove spesso la ricchezza e la povertà erano entrambe lì a un passo. È così, è davvero nelle zone di frontiera che accadono le cose più appassionanti.

27 settembre

L

Faccio 44 anni oggi, cifra doppia, e io che sono bilancia ascendente bilancia con le cose che si equilibrano ci devo fare sempre i conti. La simmetria è la caratteristica fondamentale della vita, le cose vive sono simmetriche, giusto? C'è quella poesia di William Blake sulla tigre che mi colpì in quel passaggio sulla simmetria che lui definisce «fearful simmetry». Ha ragione, in effetti la simmetria fa paura. Fa paura perché esprime un potere assoluto, quello della natura, di fronte al quale rischiamo di sentirci annientati. Le grandi dittature infatti usano la simmetria per comunicare questa sensazione di dominio degli elementi. Le parate sono simmetriche, i palazzi del potere sono simmetrici, le divise militari lo sono. Il rifiuto della simmetria è sempre un atto ribelle, un modo per uscire dalla dittatura degli elementi. Ho fatto degli allestimenti di spettacoli nei quali volutamente ho rotto la simmetria del palcoscenico mettendo la batteria da un lato e sbilanciando la posizione delle luci, poi altre volte ho avuto bisogno di simmetria, della «fearful simmetry».

44 è un'età simmetrica.
La Teresa mi ha regalato una bambolina fatta da lei con una calza e della stoffa, è un mio ritratto, con la barba e un bel sorriso.
La Fra mi ha regalato una macchina per allenarmi. Bellissima, una figata, mi verrano i muscoli anche sopra, oltre alle gambe che le ho magre ma a forza di bicicletta sono dure come pietra.

Lorenzo,
F dalle simmetrie si deve sapere entrare e uscire, rispettarle e scompaginarle. A meno che non si tratti di quelle simmetrie fatte per esercitare il controllo, quelle bisogna sempre ribaltarle. C'è una spettacolare simmetria nel nostro corpo, e poi però – almeno, a me capita così – ad attrarmi, a conquistarmi in una fanciulla, è sempre il lieve scarto dalla simmetria, è l'imperfezione, è la piccola perturbazione. Nel basket e nello sport in generale provo ammirazione per la squadra che si muove sincronicamente, per l'azione simmetricamente elaborata, e poi però ad accendermi è il gesto imprevisto. A 44 anni fai il disco nuovo e questo libro, sei nel pieno della tua esplosione espansione evoluzione, tutto sembra combaciare con tutto.
Ancora buon compleanno!!!

La Fra ha iniziato a mettere in ordine la nostra libreria. Io ho iniziato a leggere libri tardi, diciamo dopo i 25 anni, ma da quel momento ne abbiamo raccolti una marea e adesso o li mettiamo in ordine oppure lasciamo a loro la casa e usciamo noi. Il problema è che io sono l'uomo più disordinato che conosco e non appena inizio a darle una mano dopo il secondo libro che raccolgo da terra per sistemarlo su uno scaffale mi ritrovo seduto a gambe incrociate a leggerlo e mi trasformo in un intralcio. Ho proposto di assumere un bibliotecario part time ma non mi danno ascolto. Per me leggere è come ascoltare musica e infatti non riesco a leggere mentre ascolto musica, devo fare una cosa per volta. Abbiamo un sacco di libri bellissimi di ogni genere.

La Fra mi prende in giro perché ho centinaia e centinaia di libri sulle religioni, testi sacri, esegesi, apocrifi, saggi sulla natura del divino ecc., e ha ragione ma le rispondo che Dio è una roba della quale si parla da sempre e io voglio sapere tutto quello che è stato detto, ci tengo, è un argomento importante, no?

Però le donne su questo tasto non ci danno soddisfazione. E hanno ragione. Le donne che si interessano molto del divino non hanno tutte le rotelle a posto, secondo me. E infatti la mia amata Teresa d'Avila non era mica tutta sana di mente, o forse lo era troppo. Le donne sono l'ultima cosa che il Dio biblico ha creato in ordine di apparizione dopo di che si è detto soddisfatto, giusto? E allora loro sono la cosa che più assomiglia a Dio, e per questo sono esonerate dalla ricerca, loro hanno già trovato, non devono andare in cerca di un bel niente. Beate loro. E si torna a bomba a uno dei nostri argomenti preferiti: il maschile e il femminile. Il fatto che molte lingue hanno il maschile e il femminile anche per gli oggetti per esempio è una cosa che mi ha sempre colpito. Perché una brocca è femmina e un vaso è maschio. Perché «mare» in certe lingue è maschio e in altre è femmina. Franco mio, qui la faccenda è molto seria. Quando io guardo tutti i miei libri, migliaia, penso che io un giorno morirò e loro, molti di loro, resteranno lì sugli scaffali. Potresti pensare che questo è un pensiero triste e invece non lo è per niente.

Lorenzo,

F sono arrivato a una conclusione: noi facciamo imprese, conquiste, sperimentazioni, invenzioni, per arrivare a scoprire quello che loro – le fanciulle – già sapevano. Sto parlando di maschile e femminile, non di singoli uomini (la maggioranza non fa affatto imprese) o di singole donne (la maggioranza non sa già tutto, o almeno non lo sa consapevolmente). Oh, sia chiaro, la nostra attitudine mi entusiasma – questa di essere in missione, di cercare il graal – e non ci rinuncerei per nulla al mondo. Quando il maschile non è una parodia di se stesso, quando davvero conquista, protegge, inventa, sono orgogliosissimo della mia natura maschile. Però quante volte mi ritrovo a fare salti avanti, maestose evoluzioni personali, per arrivare a qualcosa che Manuela mi aveva già detto tempo prima. Loro, le fanciulle, hanno un rapporto più diretto con il metabolismo vitale. Loro non hanno bisogno di cercare qualcosa che hanno già dentro. Il guaio semmai è quando non sanno di averlo, o quando – peggio ancora – pensano di essere in una posizione di debolezza se non di inferiorità. Le fanciulle sono in una naturale condizione di divinità, e lo sono proprio in quanto fanno cose più pragmatiche, meno supereroiche e meno spirituali. Poi quelle supereroiche, Uma Thurman in *Kill Bill*, Milla Jovovich in *Resident Evil*, adesso Jessica Alba e Michelle Rodriguez in *Machete*, mi fanno impazzire, ma questa è un'altra storia.

Quanto ai libri, non ho mai capito come metterli in ordine. Non certamente alfabetico, non per generi o argomenti, tanto più che i libri più appassionanti non coincidono mai con un genere o un argomento. Ecco perché un bibliotecario non ti servirebbe (ennesima circostanza in cui la donna di casa lì da te ha ragione). Li ho sempre organizzati per mie personali affinità. Solo che poi mi dimentico perché ci ho visto affinità. Finché metto insieme Connelly, Crais, Lee Child, e poi nello scaffale a fianco Lansdale, Crumley e Don Winslow, ok, questo è facile. Anche Eggers vicino a Jonathan Lethem ha un senso. Ma perché mai avrò affiancato Martin Amis, Pynchon, Marisha Pessl e *Surrender* di Toni Bentley? E perché Nietzsche sta vicino a Kevin Kelly? Mi sto dicendo che forse è perché io li ho mescolati, perché mi sono serviti per costruire una visione o una frase, però poi non mi ricordo di quale visione e frase si tratta.

Chissà in quale scaffale lo metteranno questo nostro libro i librai, e poi chi lo leggerà...
Mi sa che proprio come il mio romanzo che ha dentro azione, filosofia, epica, biotecnologie, ma alla fine la cosa che lo anima è la storia d'amore fra lui e lei, allo stesso modo questo libro che stiamo facendo prende tutto.

29 settembre

Bolelli,
Labbiamo 27 pezzi, tutti scritti sulla lavagna, non sappiamo cosa togliere.
Stamattina stiamo finendo *Il più grande spettacolo dopo il big bang* e mi sa che è proprio bello, un pezzo da mettere alla festa della fine del mondo. Certo che nella vita non avrei mai pensato di poter fare un disco così. Ma se ci penso io nella vita non avrei mai pensato di fare niente di quello che poi ho fatto però non lo avrei nemmeno escluso se me lo avessero domandato.
Non so come il pubblico prenderà questo disco. Forse me lo rispedirà indietro lamentandosi perché non è *Safari*, non è *Buon sangue*, non è *Lorenzo 1994*, non è *La mia moto*, non è *L'albero*, perché manca questo manca quello e manca quest'altro che pensava di trovarci. Questo per me è il mio disco più im-

pegnato, anche dal punto di vista sociale, sono un cantante dei cuori e dei corpi, e questo per me è oggi il mio impegno a favore della causa della giustizia sociale e dell'evoluzione interiore dell'uomo. La politica ultimamente ha fatto manbassa di parole come «amore» e «libertà» e io adesso me le riprendo, metto le mani nel fango e mi prendo quello che mi spetta ovvero queste due parole che sono il centro del mio disco, delle mie canzoni nuove. Avrei potuto scrivere una canzone sulla questione del lavoro e di cosa sta diventando, sulla questione dell'immigrazione, sulla prospettiva nucleare, sulle tecnologie, sulla guerra, sulla destra e sulla sinistra, avrei potuto e ho anche cercato un modo per farlo, ma nulla ha la forza di una canzone che parla della vita e che ne evidenzia gli aspetti energetici profondi e quelli superficiali. Il mio amico Michael Franti, un grande americano considerato uno dei fondatori del conscious rap, un giorno ha deciso di prendere una chitarra e di andare a Baghdad, giuro. È arrivato a Baghdad con l'intenzione di suonare nelle mense dei militari, nei bar degli iracheni, nelle scuole, negli ospedali, nelle strade. Una follia. Lo ha fatto davvero. Mi ha raccontato che i primi giorni suonava le sue canzoni più impegnate e la gente, militari e civili, americani e arabi, reagivano in modo educato e composto ma nulla accadeva davvero. Poi ha iniziato a suonare *What a wonderful world*, o *Wait in vain* e altre canzoni romantiche che parlavano di baci, di attese, di gioia, di redenzione, e davanti a lui i volti si coprivano di lacrime e di sorrisi, e la gente si com-

muoveva e lo ringraziava. Qualcosa accadeva davvero, la pace diventava reale in quel momento, non un ideale ma qualcosa di realizzato nel cuore di quel momento. I ragazzi incrociavano sguardi con le ragazze e qualcuno ballava, partivano dei cori.
È stata una grande lezione per lui, abituato da sempre a usare la musica come uno strumento di affermazione di un'idea si è ritrovato a vivere la musica come uno strumento misterioso, più misterioso.

Lorenzo,
F è essenziale comunicare e condividere che ti metti in gioco, che parti da un'identità forte che ha sempre prodotto enormi successi e però la vuoi espandere e reinventare.
È essenziale comunicare e condividere che il valore più grande della vita è la vita stessa, tutta, senza condizioni.
È essenziale comunicare e condividere che il solo modo per salvare il mondo non è salvarlo ma vivificarlo, energizzarlo, fargli brillare gli occhi e muovere i fianchi e battere il cuore e potenziare i muscoli e scatenare i sensi. Questa è politica vitale, politica biologica, politica evolutiva. Questo è un disco dove il pop diventa davvero grande onda, dove esprime la sua definitiva superiorità, dove è Dio che danza.

1 ottobre

L

Ieri notte è stato qui in studio Gabriele Muccino con Angelica e abbiamo fatto le tre a sentire i pezzi nuovi. Stamattina mi ha mandato un sms che potrei decidere di tatuarmi sul petto: «Attraversa pareti invisibili caricando l'anima di energia vitale. La potenza è nel tuo vissuto che diventa suono e musica. Gli strumenti per dare ritmo e pienezza sono molto molto sapientemente usati e sofisticati, sensuali seppur sintetici. Mi ha proprio colpito». Mica male!
Come dice Harvey Keitel in quel passaggio di *Pulp Fiction* «non è ancora il momento di farci i pompini a vicenda», però insomma un maestro nell'arte di raccontare storie che mi scrive un sms così fa piacere. Ma non devo perdere la concentrazione, oggi ci aspetta un altro giorno di lavoro poi stanotte torno a casa.
Ho molta stima di Gabriele. Da molto prima che io facessi *Baciami ancora* che la Francesca mi continuava a ripetere ogni volta che veniva fuori qualcosa di Muccino «tu e lui vi dovete incontrare, tu e lui avete delle cose da dirvi, tu e lui sembrate fratelli». Poi è successo e abbiamo fatto un bel colpo insieme.
La prima volta che ascoltai un disco di Ben Harper pensai «mi piacerebbe incontrarlo, questo è un maestro, si sente...» e dopo qualche anno senza aver fatto niente di preciso è accaduto e abbiamo fatto la mia canzone *Fango*. Sono cose che accadono. La magia esiste. È forse l'unica cosa che esiste.

Ieri sera si ragionava sulla questione dell'amore, delle canzoni d'amore, dell'amore nei film, dell'amore come tema di un racconto di qualsiasi tipo. Come ti ho spesso detto io non avrei mai pensato di cantare canzoni d'amore e che queste diventassero rilevanti in un mio disco. Oggi, all'età simmetrica di 44 anni, mi accorgo di aver impiegato dodici album per arrivare a un'evidenza: l'amore è il racconto nel quale può starci tutto. Epica, politica, pensiero, rabbia, redenzione, riscatto, coraggio, paura, ambizione, ecc., sono il contenuto di una canzone che abbia l'amore come tema. Per intenderci, la guerra di Troia vede al centro la vicenda di Elena, tutto si fa intorno a quella cosa. Ulisse torna a casa dalla sua donna e Omero scrive l'*Odissea*. Dante si invaghisce di Beatrice e ci scrive la *Divina Commedia*. Orlando ha non pochi problemi sentimentali con Angelica e da quella roba nasce il poema. *Pulp fiction* inizia con la coppietta di rapinatori sgangherati nel diner. Uma Thurman e Bill hanno dei problemi da risolvere nella loro vicenda. Senza Olivia Braccio di ferro non sta in piedi. E via discorrendo. Insomma mi sono accorto che in una canzone d'amore ci posso mettere tutto quello che prima avevo bisogno di mille giri di parole per dire. In una canzone d'amore io posso fare politica, la posso fare davvero, non sto scherzando, politica umana, politica delle emozioni, politica della vita e dell'anima.
Ho scoperto l'acqua calda e l'acqua calda ha la caratteristica di raffreddarsi con facilità. Quindi mi metto al lavoro per tenerla sul fuoco.

Lorenzo,

F io ho sempre prepotentemente voluto di più: l'amore come grande impresa mitologica, il big bang. Poi mi sono finalmente reso conto che l'amore può essere davvero una grande impresa non se rimane un gesto epico ma se funziona con un metabolismo biologico, se non la smette mai di produrre slanci impulsi milioni di gesti quotidiani. Così credo che proprio questa sua natura lo renda assoluto. Chiaro che ci sarà tanta gente che snobberà il tuo disco e anche questo libro: però credo che tanto il disco che il libro possano – proprio per la loro natura di manifesti vitali – funzionare da punto di incontro, da richiamo e poi da evidenziatore e da moltiplicatore per tante persone con dentro una forza vitale. È quello che cerco da anni, mi sa che ci siamo.

3 ottobre

L Un giorno sono andato a fare un tatuaggio da un pazzo a Los Angeles, una vergine di Guadalupe, Madonna messicana che mi protegge. Dopo quattro ore di punture la Madonna era lì sul mio braccio, bella davvero. Il tipo guardandola mentre gli sganciavo i dollaroni mi ha detto «il miglior tatuaggio che ho mai fatto...» e ok, sono uscito con una bella stretta di mano e la mia Madonna per la vi-

ta. Il giorno dopo ho mandato lì Saturnino a farsi tatuare un samurai e dopo le sue quattro ore e i suoi dollari il vecchio tatuatore guardandolo gli ha detto «il miglior tatuaggio che io abbia mai fatto...». E così ogni volta ci ridiamo con Saturno e quando facciamo un pezzo nuovo diciamo sempre «the best I have ever done...», imitando l'accento da Hell's Angel del tipaccio. Non credo che Baby Ray, il tatuatore, fosse proprio sincero ma io Franco lo sono, io voglio che il mio disco sia il migliore mai fatto ogni volta. Non sempre magari ci si riesce, ma sempre ci si prova.
Sono qui a casa che mi scambio email con Michele Canova che è in studio a Milano e sta lavorando a *Le tasche piene di sassi*, uno dei pezzi cui tengo di più, e l'ho lasciato solo a tentare soluzioni le più disparate per tirare fuori l'anima della canzone per poi poter dire come Baby Ray: «the best I 've ever done».

Hai visto Valentino in Giappone stamattina? Favoloso, davvero favoloso, una battaglia per il terzo posto con Lorenzo che nemmeno Ben Kenobi e Darth Vader nel primo film di *Star wars*. E Vale ha vinto ed è riuscito nel capolavoro ovvero fare in modo che nel giorno in cui Lorenzo si aggiudica il mondiale matematico non salga sul podio ma resti giù. Figata, mi piace da matti Valentino, il suo spirito in gara è favoloso. Lui terzo, Lorenzo quarto. Mi prende in giro perché quando riceve i miei sms gli appare Lorenzo. Ma sono io quello originale.

Lorenzo,

F ogni cosa andrebbe fatta perché sia la migliore mai fatta. La miglior canzone, il miglior libro, il miglior sesso, il miglior progetto, il migliore giro in bici, tutto quanto. Si dovrebbero fare soltanto cose di cui essere assolutamente orgogliosi. In ogni scelta, in ogni progetto, in ogni relazione, ci sono cose che facciamo perché è necessario, perché è giusto, perché è bello o divertente, e tutte queste cose vanno benissimo. Poi ci sono le cose che si fanno perché senti che ne sei e ne sarai orgoglioso, e queste sono le scelte, i progetti, le relazioni, le azioni, assolutamente superiori. Un disco non puoi farlo senza sentirlo definitivo, best ever. Ce lo si può dire sempre come un mantra evocativo, e poi trasformarlo in missione, rubare il fuoco agli dèi facendoli anche ridere.

6 ottobre

Non è vero che le cose nascono come reazione al

L proprio contrario, la bellezza ispira bellezza e la merda ispira merda, l'oppressione opprime e la libertà libera. Il coraggio ispira coraggio, la codardia ispira codardia. Non è vero che serve un nemico per sviluppare una forza, casomai serve un avversario, qualcuno che comunque corra sulla stessa pista, ma un avversario non è un nemico. Mi ha sem-

pre fatto impazzire quel passaggio dell'*Orlando innamorato* di Boiardo in cui i due cavalieri si danno mazzate all'ultimo sangue fino a crollare a terra uno di fianco all'altro e insieme con lo sguardo verso il cielo guardano le nuvole e parlano del senso della vita, non meno avversari di prima.
Perché ti scrivo questo? Non so bene, forse per via del fatto che abbiamo tanto bisogno di orizzonti ampi, non ne abbiamo mai avuto così bisogno. Abbiamo un urgente bisogno di guardare le nuvole insieme ai nostri avversari. Avversari? Io non ho avversari... Ma chi l'ha detto? Io sono il mio avversario principale naturalmente, è lampante, non il mio nemico, ma il mio avversario sicuramente sì, oltre a essere il mio alleato.
Mi è piaciuto *Inception* perché ricollegandosi a molta letteratura partita da *Gilgamesh* fino a Borges rilancia l'argomento della realtà e dello specchio delle realtà. Vita reale e sogno, aldiqua aldilà, e lo fa con un gran bel gioco di intrattenimento. Prima di tutto il film è un grande pezzo di entertainment e al centro c'è una storia d'amore e di vita vera. Insomma *Inception* è quel tipo di film che mi fa venire voglia di fare bene, di essere all'altezza del mio compito.
Viva tutto!!!

F

Lorenzo, non ci ho mai creduto che si cresce per opposizione a qualcosa. O meglio, l'ho visto accadere ma ho sempre pensato che essere il contrario degli altri non è troppo diverso da essere uguali agli altri: comunque è agli altri che fai riferimento. Quanti ne abbiamo visti di ribelli che diventano come i loro genitori, e di rivoluzionari che diventano oppressivi? È uno dei motivi per cui non mi riesce di odiare nessuno: se li odiassi, mi sembrerebbe di condividere qualcosa con loro. E viceversa è uno dei motivi per cui mi entusiasmano le condivisioni calde. Non mi importa nulla che qualcuno abbia idee diverse dalle mie, magari anche opposte: mi interessa che abbia coraggio, generosità, vitalità. Quelli così mi arricchiscono anche quando magari siamo in competizione. Gli altri mi annoiano anche se hanno le mie stesse idee. Quando dico che abbiamo assoluta necessità di evidenziare esempi propositivi, è proprio questo che voglio dire: tanti per acquistare fiducia in se stessi hanno bisogno di vedere che altri lo hanno fatto con grandi risultati. Un role model non deve essere buono e virtuoso, deve con la propria energia suscitare l'energia di altri. Vorrei tanto che questo libro servisse ad altri per valorizzare se stessi.

Sto iniziando a ragionare sui miei prossimi concerti.

L Mentre Michele lavora sui pezzi, io nei ritagli di tempo giro in rete a guardare cosa c'è in giro in quanto a tecnologie video e luci, a novità in ambito live. Sento che si sta formando la visione che guiderà il prossimo tour. Qualcosa so già.

Il crooner elettrico. The electric crooner. Chi è il crooner elettrico? Una via di mezzo tra Dean Martin e Ian Solo con qualcosa di Fred Astaire e qualcosa di

Robocop e del personaggio di Matt Damon in *Bourne identity*. Un po' dj un po' clown, un po' rockstar e un po' padre di famiglia. È un percorso che mi diverte molto e mi emoziona. Per mettere in scena il crooner elettrico ci vuole un disco come quello che sto facendo e un grande spettacolo. Molto tecnologico e molto fisico ma dove ripensare del tutto gli stereotipi del rock. Per esempio non voglio una band tradizionale sul palco disposta secondo l'iconografia pop-rock ma voglio un laboratorio orchestra, il palco deve essere un centro ricerche e insieme una sala giochi, una palestra. Mi piacerebbe avere tre batterie sul palco ma un solo batterista, però ogni tanto Saturno (che è un grande batterista) potrebbe affiancarlo alla batteria e lo stesso Franco Santarnecchi, il mio tastierista, che è un bel batterista pure lui. Sai che penso? Che dopo la nascita di «guitar hero», non può più esistere la figura del «guitar hero». Oggi ogni musicista è un musicista totale, nessuno è più solo un batterista o solo un chitarrista o solo un bassista, oggi ogni musicista è anche uno scienziato. Quindi la mia band sarà un laboratorio, un motore, ecco, sarà un motore, una squadra corse e io sarò il pilota. Insomma ne vedremo delle belle.

Lorenzo,

F credo che il live stavolta potrebbe assomigliare all'idea che mi avevi raccontato del tuo *Orlando furioso*. Questa storia di essere crooner romantico, artista marziale, atleta, padre di famiglia, ricercatore, supereroe, e tutte quelle altre cose, credo funzionerebbe proprio perché tu sei tutte queste cose. Sto tentando di farmi venire in mente qualcosa che ci assomigli, ma credo che si debba cercarlo fuori dalla musica: semmai è come un film con dentro tutti i generi epici, ma senza nessuna citazione esplicita, niente collages postmoderni. Mi hai catturato con questa cosa, credo andrò avanti a pensarci tutta la sera.

9 ottobre

L

Oggi John Lennon compirebbe 70 anni, tutti si chiedono cosa farebbe oggi, come sarebbe oggi il vecchio John. Non riesco proprio a immaginarmelo. Capita con le persone che ci lasciano, non riusciamo a pensarle con un seguito possibile su questa terra. La loro morte inizia a sembrarci ineluttabile, ogni tentativo di immaginarli ancora vivi si rivela impossibile, e forse è giusto così.
Hai visto *Amabili resti* il film? Te lo consiglio, è un bel film e la cosa più interessante è come il regista sia riuscito a raccontare l'aldilà in modo pop e poetico. Ecco io l'aldilà me lo immagino proprio come ha fatto Peter Jackson, e anche se non sarà così, io preferisco immaginarmelo così, chi me lo impedisce? Le vi-

sioni dell'aldilà che ci ha fatto pervenire la storia mi piacciono molto e me le prendo tutte, non rinuncio a nessuna, l'unica che davvero non mi convince è quella materialista anche se forse dicono sia quella più plausibile. Sarà... io preferisco pensare cose scintillanti.
Lennon. Ricordo che mi fece piacere sapere che siamo dello stesso segno zodiacale. È un piacere un po' narcisista me ne rendo conto ma non posso negarmelo. Siamo entrambi della bilancia. Lui però è Lennon, e io ora sto ascoltando una sua playlist che mi sono fatto e gli rendo grazie, ammiro quella via lattea di opere che ha lasciato al centro del mio cielo. *Woman* è... *Woman*, che canzone! E *Jealous guy*? Madonna mia che canzone. E *Whatever gets you through the night*? In alto i cuori.
Lennon. Andavo in terza media, la notizia del suo omicidio, e mio fratello Umberto che comprò la cassetta di *Double Fantasy* che uscì poco dopo. Di Lennon come di tutti i cantanti la prima cosa che mi arriva è la voce. Non l'estensione, non l'intonazione, non la tecnica ma la voce, la «grana della voce». Nella voce c'è tutto, Franco, lo sai come la penso. La voce di Lennon è subito lì, non fa nessun giro, esce dalla sua bocca e arriva diretta al centro emozionale. Un cantante grandioso. Come Sinatra, come Dylan, come Cohen, come Neil Young, come Nina Simone, come Celentano. Che bella la voce di Lennon.
Mentre ascolto questa playlist mi accorgo che certe canzoni come *Power to the people* o *Give peace a chance* appena partono si collocano subito nel tempo

come foto in bianco e nero, mentre certe altre come *Beautiful boy* o *Woman* sorpassano tutte le contingenze e si piazzano nel cuore come dei piccoli assoluti senza tempo. Però Lennon è sia l'una sia l'altra cosa e i due aspetti si nutrono a vicenda.
Mi piace pensare che Lennon fosse un uomo con grandi contraddizioni. Quando guardo i suoi passaggi in tv, le sue interviste, vedo un uomo nervoso, agitato, compulsivo nel parlare di pace, di giustizia, e questo me lo fa amare di più e non di meno.
Pensa a questa catena di coincidenze: il padre di Lennon lascia lui e sua madre quando il piccolo John ha 5 anni. John Lennon lascerà suo figlio Julian e sua moglie quando Julian ha 5 anni. Poi si sposerà con Yoko e nascerà Sean e John verrà ucciso quando Sean ha 5 anni. Che ne dici?
Scorrono queste canzoni mentre ti scrivo e mi scoppia il cuore amico mio. Quanta bellezza esiste al mondo. E quanta bellezza possibile, quanto dolore, quanta redenzione, quanta follia, quanta allegria. E tutto questo può stare in una canzone.
Qual è l'insegnamento più importante che ci ha lasciato uno come Lennon? Lasciami pensare… Ci sono. Lennon è uno che ha vissuto.

F Quando qualche tempo fa ho fatto una playlist dei Beatles, mi sono reso conto che il novanta per cento delle canzoni le cantava John Lennon. *Strawberry Fields* – anche nella versione espansa di *Love*, l'album per lo show del Cirque –, *I'm Only*

Sleeping, *She said*, *Tomorrow never knows*, *A day in the life*, *I am the walrus*... lui aveva un tocco obliquo, ellittico, tanto nella struttura delle canzoni quanto nella voce. Mi spiace che quando si parla di Lennon molti lo associno a *Imagine*, che era una delle sue cose più sedute e retoriche. D'altra parte è come dici tu, *Imagine* – come *Mr. Tambourine Man* per Dylan – appartiene alla storia sociale.
Se ci pensi, è la stessa cosa con l'aldilà. La visione paradisiaca non mi prende perché mi sembra *Imagine*, è troppo facile, consolatoria. Quella materialista alla fine è come una canzone di protesta. Personalmente temo che sia vera, però allora voglio vivermela come facevano i greci, pensando che tu esisterai ancora se qui e ora compi qualcosa che può essere ricordato. *Amabili resti* è uno splendido libro, e il film è riuscito reinventandolo a essere all'altezza. In ogni modo, la tua attitudine «anche se non è così a me va bene vivermela così» non fa una grinza. Tutto quello che serve a rafforzarci è buono.

10 ottobre

L

Ma l'hai vista la gara in Malesia di Valentino? Oggi devo stare attento a prendere la moto, dopo aver visto una gara così mi viene voglia di piegare in curva anche con il motorino e ho ancora settima-

ne di lavoro in studio che non devo mettere a rischio. La moto è bella perché è a portata di mano, un'automobile da corsa è un sogno distante, mentre una moto può arrivare a 14 anni sotto forma di motorino da truccare, da far rendere al massimo. E poi si sta con il corpo esposto, la moto e l'uomo diventano un essere unico, un centauro, appunto. Uno come Valentino andrebbe insignito del premio Nobel per l'energia, se ne esistesse uno, per quanta adrenalina trasmette a chi lo guarda correre. Che poi se alzi il velo e guardi quanto lavoro c'è dietro alle sue vittorie fa impressione. Quanta concentrazione, quanta passione, quanta attenzione e poi quando scatta il semaforo del via quanto divertimento. Si ritorna sempre lì al mio caro Ariosto. I paladini si divertono come dei pazzi a darsi delle mazzate. Tutto in pieno sole, e tutto in piena luna.
Sole pieno e luna piena insieme, in simultanea.

Lorenzo,

F mi piacciono le persone che fanno il loro lavoro quotidiano con impegno, le rispetto profondamente. Però è quando fra chi sei e la tua professione non c'è distanza che accadono le grandi imprese. È quando vieni pagato e magari hai successo per fare qualcosa che faresti comunque (la parola professionista, che implica un certo distacco, mi ha sempre suscitato diffidenza). È quando non esiste alcun confine fra lavoro e tempo libero, perché non puoi e non vuoi andare in vacanza da te stesso. È quando non sai nemmeno quando stai lavorando e quando stai giocando, tanto le due cose sono inestricabili. Quello che Valentino fa è mettere la passione al primo posto, è avere un fuoco e nutrirlo. Ed è – questo è davvero essenziale – non accontentarti del tuo talento e tanto meno compiacertene, ma alimentarlo con il lavoro duro, è essere profondamente consapevole che chi ha talento ha più responsabilità degli altri, non certo meno. La mancanza di volontà, di dedizione, è pessima per chiunque ma è assolutamente imperdonabile per chi ha talento.

13 ottobre

Mentre cerco una rima per chiudere una strofa di un pezzo, sto seguendo in diretta sul web il salvataggio dei 33 minatori cileni. Ogni tanto butto un occhio al monitor e ho il cuore colmo di emozione per una cosa che in fondo è piccola paragonata alla contemporanea perdita di chissà quante vite che potrebbero essere salvate in giro per il pianeta, che non sono intrappolate nel fondo della terra ma in altri tipi di fondali, di baratri, di oscurità. Ma è questa la potenza di una webcam che ci permette di vivere in diretta una cosa del genere e di identificarci con quelle facce che sembrano le facce di gente che conosciamo. Ognuno di questi minatori che torna in superficie assomiglia a qualche mio zio, a qualcuno con cui una volta ho fatto due chiacchiere in qualche angolo del mondo. Mi accorgo che la verità è che somigliano a qualcuno perché gli esseri umani nelle condizioni estreme si somigliano sempre. Sono sicuro che se io fossi perduto in una galassia minacciato di morte da un commando alieno e insieme a me ci fosse solo un eschimese, io e l'eschimese ci scopriremmo somiglianti, fratelli. Sono un sentimentale, Franco, ma io di fronte a queste immagini mi sento davvero esplodere di commozione, perché io quelli lì li conosco tutti, so chi sono, sono gli umani. Hai presente gli umani? Eccoli lì che salgono per settecento metri dentro a una cabina stretta come una risonanza magnetica, e mostrano al mondo la loro faccia di lavoratori, segnata e felice e ogni boccata d'aria è come oro. Come oro.

F Lorenzo, una volta ero davanti alla statua dell'orso nel mezzo di Ucla, era il primo giorno di college e vedevo passare gli studenti, e ho avuto un moto di tremenda empatia: desideravo che a ognuno di loro andasse bene, che il carico di aspettative che riponevano su se stessi o che altri riponevano su di loro fosse ricompensato, che potessero non deludere mai nessuno e non essere delusi. Non mi importava chi fossero, forse a conoscerli più da vicino una discreta parte di loro mi sarebbe sembrata scadente: però sentivo – io che ho meno senso spiritualista di una rana – una specie di respiro che arrivava da tutti

loro, e volevo che quel respiro diventasse di sollievo e di soddisfazione. Ecco, lì li ho sentiti – io che a sentir parlare di fratellanza reagirei come John Belushi quando fa a pezzi la chitarra del cantante folk in *Animal house* – proprio come umani e basta, senza definizioni, senza giudizio, pura natura umana.
E poi credo che solo nei momenti caldi, difficili, drammatici, o quando fai un'impresa, vedi davvero come sono le persone e come appunto nel cerchio di fuoco di questi momenti si creano simbiosi inaspettate.
Mi sono sempre tenuto a distanza da tutte le comunità fondate su un'identità ristretta, ideologica, religiosa, culturale, politica: con gli umani voglio condividere nient'altro che il soffio vitale. Parlavamo qualche giorno fa di Giovanni Lindo Ferretti: ecco, con Giovanni condivido più o meno nulla, non solo adesso che si dice ratzingeriano e antimoderno ma anche quando era punk e filosovietico e così via. Però con Giovanni mi sembra – anche se lo vedo pochissimo – di condividere proprio l'essenza, mi fido di lui. Giovanni che sta in montagna con i suoi cavalli è per me come l'eschimese rapito dagli alieni con te.
Amo la forza, la durezza, i caratteri anche sfrontati. Ma anche il sentimentalismo, quello che si sdà di più. Senza il sentimentalismo non si fanno grandi imprese. Ti abbraccio.

14 ottobre

L

Vicino allo studio dove sto facendo il disco c'erano vecchie strutture industriali che hanno buttato giù e stanno costruendo un'astronave architettonica tutta di ferro e vetro, una cosa bellissima. In lontananza si vede la cupola e il campanile di una chiesa rinascimentale e intorno c'è il naviglio e… insomma mi piace questa roba.
Mi piace quando una città ripensa se stessa e punta un dito verso l'alto. L'architettura può fare molto per lo spirito di una città, ne sono sicuro, tra musica e architettura ci sono più analogie che tra tutte le altre arti.
Sei mai stato a Rio de Janeiro? Ecco per me tra tutte le città che ho visitato è quella più bella, per questa totale mescolanza di modernismo natura e precarietà. La sua caratteristica principale è di non avere una periferia per cui i quartieri più popolari (*favelas*) sono intrecciati con le zone borghesi e con i quartieri residenziali in modo caotico e molto vitale. Certo questo provoca non pochi problemi ma provoca anche non poche opportunità. È contemporaneamente un luogo ricco e uno povero, un luogo avveniristico e decrepito.
Franco stiamo lavorando tantissimo. Voglio chiudere il disco nei nove mesi di una gestazione naturale di un essere umano e ho scommesso che lo farò. Poi devo giustificare a me stesso il fatto di essere lontano da casa, dalle mie donne, dal letto della mia mamma.

Mio fratello, mia sorella e il mio babbo sono ogni giorno da lei e mi dicono di lavorare, vado giù domani notte.
Il disco adesso è nel momento in cui con il montaggio può diventare dieci dischi diversi e bisogna essere molto concentrati e istintivi nello scegliere quello che poi sarà il disco che si stamperà.
Comincio ad avere buone visioni per il concerto e per i video e questo è un buon segno.
Ciao grandmaster Frank,
il tuo crooner elettronico preferito.

Lorenzo,
F credo che poche cose quanto l'architettura possano esaltare o deprimere non soltanto una città nel suo insieme ma la nostra percezione, la nostra affezione verso i luoghi in generale e quello in cui viviamo in particolare. Mi piace quando una città ti offre opportunità diverse, storia e innovazione e intimità e condivisione. Mi piace Los Angeles perché in dieci minuti passi dalla spiaggia ai grattacieli ai canyon al tecnotrendy ai locali alternativi. Mi piace Milano – no anzi, adoro Milano – non soltanto perché è il «mio» posto, ma perché te la devi scoprire, non ti si offre platealmente, devi farti da te la tua mappa e i tuoi percorsi. Certo, abito in centro: appena te ne allontani è facile imbattersi nei problemi e nelle brutture. Lunedì per quattro giorni vado a Londra e poi a Cardiff con mio figlio che arriva da Los Angeles.
Il disco, chiaro che sei al momento delle grandi scel-

te. Cosa scegliere, come mescolare, in che ordine. Credo che ogni grande progetto abbia bisogno prima di una visione forte e lucida e poi di un capriccio, di uno scarto, un tocco che tu per primo non ti aspettavi prima che ti uscisse dalle mani. Sei sotto pressione, lo so: ma d'altra parte è quando la palla fra le mani pesa di più e si fa incandescente che quelli con il carattere tirano fuori il meglio di sé.
Chiaro che sei il mio crooner elettronico preferito!

16 ottobre

L
Grandmaster Frank (grandmaster viene dall'ascolto recente di molto hip hop old school, che insieme alla classica è il mio genere di decompressione). Da Milano ieri con stereo a volume da gangster di Los Angeles sono tornato dalle mie parti per stare con le mie ragazze compresa quella più anziana che non migliora, sono quattro mesi esatti che sta su quel letto e nelle ultime settimane si sveglia pochi minuti al giorno. Ieri sono stato con lei fino a sera, da soli separati da una tenda dal paziente maschio che divide la stanza con lei. Ho dato il cambio al mio babbo e poi è arrivato mio fratello Bernardo a dare il cambio a me. Lei dorme, dietro alle palpebre muove gli occhi, dicono che quando succede significa che stiamo sognando. Sognare. Prima dell'emorragia cere-

brale la mamma dormiva poco, di notte si alzava spesso, e mi raccontava di passare un bel po' della notte sveglia. Ora dorme sempre, spero che faccia sogni belli. Osservando le sue espressioni si direbbe di sì. Qualche volta fa piccole smorfie di sorriso, come fanno i neonati. Ora è a Perugia, ospedale universitario, giovani medici specializzandi che fanno il possibile.

Tornerò a Milano lunedì mattina per una nuova settimana di lavoro. In studio facciamo orari da pazzi, visti da fuori io e Canova sembriamo due che stanno costruendo il prototipo del nuovo apparecchio per il teletrasporto, e visti da dentro non siamo poi tanto distanti da quell'idea. Abbiamo tirato fuori un paio di idee nuove perché vorrei ingrassare la parte del disco più «dance» perché sento che quella roba mi riguarda, mi emoziona, mi serve. Lunedì mattina metterò il titolo dell'album su Twitter e poi ovunque. Cominciamo dal titolo. Poi ci sono delle belle novità. Il 4 novembre vado a Parigi a registrare un pezzo con Amadou e Mariam, che mi hanno dato l'ok proprio ieri. Sono una coppia di artisti del Mali, due che mi piacciono da matti, a cavallo tra una forte tradizione e un suono urbano e aperto al nuovo. Grande classe, grande feeling. È un pezzo divertente e caldo che ho scritto pensando all'Africa, ma pensando al bello dell'Africa, al suo «stile». È una canzone per fare festa, e con loro verrà fuori una figata. Poi il 20 novembre andiamo a Londra a registrare l'orchestra in un paio di pezzi, scritta e diretta da Paolo Buonvino, il più bravo degli autori di colonne

sonore della nuova generazione italiana, un vero musicista coi fiocchi.
Quando finiranno questi 9 mesi di studio mi sentirò un reduce, poi inizierà il nuovo viaggio, quello delle canzoni da sole, e staremo a vedere.
Intanto cominciano ad arrivare suggestioni visive che mi condurranno ai video, che sono un'altra parte avvincente di questo mio mestiere. Mi piace fare i video, è pure quello un modo per inventare cose. E il tour? Il tour sarà una bella avventura, da pensare, da mettere in piedi. Voglio far passare serate indimenticabili. Sto lavorando per questo.
Oggi su «Repubblica» c'è un pezzo sulle previsioni future di cervelloni e uomini di cultura. Tempo fa «Il Sole 24 Ore» mi ha chiesto di partecipare a un forum sulla stessa cosa, quasi ogni giorno su un quotidiano qualcuno parla del futuro. Ma è sempre stato così? Non mi sembra. A forza di parlare di futuro si rischia di annoiarci anche del futuro. Dovremmo prevedere meno e costruirne di più. Una frase mi ha colpito: «il futuro non si prevede, si inventa», bella no? Sono d'accordo. Le previsione sul futuro non ci azzeccano quasi mai. Il futuro va «detto» e poi va fatto, non va previsto. È come quel gioco a biliardo dove si dichiarano i colpi. Non è che io mi appresto a tirare di stecca e «prevedo» che manderò l'undici in buca d'angolo. Io lo DICHIARO, e poi se non ci va ho perso ma intanto ho modificato la situazione delle palle sul tavolo dando comunque il contributo alla partita anche se non alla mia vittoria. Comunque un articolo interessante. In effetti questa è un'epoca in-

credibile, davvero lo è. Pensa solo alla genetica, o alla rete, mamma mia che roba.

Ho ascoltato un pezzo del nuovo disco dei Club Dogo, una band di rap italiana che inizia dicendo «Jovanotti perché non dici che oggi i giovanotti si sfondano di cocktail e pippotti...?», una specie di appello ad affrontare argomenti di attualità con le mie canzoni che forse si sono fatte troppo distanti dai temi sociali, credo che intendano dire questo i Club Dogo. E ci ho riflettuto, in realtà durante la realizzazione di questo disco. È che io sto provando a fare come quel giocatore di biliardo. Dichiaro che la vita non è mai stata così degna di essere vissuta fino all'ultimo come adesso e poi do il mio colpo di stecca meglio che posso e vediamo cosa succede. Non voglio criticare le regole del gioco, non ora, non voglio lamentarmi che c'è qualcuno che frega e che i giocatori sono tutti dopati, non servirebbe, magari rafforzerebbe le fila degli indignati. Gli indignati non hanno bisogno di me, delle mie canzoni «di protesta», io oggi preferisco dare il mio contributo facendo una musica che viene fuori dalle vene più che dalla testa, dalla pancia più che dalla penna. Io voglio giocare tutto nella metà campo dove si segna, non cerco una squadra, non cerco consenso alle cose che penso, consenso generale e nemmeno consenso di una parte, io sto provando a fare una musica buona per i luna park e per le camere da letto. Io non sono nessuno per dire che i ragazzi oggi consumano più coca che parmigiano reggiano, e non è un dato

oggettivo che io posso verificare di persona, mentre un pugno in un occhio lo posso verificare, un bacio lo posso verificare, un brivido lo posso verificare, una statistica no. I ragazzi, le persone, sono tutte diverse, ognuno ha una storia, ognuno ha un motivo, non ci sono ricette che valgono per tutti. Io posso fare la mia parte impegnandomi a fare un bel disco, un bello spettacolo, che abbia una luce, una brillantezza, una personalità, e che non sia omologato a nulla, per quanto mi sarà possibile.
Sto cercando la magia Franco, e lo dichiaro.

Lorenzo,
Fa me l'idea che si debba parlare di quello che non va, delle disfunzioni, sembra quanto di più inutile. Lo fanno già in tanti, anche troppi. Invece pochi, troppo pochi, tentano di mettere a fuoco come si fa, come si può rafforzarsi, creare, in mezzo a quello che non va e alle disfunzioni. La cosa più dura, davvero estrema, che puoi fare contro chi compie soprusi non è inveire, ma creare qualcosa di più grande, mostrargli che a dispetto delle sue porcherie tu puoi esplorare, inventare, volare più in alto mentre lui tenta di trattenerti nella sua melma. Produrre vita, ricchezza vitale, e condividerla è più appassionante, e anche più politico, che produrre resistenza e risentimento.
È la stessa cosa del libro raccontato oggi da «Repubblica», *Come cambierà tutto*: pensa se gente – scienziati, inventori, ricercatori – come Steven Pinker, Ian

McEwan, Chris Anderson, Kevin Kelly, Brian Eno, Garrett Lisi – invece di creare, di proporre scenari più vivibili e scoperte che possono espandere la nostra esistenza, si limitassero a indignarsi e a stigmatizzare i governi, o le multinazionali, o la volgarità della tv. Che spreco che sarebbe! Pensa quanta ricchezza inventiva e umana andrebbe perduta! La storia e il futuro e l'intera esistenza sono innanzitutto quelli che ti fai. O che anche se i condizionamenti e le difficoltà esterni sono pesanti, tu devi comunque tentare di mettere al mondo qualcosa di più degno, di più forte, di più tuo.
Il disco è cresciuto così in simultanea con queste cose che stiamo scrivendo che mi prende quanto questo libro che stiamo facendo. E poi vedo quando passi a colazione la luce, l'energia, la tensione, anche il groviglio di nodi, che ci stai mettendo.
May the force be with you, crooner elettronico.

17 ottobre

L

«Sentire una persona colta di oggi che scherza e quasi si vanta della sua ignoranza scientifica è altrettanto triste che sentire uno scienziato che si vanta di non aver mai letto una poesia. Poesia e scienza sono entrambe creazioni dello spirito che creano nuovi modi di pensare il mondo per farcelo meglio capire» è scritto oggi sulle pagine domenicali del «Sole 24 Ore», cito a memoria. Si riferisce a un libro uscito in Usa dove un grande scienziato appassionato di poesia scopre che Dante aveva descritto l'universo alla fine del suo Paradiso come lo avrebbe fatto Einstein 800 anni dopo. Uguale, stessa roba. Mica male? Ti scrivo ascoltando una raccolta delle canzoni dai film di Fred Astaire. Fred non aveva una gran voce, davvero non ce l'aveva, però di domenica mattina questa roba fa piacere e Fred mi fa pensare a quando guardavamo i suoi film alla sera con la mamma. Alla Rai, dopo cena. *Papà Gambalunga*, quel titolo mi è sempre rimasto impresso. Il babbo usciva quasi sempre la sera, andava a fare straordinari in giro o altri lavori (l'ho saputo molto più tardi, pensavo che andasse al bar) e noi si guardava il film alla tv o quello che c'era con la mamma. Il massimo era il festival di Sanremo o Sandra e Raimondo o qualche varietà ma ancora di più se c'era Fred Astarire o qualcosa del genere, che la mamma ne andava pazza e a me ha trasmesso questa cosa. Vado a cercare con il microscopio tutti i momenti in cui ho visto la mia mamma contenta in questi 40 anni, li vado a cercare, non sto facendo altro in questi giorni, e Fred Astaire era uno di quelli. Vai Fred, danza non ti fermare!

Penso che ci sia una relazione tra il tip tap e l'eternità, l'ho sempre pensato anche se non ho basi scientifiche a sostegno di questa tesi. Tra 800 anni scopriranno che Dio balla il tip tap, non mi stupirei.

Tanti anni fa, stavamo da poco insieme io e la Fra, ci prendemmo un buco in affitto a Manhattan e ci an-

dammo a passare tre mesi (in quel periodo scrissi alcuni pezzi de *L'albero*). Tra le altre cose mi ero messo in testa di imparare a ballare il tip tap. Comprai le scarpe da Capezio, il negozio dei ballerini di Broadway. Punta e tacco di ferro suonante. Un 46 da tip tap, credo che nella storia sia esistito solo il mio paio. Poi mi andai a iscrivere alla scuola migliore al mondo, quella dove studiano e si esercitano i migliori di Broadway. Fu quello il mio errore. Alla prima lezione mi ritrovai in una grande stanza alla *Saranno famosi* con il grande specchio, il parquet, la sbarra, il pianista e l'insegnante afroamerican che sembrava uscito da un film di Bob Fosse. Erano pazzeschi, ballavano come fenomeni, io non tentai nemmeno di muovermi, mi schiacciai in un angolo a guardare questa meraviglia sentendomi, come dire, un tricheco in mezzo ai fenicotteri. Fu insieme da ridere e da vergognarsi ma io grazie al cielo non sono uno che si vergogna, non farei il mestiere che faccio. Non era il posto giusto per un principiante. Le scarpe non so che fine hanno fatto. Però mi è rimasta questa cosa qui in gola che non va né su né giù e un giorno giuro che trovo la situazione giusta e imparo il tip tap, almeno i rudimenti. Ci puoi scommettere.
Sempre sfogliando questo inserto domenicale che leggo regolarmente con interesse per scoprire quanto sono ignorante (ed è sempre una bella sensazione) trovo questa frase sul mio amatissimo Joseph Conrad. Senti qua, la scrive un critico letterario che si chiama Sampietro, come la cupola: «E lui, Conrad, pose al centro della propria opera il fatto stesso di

non sapere che cosa quel che raccontava volesse dire». Mi scalda il cuore questa frase. Non perché mi metta in relazione con il mio grande scrittore, è chiaro che tra *Cuore di tenebra* e *Ciao mamma* non sono possibili raffronti, ma perché anche io pongo al centro di tutte le mie canzoni, ma non solo delle canzoni, anche di tutte le mie azioni, il fatto che non so cosa vogliono dire, non lo so, ma a volte sento che una canzone è qualcosa che esiste, che è vivo, che quando l'hai fatta lei c'è, e c'è in maniera tanto forte quanto c'è un albero, c'è una persona, c'è un sasso, c'è una bicicletta.
Stai partendo per l'Inghilterra, divertitevi tu e Daniele e non prendete freddo. Bella l'Inghilterra.

Lorenzo, è quando le cose che si fanno sono più ricche e più vitali e più complete, che non se ne capisce a fondo il significato. Non credo proprio voglia dire che il progetto e l'intenzione non contano. Non credo al puro istinto creativo: ma quel progetto e quell'intenzione sono incompleti se l'azione inventiva si risolve nella loro applicazione. Alla fine il significato vero sta nell'essere: l'essere dell'autore e l'essere della cosa che fa. L'essere ha un senso e la cosa che fa ha un senso: ma è un senso vitale e non soltanto mentale. È un senso che danza, che canta, che corre, che respira.
Grande abbraccio, ci vediamo live venerdì, vero?

F

L

Sto guardando il documentario su Steve Jobs che mi hai segnalato online. Bello eh? Oggi queste sono le vere rockstar, hanno occupato nell'immaginario quello che un tempo era lo spazio dei Rolling Stones e di Elvis Presley. Il successo del film uscito ora ispirato alla vicenda del fondatore di Facebook lo conferma: le vere leggende di oggi sono i «gamechangers». In effetti lo sono sempre stati, ma succede che i gamechangers di oggi sono loro. Questi documentari li farei vedere nelle scuole, per far passare l'informazione fondamentale da ricevere in età evolutiva: le cose si possono fare. Non è una questione di grandezza, di ricchezza, di potere, di status, è solo e semplicemente la solita vecchia storia che porta un ragazzino a chiudersi in uno scantinato a fare qualcosa.

L

Ripensavo alla mail che mi hai mandato giorni fa in cui accennavi a Giovanni Lindo, il grande Ferretti. Negli anni 90 per una serie di quelle belle coincidenze che la vita ci stende di fronte quando ci si dispone ad accoglierle sono diventato un suo amico e lo sono ancora, lo sarò sempre. Ero un fan dei CCCP anche se non mi sono mai identificato nemmeno per un secondo con il loro pubblico, a me piaceva la loro musica, non avevo nemmeno idea di cosa stesse a rappresentare. Considero i dischi fatti dopo con i CSI e con i PGR tra le cose più belle della musica italiana. Con Giovanni abbiamo passato moltissime ore a parlare di tutto, specialmente di que-

stioni delle spirito e della politica, che si intrecciano inevitabilmente nella storia di sempre. Le lunghe chiacchierate con Giovanni sono un tesoro che conservo tra le cose preziose.
Quando lui disse pubblicamente di essere un «fan» di Ratzinger e di votare a destra io non saltai sulla sedia, ma lo ascoltai come ho sempre fatto, con interesse, non tanto per quello che diceva, ma per come lo diceva, perché era lui a dirlo, e questo rendeva tutto fosforescente, apocalittico, non allineato. Ratzinger da cardinale lavorava al Santo Uffizio, a 50 metri da casa mia, io al Santo Uffizio ci andavo a scroccare le fotocopie. Sulle cose vaticane ho una posizione tutta mia, me ne rendo conto, per me il Vaticano è un playground e sarà sempre così, non posso farci niente. Se io guardo piazza San Pietro alla tv penso che lì ci andavo a giocare a pallone, a vendere copie dell'«Osservatore romano» per racimolare gli spiccioli per comprare manopole rosse per il motorino. Per me i preti, dal parroco di campagna al Santo Padre, sono preti, personaggi pieni di sfumature e di stranezze, tra i preti trovi di tutto, sono un mondo a parte ma non sono un mondo a parte, sono pieni di accenti buffi, ognuno fatto a modo suo, ma tutti accomunati dall'aver deciso pubblicamente di negare l'eros in un luogo, il Vaticano, che per me ne è sempre stato pieno zeppo fino quasi a scoppiare. Il Vaticano, che io ho frequentato come fosse casa mia per i primi 18 anni della mia vita, è il vero luogo dei contrasti, molto più di Hollywood o di Shanghai. Impossibile che uno come Ferretti non

ne venga attratto. Quando iniziai a lavorare nelle discoteche quelle erano templi consacrati all'ascesi in confronto alle domeniche mattina in piazza San Pietro, al rosso degli abiti dei cardinali, alla mitria sul capo del sommo pontefice. Non mi stupisco che Giovanni possa essere un fan di Ratzinger, Giovanni ha avuto dolori profondi, malattie spinose, ha viaggiato, è un uomo erudito, ha fatto molta esperienza. È uno che ama la vita, e chi ama la vita non può che trovare travolgente l'immagine di un uomo che nel 2010 si presenta al mondo su un trono tutto d'oro parlando di povertà. È pura provocazione. È travolgente e sicuramente definitivamente PUNK!!! Sono cose non facili da capire, ma bisogna almeno provarci. Non è una questione teologica e nemmeno biologica, è un fatto che bisogna accettare, le vie del signore sono veramente infinite, non è mica solo un modo di dire. Potremmo stare qui a parlarne per secoli, amico mio, e io continuerei a dire tutto e il contrario di tutto perché la questione lo prevede: tutto e il contrario di tutto che è a sua volta un tutto.

L

Ieri Folco, il figlio di Tiziano Terzani, mi ha mandato una delle prime copie del libro nuovo che raccoglie una selezione delle migliaia di foto scattate dal suo babbo durante la sua vita di giornalista prima, di inviato poi, di scrittore e infine di pellegrino per le strade del mondo. Un libro bellissimo che mette voglia di prendere uno zaino leggero e di mettersi in strada. Tiziano Terzani era una potenza, una

vera forza della natura, e che bella scrittura la sua. Sono grato a Tiziano, lo sarò sempre.
Prima si parlava di Ferretti e ora di Terzani, due storie diverse ma accomunate dalla continua incessante ricerca della verità del mondo e di se stessi. Ma perché sia l'uno che l'altro si sono a poco a poco staccati dal mondo e dalla modernità? Questa è una domanda amico mio: perché il cammino di ricerca profonda deve condurre per forza all'isolamento e all'eremitaggio (detto in parole povere)? Tu come la vedi?

Rispondo a tutte tre le mail insieme.

F Riesci a immaginare, Lorenzo, due personaggi più diversi di Steve Jobs e Giovanni? Uno che vive di innovazione e l'altro che diffida dell'evoluzione stessa. Uno che sposa impresa personale e impresa imprenditoriale e l'altro che sta sui monti con i suoi cavalli. Uno che ha fondato un vero e proprio culto pagano tramutando la tecnologia in una storia sexy e l'altro che si è allontanato dal suo stesso ruolo di involontaria rockstar per esplorare lo spirito. Eppure stanno entrambi nel nostro pantheon. Non credo che si tratti semplicemente di amicizia personale con Giovanni: è che entrambi sono grandi caratteri, esseri umani che seguono il richiamo della loro missione, e queste loro missioni si possono – l'una, l'altra o tutte e due – non condividere, ma è impossibile non ammirare la funzione umana che esprimono. Giovanni l'ho sentito un paio di volte dal vivo dopo la sua «conversione» e l'ho trovato esatta-

mente uguale a prima della sua «conversione», al punto che recensendo un suo libro ho scritto di non fermarsi a guardare il dito delle sue idee ma la luna che esso indica. Io faccio ancora più fatica di te a capirlo, perché sono cresciuto con quelle cose – il rock, la liberazione sessuale – che con il Vaticano non si scambiavano certo gli auguri per natale. Scuoto la testa davanti a tante cose che dice (altre no, mi trovo a condividerle): però se non le dicesse e se non lo ascoltassi mi sentirei molto più povero.
Alla domanda che tu poni a proposito di Giovanni e di Terzani – perché la loro ricerca li ha portati al distacco dal mondo? – a me verrebbe da rispondere in modo perentorio che quella è la strada più facile, più comoda. Ma mi rendo conto che sarei irrispettoso verso chi invece merita tutto il rispetto. Però non riesco personalmente a fidarmi di una verità che si raggiunge attraverso il distacco: mi appassiona quella ricerca che si lancia nel cerchio di fuoco, che fa cantare i muscoli, che si confronta con tutte le contraddizioni e le tentazioni del mondo, che fa palpitare le fanciulle, che sa combinare l'infinito con l'istantaneo, che fa mondo ventiquattr'ore al giorno, respiro per respiro. Non credo alla santità raggiunta mettendo il broncio al mutamento e separandosi da una parte della nostra esistenza. L'ho detto spesso e lo ripeterò sempre, è diventato un mio mantra: la cosa più buona della vita non è la bontà, è la vita. Ikkyu, maestro buddista dell'inizio del quattrocento, raccontava di trovare la verità spirituale più profonda nel sesso e nelle taverne e nelle gioie terrene. Ora

ci sta che Giovanni e anche Terzani siano arrivati a verità spirituali altrettanto profonde, me lo auguro per loro. Però per nessun motivo al mondo vorrei allontanare da me le passioni più brucianti, e distaccarmi dalla vita che si rinnova. Non pretendo certo che la mia attitudine abbia valore per altri: però è nelle esperienze e nelle appartenenze più fisiche (mio figlio, la sua bimba, la mia signora) che mi sento tutt'uno con il progetto vitale, con il metabolismo e il ritmo biologico, è questo che mi sembra altamente «spirituale». Chissà se un giorno Giovanni avrà voglia di presentare questo libro con te e con me.
Ti abbraccio.

18 ottobre

Ciao capo, oggi abbiamo messo in rete il titolo dell'album. ORA.

L È sempre un'emozione forte dire il titolo a tutti. Nei nomi c'è sempre qualcosa, e anche solo un nome, un titolo, è qualcosa, dice qualcosa. ORA. Mi rigiro questo titolo tra le mani e succede quello che mi succede sempre ma che ancora non mi ci abituo. Quando faccio qualcosa poi lo espongo al vento e cambia, mostra qualcosa di nuovo che non avevo mai visto. È un titolo bello, mi piace. È caldo e freddo insieme.

Mi ha appena chiamato la Teresa da Cortona per dirmi che ha presentato la sua ricerca e le hanno fatto l'applauso!!! Ne ero certo, ha fatto un bel lavoro. Doveva fare una ricerca su un pirata celebre a scelta e mi ha chiesto un consiglio. Io sono un grande appassionato di storia della pirateria nell'epoca d'oro tra la fine del 600 e la metà del 700. Le ho consigliato di occuparsi di Mary Read, la piratessa, e le ho dato qualche info. Poi ha fatto tutto da sola andando in rete per approfondire e si è divertita molto. È bello fare le ricerche, e se uno impara a farsele piacere da piccolo poi non smette più di farlo.
Una nuova settimana in studio. Ne mancano tre poi mixiamo. Sto spingendo su Canova per andare giù pesanti e mi ritrovo ancora una volta a fare la parte di quello che vuole superare i propri limiti, andare in zone che non conosco, perdermi dentro a qualcosa di indefinito per trovare identità da sperimentare su di me. I produttori con me a un certo punto arrivano a consigliarmi la maglia di lana, e fanno bene, io uscirei a torso nudo nel vento gelido pur di trovare qualcosa di nuovo. Vorrei sempre fare una musica che mi stupisca, che lasci il pubblico senza fiato. Per arrivare alla fine di questo disco sono già passato attraverso una ventina di dischi diversi e li ho amati tutti e li ho scartati tutti e ora inizio a intravedere il corpo di ORA che è fatto da tutti i dischi che ha attraversato e che non è.

Lorenzo,

Fhai dichiarato il titolo, ci siamo. È il primo passo senza ritorno. Tanti su Facebook l'hanno accolto con un sintomatico «era Ora!». Il bello è che non sanno cosa li aspetta, non sanno che tu vuoi che questo disco li faccia ballare piangendo, non sanno che stai esponendoti a tutti i venti e stai andando pesante come mai prima, e se ti conosco non posso che aspettarmi che in questi ultimi giorni e nel mixaggio troverai qualcosa che ti sorprenderà e alzerai ancora il tiro. Ogni grande opera quando sembra completa ha bisogno di uno scarto, di una impertinenza. Teresa con la sua ricerca e tu con il disco state entrambi esplorando, e dimmi se non c'è una sostanziosa correlazione fra il tuo tatuaggio con il veliero e la sua piratessa, che come te con il disco naviga in mare aperto. Qui in Inghilterra pirati, guerrieri, conquistatori ce li hanno nel codice genetico.

Grande abbraccio!

19 ottobre

LOggi Kevin Kelly nel suo blog ha pubblicato le linee guida del suo nuovo libro. Bellissime.

Scrivo qui le più brillanti ai miei occhi:

– la tecnologia è un'estensione del processo evolutivo

– l'umanità è la nostra prima tecnologia. Noi siamo «tools» (arnesi, strumenti...)
– la tecnologia è egoista
– la tecnologia non può essere fermata
– il progresso tecnologico è inevitabile
– dal momento che è inevitabile è bene ottimizzarne i benefici
– la tecnologia non è neutrale
– abbiamo un obbligo morale di innovare, l'innovazione accresce le opportunità
– la tecnologia nasce con il big bang
– la tecnologia è precedente all'uomo e gli sopravviverà
– tra le cose che la tecnologia persegue c'è la diversità, la complessità e la bellezza
– la tecnologia è un riflesso divino come la natura
– la tecnologia è un gioco infinito.
Mi sono accorto di non averne tralasciato nessuno, mi piacciono tutti. Non so nemmeno se il suo libro lo pubblicheranno mai in Italia. Sapere un po' di inglese è una bella fortuna.
Fosti tu a farmi scoprire Kevin Kelly diversi anni fa e quel libro (*Out of control*) è stata una delle letture più importanti dei miei anni 90. Oggi Kelly è considerato da molti un perdente ma certe cose che ha scritto e che ancora scrive ogni giorno sul suo blog io le trovo fortissime e ricche di spunti.
Mentre scrivevo a te queste email mi accorgevo di desiderare che queste nostre parole potessero essere utili a qualche ragazzino giovane, per passargli qualche dritta come a me ne sono state passate tante nei

miei anni di «formazione» (che sono appena cominciati!). Se queste email diventeranno un libro utile ad accendere qualche tipo di curiosità avremo fatto il nostro lavoro oltre a esserci divertiti e ad avere consolidato la nostra amicizia.
«Scrivo perché altri possano scrivere», ha detto qualcuno non ricordo chi. Io non la butterei giù così dura, diciamo che io faccio i dischi perché esista molta musica e da molta musica può nascere molta altra musica. È una foresta che non muore mai, che cresce che si trasforma, si espande, e mi piace l'idea di essere uno degli alberi di questa foresta.

Lorenzo,

F se dovessi scegliere un solo pensatore fra quelli in circolazione, andrei assolutamente su Kevin Kelly. *Out of control* è tuttora il miglior libro sul rapporto fra biologico e tecnologico, e questo nuovo libro lavora ancora di più sulla possibilità degli umani di evolvere antropologicamente e umanamente attraverso le nuove tecnologie. «Abbiamo un obbligo morale di innovare» mi sembra uno slogan evolutivo fondamentale: l'innovazione è una naturale spinta vitale, non una questione soltanto tecnologica o scientifica. Innovare vuol dire crescere i nostri bimbi perché ci superino, vuol dire vivere le nostre relazioni sentimentali come vere e proprie imprese, vuol dire costruire qualcosa che serva ad altri per accrescere se stessi.
Se c'è una cosa di cui sono fiero è che questo libro

mescola forme di scrittura molteplici, dalla visione «filosofica» al racconto, dal linguaggio parlato allo slogan, dalla dichiarazione sentimentale all'aggiornamento dello stato tipo Facebook e al reportage di viaggio. Forse è così – non trattando la scrittura come un genere letterario – che si possono vivificare le idee. Da una parte stiamo chiedendo a chi ci leggerà di liberarsi di tutte le categorie unidimensionali – che è tutt'altro che facile –, dall'altra però stiamo facendo appello alla dimensione più squisitamente vitale di chi ci legge. Non so come andrà a finire, ma è una sfida che mi appassiona e che sono felice di fare.
Chiuderemo questo libro fra due o tre giorni: per evitare che mi/ci manchi, dovremo cominciarne presto un altro così, d'altra parte è un flusso, una corrente da cui non sarà facile uscire.
Grande abbraccio (anche da Daniele).

20 ottobre

Ascolto il mio disco in sottofondo mentre ti scrivo.

L

Mi mancano ancora alcune rime da mettere a posto, devo cantare qualcosa nuovamente, devo andare a Londra a registrare l'orchestra e a Parigi poi consegniamo tutto nelle mani di Pinaxa, il più bravo dei mixatori italiani, che in un mese di lavoro ci darà il disco finito pronto per essere informato.

Non ho ancora una scaletta, non ho ancora deciso quali pezzi metterò nel disco. Faccio tutto all'ultimo, al limite della scadenza.
Intanto si mette in moto tutto il resto della macchina. Ieri siamo andati alla casa discografica a chiedere il budget per il primo video che costerà un sacco, il presidente è cascato dalla sedia quando ha sentito la cifra ma gli ho promesso che se mi paga questo poi gli altri li faccio con la telecamera del telefonino (è già successo una volta con ottimi risultati). Promessa da marinaio, lo sappiamo sia io che lui. Non è questione di soldi, i soldi si rimediano quando ci sono le idee. Herzog dice che per fare i film i soldi sono l'ultimo problema, la fede e il desiderio possono fare tutto. Grande Werner, anche io la penso così.
È che per *Tutto l'amore che ho* che sarà il primo singolo c'è bisogno di un video che sia di grande effetto spettacolare e che evidenzi lo spirito della canzone in un gioco di contrasti. Faremo un video «action» dove il protagonista (io) è un tipo che va incontro a qualsiasi ostacolo sulla sua strada: sparatorie, bombe, arti marziali, incidenti d'auto, esplosioni, dobermann famelici e tutto il repertorio possibile dell'action movie. Non vedo l'ora, alla fine di questi 9 mesi di studio di registrazione sarà una cosa catartica, avrò anche un trainer per preparare le coreografie dei combattimenti. E avrò anche una controfigura per le scene di stunt. Sarà divertente.
Il «videoclip» come oggetto televisivo è moribondo ma è subito risorto più forte di prima nella rete. Youtube ha coniato uno slogan perfetto: «Broadcast

yourself» che rende molto l'idea ma non va frainteso. Broadcast yourself non vuol dire solo che ognuno può mettere i suoi video privati in condivisione, vuole prima di tutto dire che ognuno è un «media», ognuno è una televisione e questo rende possibile a uno come me, che produce materiali per l'immaginario della gente, di essere un «fornitore» di visioni che poi ognuno possa trasmettere come se fosse una parte di sé da condividere con gli altri.
Certo che un po' ci esponiamo, questo video costerà come dieci video e ci terrà occupati per un mese di lavoro tra preparazione e realizzazione ma fa parte del gioco rilanciare sempre, mettere in circolo cose nelle vene del mondo, non essere minimal. Il fatto che oggi tutti possono farsi il proprio video con una telecamerina e un software di montaggio da due lire mi mette addosso la voglia di fare di più e meglio, di fare qualcosa che non può essere fatto con una telecamerina e con un software da due lire.
Non credo che i nodi del mondo possano essere sciolti con il minimalismo, non l'ho mai creduto e ci credo sempre meno, anche se mi attrae e mi emoziona ogni scelta radicale di rinuncia. Ma l'abbondanza può essere un tipo di rinuncia. L'abbondanza, l'espansione, è la rinuncia al conforto dell'appagamento dato dal distacco, dall'essere dalla parte del giusto. Con un paradosso potrei arrivare ad affermare che oggi la vera scelta radicale è quella che abbraccia non è quella che si chiude.
Non so se ricadrò in piedi da questo salto ma voglio tentare la via della celebrazione, la via del luna park.

Esiste la via del monaco, la via del guerriero, la via dello yogi, la via del fachiro, la via del saggio, la via della rinuncia... ecco, io vorrei tentare «la via del luna park» per vedere se magari porta allo stesso punto, o magari anche più avanti, non si può mai sapere. Il crooner elettrico.

Mi sto guardando in giro perché più avanti vorrei commissionare dei remix per alcuni pezzi dell'album. La cosa davvero nuova nel mondo della famosa «club culture» è che la provenienza non conta più nulla. Un tempo la musica era anglosassone o non era. Adesso i nomi più importanti della scena dei club, gente che riempie gli stadi non semplici dj da discoteca, arrivano da ovunque. Nordeuropa, Francia, Italia, Inghilterra, Brasile, Spagna, Turchia, Germania, Svizzera, America, Giappone, India, veramente da ogni luogo del pianeta e non sto generalizzando credimi. È un segnale molto positivo. La musica per il dancefloor è stata sempre zona di frontiera e luogo di sperimentazione, forse perché le parole contano poco e il ritmo è una lingua globale, ma comunque è un fatto rilevante.

Lorenzo,

Fino, né tu né io siamo minimamente compatibili con alcun minimalismo. O meglio, credo che al centro di tutto ci sia l'essenza: l'essenza di una scelta, di un progetto, di una relazione, sta tutta in un singolo gesto, in una frase, in un battito del cuore. Poi però l'essenza per manifestarsi davvero deve esplodere, abbracciare l'abbondanza, deve davvero essere viva tutto! È attraverso la più ampia molteplicità di scelte che si evolve, nelle situazioni personali e nelle grandi svolte antropologiche. Non mi appassiona lo sfarzo o la platealità, non mi piace il barocco, neanche gli effetti speciali, pensa che non mi piace neanche l'estetica psichedelica. Ma mi appassiona la sovrabbondanza vitale che diventa sovrabbondanza di energie e di forza inventiva, come quella di Ariosto e di Tarantino. Generosità incondizionata, voglia di sdarsi. Credo che un grande carattere non possa essere davvero completo se non è anche sfrontato, travolgente, eccitante. Che tu nel video faccia come Rodriguez, Bruce Willis, Bruce Lee, Uma Thurman con gli 88 pazzi, mi sembra d'altra parte coerente con il disco. Questo disco è così importante perché propone di farsi il mondo da sé, spinge ad abbracciarlo tutto, mescola volontà di potenza e festa dei sensi, suggerisce che si può essere i supereroi di se stessi, insomma non potrebbe mai presentarsi in maniera minimale. La vita non è mai minimale, la vita è massimalista ed estremista nel suo continuo proliferare, espandersi, spingere in tutte le direzioni.

L Ti sbagli!il barocco è una figata. Il barocco è controriforma in piena regola e io da figlio della controriforma non posso non amare il barocco. Ok il rinascimento baby, un bell'applauso per il rinascimento. Lo so che tu voti per il rinascimento, e anche io se uso la ragione. Ma se chiudo gli occhi e mi chiedono con chi andrei a cena stasera con Botticelli o con Caravaggio io dico Caravaggio. E tra Leon Battista Alberti e Bernini? Bernini, direi Bernini. Il barocco si basa sulla regola per cui il luogo migliore per nascondere una foglia è un bosco.

F Lo sapevo che snobbandoti il barocco ti avrei fatto saltare sulla sedia! Non mi prende neanche il classicismo, come ti puoi immaginare, ma mi attrae la sovrabbondanza esplosiva, non quella ridondante. Il barocco mi sembra come Coltrane: geniale lui, come i grandi visionari barocchi, ma pessima tutta la musica – e tutta l'arte – che ne discende, ricalcandone lo stile senza averne la visione. Ma è vero che questo vale per qualunque tendenza in qualunque campo.

21 ottobre

L Si racconta che anni fa ci fu Vangelis, il grande musicista greco, che stava facendo un disco e si era chiuso in studio e lavorava lavorava lavorava da mesi e la casa discografica ogni tanto si presentava per chiedergli notizie del disco. Lui rispondeva che stava per finire e intanto andava avanti e speri-

mentava e componeva e montava e smontava. Un giorno qualcuno entrò di notte in studio fece una copia dei master e lo pubblicò. Il disco ebbe un enorme successo ma Vangelis non ne era al corrente perché non sapeva nulla, lui continuava a fare il suo disco, a smontare rimontare ritoccare aggiustare modificare...
Sto entrando nella fase in cui potrebbe succedere anche a noi in questo studio. La sospensione del tempo che si vive in studio dà assuefazione e oggi l'idea di finire il disco è allo stesso tempo invitante e respingente. Le cose continuano a fluire e io non smetterei più.
Devo essere io quello che entra di notte a rubare il master, dovrò farlo per il mio bene.
Oggi sono iniziate le riunioni per la copertina, c'è nell'aria la possibilità di fare una cosa strepitosa.
Comincia a partire il progetto di internet. Molta carne al fuoco. Un delirio. Mi piace il delirio, è la mia condizione. In bilico tra controllo e fatalità.
Ciao grandmaster Frank.
Dovranno anche portarci via queste mail che ci siamo scritte sennò questo libro diventa lungo come i Veda.

Lorenzo,

F io invece questo libro voglio finirlo. Però poi voglio andare avanti a scriverci per sempre, e fare una nuova puntata del libro ogni sei mesi. Dicia-

moglielo a chi ci leggerà che questo libro sarà sulle cinquecento pagine ma tu e io ce ne siamo scritte quasi il doppio!
Il taglio del cordone ombelicale da un libro o da un disco o immagino anche da un film è un momento ipersensibile: da una parte metti davvero al mondo qualcosa, nel senso che proprio lo separi da te e lo spingi verso gli altri, dall'altro sai che finisce quella fase intima in cui quello che stai facendo dipende così totalmente da te che lo puoi ogni giorno spostare, ribaltare, reinventare, alzare da una parte e abbassare dall'altra, modellarlo su tutti i tuoi slanci e ripiegamenti e capriole. Credo accada soprattutto a chi vive i propri progetti come un flusso, in una dimensione assolutamente vitale. Che tu ora sia già proiettato su video, live, internet, copertina, e tutte le altre cose, è il segnale che la temperatura sale. Noi ci vediamo domani per chiudere questo libro, ma uno scambio di mail domani sera ce lo concediamo, vero?
Grande abbraccio, crooner elettronico.

24 ottobre

L

Sto ascoltando la nuova collezione di bootlegs e rarità di Dylan. Che bellezza.
Sono a Cortona amico milanese. Le stagioni fuori dalle grandi città sono più evidenti. L'autunno

ha un colore bellissimo da queste parti. Oggi grande mangiata a casa dei miei suoceri, ho l'acquolina in bocca. Periodo di funghi e castagne e assaggiamo anche il vino novello.
Ieri sera sono stato con il mio babbo a lungo io e lui, capita di rado ma ultimamente capita. Il mio babbo è un personaggio, è una montagna di socievolezza e allo stesso tempo un abisso di incomunicabilità. È tra questi due estremi che si è formata la mia musica. Ha tirato fuori un vecchio scatolone pieno di fotografie della sua giovinezza e della nostra infanzia. Abbiamo riso e pianto, come è giusto, come è bello che sia. Il passato non si può cambiare, questo lo sanno tutti, ma non tutti sanno che il passato può diventare racconto e noi possiamo diventare quel racconto e possiamo decidere, nel racconto, di scegliere le parti che ci piacciono di più. Possiamo riscrivere la storia, dobbiamo farlo, sempre, ogni giorno. Hai presente il finale di *8 e mezzo* di Fellini? Poi ripreso anche da Tim Burton in quel capolavoro che è *Big fish*? Noi siamo un racconto, per me questa è una legge fondamentale.

Lorenzo,

Fi racconti delle vite degli esseri umani sono spesso più affascinanti di quelli delle fiction. Ci sono trame, colpi di scena, contraddizioni, che nessun reality potrà mai neanche lontanamente eguagliare. Degli umani mi attraggono proprio le imperfezioni, gli scarti, tutto quello che accade nella corrente. È quello che mi piace anche di Facebook, la possibilità di scrivere e mettere in condivisione squarci di biografie personali in diretta. Allo stesso modo possiamo costruire l'intera nostra bio evidenziandone alcune parti – non semplicemente quelle più belle ma semmai le più intense – e mettendo sullo sfondo gli aspetti e gli episodi meno significativi. D'altra parte non è che l'*Iliade* o l'*Orlando furioso* o *Romeo e Giulietta* ci abbiano fatto la cronaca dettagliata: è la loro dimensione essenziale, emblematica, che ci conquista. Il meeting dell'altro giorno è stato splendido, ieri per la prima volta ho cominciato a leggere il libro come se fossi un lettore: che effetto, Lorenzo!

26 ottobre

Lorenzo,

F questo libro potrebbe davvero non finire mai: scriverlo è stato così facile proprio perché l'abbiamo scritto non mettendoci sulla riva a guardare e analizzare, ma dentro la corrente. In questo senso la cosa migliore che potrebbe succedere a questo libro non è che venga molto letto e neanche apprezzato, ma che alcuni, tanti, lo usino per se stessi, come trampolino per i loro slanci. Noi qui non proponiamo, proprio per niente, formule ideali, tanto meno utopiche o morali: se proviamo passione per tante cose è perché le vediamo funzionare sulle facce, nelle azioni, nelle scelte quotidiane, nella concretissima vita degli umani che più vediamo risplendere. Viva tutto! vuol semplicemente dire che i progetti, le idee, le nostre scelte, dovremmo modellarle sulla sconfinata spinta della vita ad allargarsi in ogni direzione.

Perché alla fine vale per tutto, vale per tutti, vale sempre e comunque. In qualunque situazione, in qualunque momento, dovunque ti trovi, qualunque cosa tu stia facendo, chiunque tu sia. Vale con i grandi progetti e con i gesti quotidiani, con le imprese e con le relazioni. Vale quando hai intorno migliaia di umani e quando sei solo con te stesso. Vale perché è una splendida attitudine evolutiva.

Tieni alta la testa, vai con il sorriso sulle labbra, accendi il tuo fuoco, giocati tutto, fai la tua piccola audace impresa. Questa cosa che abbiamo scritto, qualunque cosa sia, l'abbiamo fatta così, e tu stai facendo così il disco nuovo. Questa cosa che abbiamo scritto, qualunque cosa sia, non avrei mai potuto farla se non con te.

Ciao Frank,

Linizia una nuova settimana in studio. Ho perso il conto. Veramente non l'ho mai tenuto. A pensarci bene non so nemmeno dov'è l'inizio di questo disco e la fine di quelli precedenti, io dallo studio non sono mai uscito, sono sempre rimasto qui. Potrei dire che il mondo è il mio studio di registrazione e lo studio è il mio mondo ma è uno slogan debole, però non è così distante dalla realtà.
Quando qualcuno mi chiede dove abito resto sempre un po' confuso da questa domanda, che è la più facile di tutte ma non per me, io abito nella mia musica, mi verrebbe da dire, e la mia musica non ha un indirizzo preciso. Non ci vivo da solo anche se a volte qualcuno giustamente mi lascia. Ci sto con la mia famiglia e con le persone che amo, ci sono anche i miei cani e i miei gatti, ci stanno tutte le persone vive e anche quelle che non ci sono più, e ci sono anche le persone che ci saranno in futuro. Ci sono anche gli alberi che mi ci sono arrampicato, nella mia musica, e tutti quelli che mi ci vorrei arrampicare. Ci sei tu, amico mio, nella mia musica, con tutte le cose che mi hai detto in questi anni, i libri che ho letto grazie ai tuoi consigli, i dischi che ho ascoltato e tutto quello che deve ancora venire.

Io credo nelle benedizioni. Il potere di benedire gli altri non ce l'hanno solo quelli «accreditati», è una cosa che hanno tutte le persone, e può avvenire anche a distanza, attraverso una frase, un libro, una canzone, un pensiero, un lavoro fatto bene.
Io mi sento protetto, per questo non mi fa paura il mondo, tranne quando mi fa paura.
Non mi sento protetto dal denaro, dalle cose, dalle idee, dalle organizzazioni, dal rispetto, mi sento protetto da chi mi vuole bene.
Siamo una squadra noi, e tu sei un ottimo allenatore.
Thank you amigo mio. God bless you.
Viva tutto!

This book is printed by the sun

The first carbon-free
printing company in the world

Questo volume è stampato su carta PEFC

Finito di stampare
nel mese di novembre 2010
presso *Grafica Veneta* S.p.A.
per conto di add *editore*